安倍vs.プーチン

日ロ交渉はなぜ行き詰まったのか？

駒木明義
Komaki Akiyoshi

筑摩選書

安倍 vs. プーチン　目次

安倍vs.プーチン

日ロ交渉はなぜ行き詰まったのか?

「北方領土」周辺地図

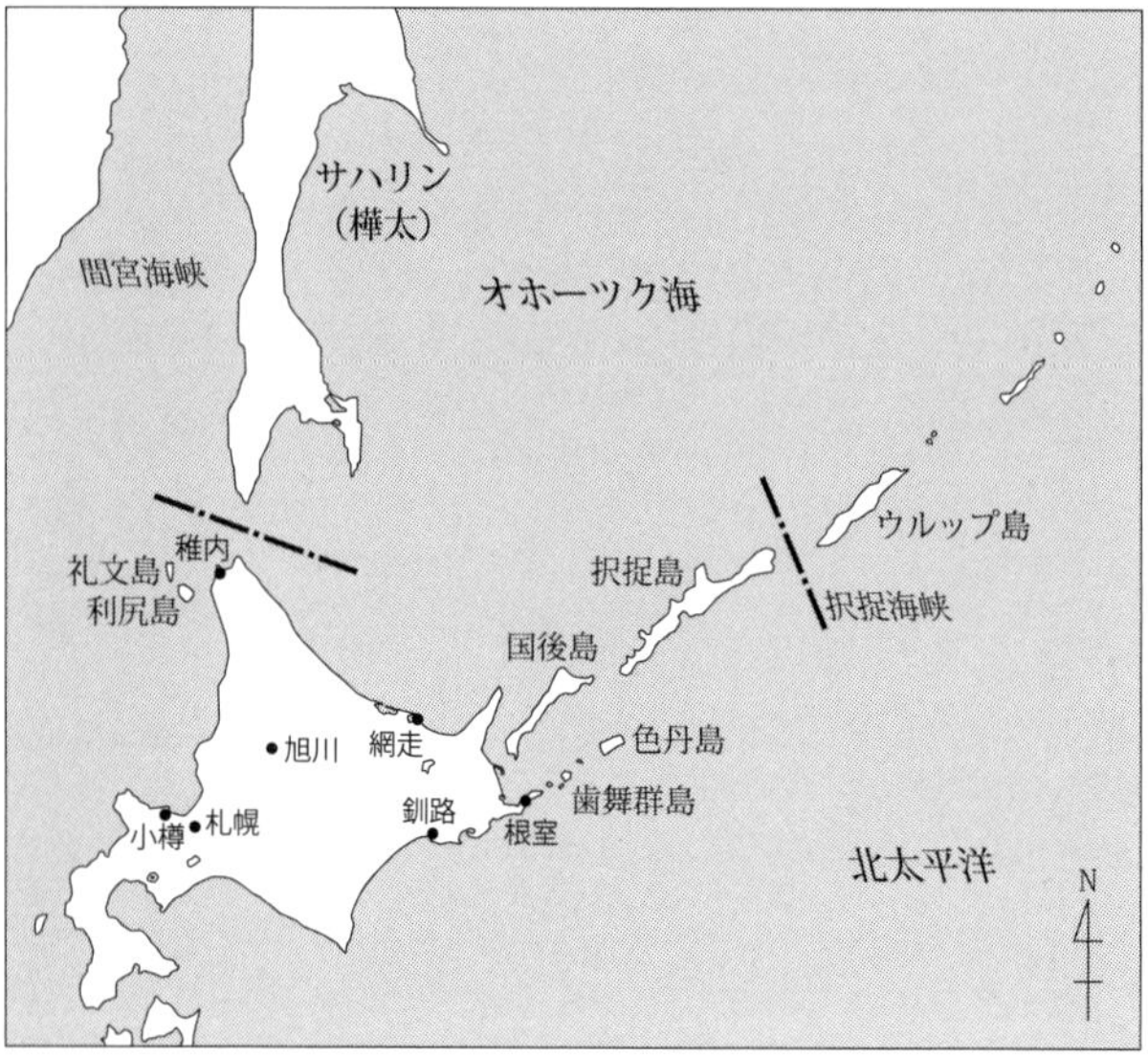

―・―・― は、日本政府が主張してきた国境

はじめに

本書の主な狙いは、安倍晋三首相がロシアのプーチン大統領と進めた日ロ平和条約交渉の実態を解き明かすことにある。

筆者は二〇一三年四月から一七年八月まで朝日新聞モスクワ支局長として、その後はロシアを中心とする国際問題を担当する論説委員として、一連の交渉を取材してきた。

モスクワ在勤中に痛感したのは、日ロ交渉についての日本での報道の多くが、実態から著しく乖離しているのではないかということだった。根拠に乏しい楽観的な見通しを振りまいているとしか思えない報道を目にすることも珍しくなかった。

その大きな原因は、日本での報道が、日本政府関係者を主要な情報源としていることにある。ロシア側関係者の発言やロシアでの取材を踏まえて交渉を見ると、日本で報じられてきたのとは、まったく別の様相が浮かび上がる。

もちろん、安倍首相周辺からもたらされる情報が政権の思惑を反映したものであるのと同様、あるいはそれ以上に、ロシアからの情報発信は、ロシア政府の意向を反映したものであることに注意を払う必要がある。

要は、それぞれの情報の背後に秘められた意図を読み解き、適切に位置づけることが必要なのだ。

本書では、日本側、ロシア側それぞれの交渉当事者の発言や報道を単に紹介するだけでなく、なぜそのような情報発信がなされたのかという背景を考察し、全体の文脈の中に位置づけることで、交渉の実態に迫るよう努めた。

二〇一二年末に首相に返り咲いた安倍氏は、北方領土問題を解決して日ロ平和条約を締結することを外交の重点課題に掲げた。

一九四五年の第二次世界大戦終戦から七五年を経て、ロシアとの平和条約締結は、戦後日本が解決できていない大きな課題だ。

安倍氏は首相就任から半年も経たない二〇一三年四月、日本の首相として一〇年ぶりの公式訪ロを実現させた。上々の滑り出しに見えたが、翌年三月にロシアが隣国ウクライナのクリミア半島を併合したことから、交渉は停滞を余儀なくされた。

それから二年。二〇一六年五月に、安倍氏がオバマ米大統領の制止を振り切ってロシアを訪問したことで、交渉はにわかに活性化する。このとき安倍氏が「新しいアプローチ」を掲げて進めた対ロ外交は、同年一二月のプーチン氏訪日で一つの区切りを迎える。この間の経緯については、本書の第三章で取り上げる。

次に局面が大きく変わるのは、二〇一八年一一月に、シンガポールで行われた日ロ首脳会談だった。

安倍氏はここで、四島返還という日本の原則的な立場から離れ、歯舞《はぼまい》、色丹《しこたん》二島での決着を目指す。だがこの試みは、一年も経たないうちに行き詰まることになる。

本書の第一章では、安倍首相がこうした大胆な方針転換に踏み切った背景を描く。第二章では、その後の交渉がどのように展開していったのかを検証する。

二〇一六年以降の安倍首相とプーチン大統領の交渉を通じて浮き彫りになったのは、ロシアの極めて厳しい姿勢である。

領土問題を解決することで平和条約を締結するという日本の一貫した主張に対して、ロシアは第二次世界大戦の結果、北方四島が正当にロシア領となったことを確定させるのが平和条約の役割だという主張を崩さなかった。いわば「ゼロ島返還」とも言える強硬な姿勢だ。

ロシア側がそうした姿勢をとる背後にある事情や、ロシア側が繰り出す論理については第三章の後半で触れた。

しかし、プーチン氏は、よく誤解されているように二〇一六年以降の安倍氏との交渉の中で急に姿勢を硬化させたわけではない。

「四島の帰属についての問題を解決して平和条約を締結する」という一九九三年の東京宣言がなかったかのような振る舞い、そして「平和条約締結後に歯舞、色丹の二島を日本に引き渡す」ことを約束した一九五六年の日ソ共同宣言の履行さえ認めない姿勢――。かつての日本との合意を公然と踏みにじるロシアの基本的な方針が固まったのは、二〇〇四年から〇五年にかけてのことだったのではないかというのが筆者の考えだ。第四章では、この仮説を検討する。

第五章では、北方領土問題の起源を取り上げる。

ロシアとの領土問題は、第二次世界大戦末期に日本との中立条約を破って対日参戦したソ連が、当時日本領だった千島列島とサハリン島南部を占領したことが発端となった。

しかし当時は、択捉《えとろふ》、国後《くなしり》、色丹、歯舞の四島を指す意味での「北方領土」という用語は存在しなかった。一九五六年の日ソ国交回復に至る交渉の過程では、歯舞、色丹二島返還での決着を容認する考えも、日本政府内にはあった。

では、「北方領土」問題はいつ、どのように生まれたのか。新しく発見された史料を活用して、安倍首相が交渉打開のよりどころにしようとした一九五六年宣言の成立過程を再検討するとともに、「北方領土」問題が形成されていった経緯を振り返る。

終章では、今後ロシアとの平和条約交渉を進める際に留意することが必要だと筆者が考えるいくつかの論点を取り上げる。特に、これまでの日本国内の議論で見落とされがちな点に注意を払った。

第五章までは、実際に何が起きていたのかというファクトに迫ることを目的としている一方で、終章では、筆者の個人的な感想や意見を率直に記した。

本書が全体として、日ロ交渉の現状と背景を知り、今後の交渉について考える一助になるならば、これに勝る幸せはない。

なお本書に示されている見解はすべて筆者の個人的なものであり、所属組織等とは無関係である。言うまでもなく、内容に誤りや不十分な点があるとすれば、すべて筆者の責任に帰する。

傍注のうち、ネット上のソースについては、二〇二〇年六月に閲覧し、確認した。ロシア語の文献については、特に注記がない場合、筆者が翻訳した。

また、本文中では敬称を略させていただいた。

第一章 四島から二島へ

かつての閉鎖都市

ウラジオストクは近年、日本から最も熱いまなざしを向けられているロシアの都市だろう。成田空港から空路わずか二時間半で着く「日本から一番近いヨーロッパ」。二〇一九年上半期には、日本から前年同期比で二・三倍となる一万一千人の観光客が訪れた。

世界を震撼させた新型コロナウイルスのパンデミックさえなければ、二〇二〇年にはより多くの日本人観光客で賑わっていたことだろう。

そんなウラジオストクも、ソ連時代は外国人の立ち入りが認められない「閉鎖都市」だった。太平洋艦隊の拠点であり、軍事機密の霧に包まれていた。対外開放されたのはソ連が崩壊した後の一九九二年一月のことだ。

ウラジオストクが国際観光都市へと大きく生まれ変わるきっかけとなったのが、二〇一二年九月に開かれたアジア太平洋経済協力会議（ＡＰＥＣ）の首脳会議だった。

首脳会議の会場はその後、ロシア国立極東連邦大学のキャンパスに転用された。二〇一五年からは毎年九月、このキャンパスを会場に、プーチン大統領が出席して開かれる大規模な国際会議「東方経済フォーラム」が開かれている。

ロシアでは各地で毎年数多くの国際フォーラムや見本市などが開かれるが、プーチン大統領が必ず出席するのが、六月にサンクトペテルブルクで開かれる国際経済フォーラムと、九月にウラジオストクで開かれる東方経済フォーラムだ。他の会議とは別格といえる。

それぞれ、欧州とアジア太平洋に向けてロシアが自らを売り込む機会という位置づけだ。

北方領土問題の解決とロシアとの平和条約締結を目指す安倍晋三は、プーチンと胸襟を開いて話し合える関係を築こうと、二〇一六年から毎年、ウラジオストクを訪問して東方経済フォーラムに出席している。

プーチンの電撃提案

安倍の対ロ外交を大きく揺さぶる発言がプーチンの口から飛び出したのは、二〇一八年九月の東方経済フォーラムでのことだった。ロシア全土に生中継される全体会合の中で、プーチンが突然、同席していた安倍に呼びかけたのだ。[1]

「平和条約を締結しようじゃないか。今とは言わないが、年末までに。いっさいの前提条件をつけないで」

プーチンは続けた。

「その後で、その平和条約を基礎として、友人同士として、すべての係争中の問題の解決に取り組もうではないか。七〇年間解決できなかった問題の解決も容易になると私は思う」

1――http://kremlin.ru/events/president/news/58537

「七〇年間解決できなかった問題」とは、言うまでもなく北方領土問題を指す。

このとき東京にいた筆者は、ウェブ上の生中継でこのやりとりを見ており、椅子から転がり落ちんばかりに驚いた。プーチンの言っていることは、領土問題の解決を後回しにして、先に平和条約を結んでしまおうということではないか。北方領土問題を解決して平和条約を結ぼうとして積み重ねてきた日ロ交渉の前提をひっくり返そうとしているのだろうか。

しかし、プーチンと共に壇上にいた安倍は、その言葉を聞いても、曖昧な笑みを浮かべるだけだった。

全体会合はその後一時間あまり続き、安倍が発言する機会は何度もあった。しかし、安倍はプーチンの電撃的な提案の真意を質《ただ》すこともなければ、「領土問題を解決して平和条約を締結する」という日本の基本的立場を念押しすることもしなかった。

全体会合が終わろうとするころ、プーチンは安倍に対して、自らの提案についてもう一度説明した。

「私は冗談でいっさいの前提条件をつけないで平和条約を結ぼうと言ったのではない。条約の中に、すべての問題の解決を目指すということを書き込める。私はいつの日か、それができると確信している」

「冗談で言ったのではない」。こんなプーチンの念押しの言葉を聞いてなお、安倍は自らの考えを一言も語ろうとしなかった。

予期しない事態が目の前で起きたとき、即座に適切な対応ができるのだろうか。そんな疑念を抱かせる安倍の対応ぶりだった。

なぜプーチンは突然、こんなことを言い出したのだろうか。

このとき、壇上にいたのは安倍だけではなかった。中国国家主席の習近平《シーチンピン》、モンゴル大統領バトトルガ、韓国首相の李《イ》洛淵《ナギヨン》が、パネリストとしてプーチンと共に並んでいた。客席には各国政府高官らが詰めかけていた。領土問題のような二国間の微妙な問題について新たな提案をぶつけるのにふさわしい場とはとても言えない。

なにより、安倍とプーチンはウラジオストクで、既にこの二日前に会談していた。通訳だけを同席させた二人だけの話し合いも行っている。本気で安倍に検討を求める提案であれば、そうした機会に丁寧に説明していただろう。

プーチンが、かねてこうした提案を温めていたことは間違いない。その後の経緯は「冗談で言ったのではない」というプーチンの言葉を裏付けている。

だが筆者の見るところ、こうした場違いな場で、プーチンにそれを持ち出させてしまったのは、安倍自身の軽率とも言える言動だった。

全体会合で安倍は、プーチン、習近平らに続いて、基調演説を行った。それを聞いたとき、すでに筆者は「これはロシアの人々をムッとさせるのではないか」という危惧の念をいだいていた。

例えば、日本のロシアへの経済協力をアピールして安倍が語った場面だ。[2]

「ロシアと日本は今、確かな証拠を示しつつあります。ロシアと日本が力を合わせるとき、ロシアの人々は健康になるのだというエビデンスです。ロシアの都市は快適になります。ロシアの中小企業はぐっと効率を良くします」

日本の協力はロシアのニーズに合致しており、社会や経済の発展に役に立つ、ということを安倍は言いたかったのだろう。

だが、その言い方はあまりに上から目線だった。まるで、日本の助力がなければロシアの人々は不健康で、都市生活は不便で、中小企業は非効率だと言わんばかりではないか。経済協力といいつつ、日本が享受するメリットには触れておらず、ロシアへの一方的な施しのようにも聞こえる説明だった。

プーチンは、ソ連崩壊後に欧米から受けた援助について「彼らは私たちが支援を必要としているようなときだけ、私たちを好きになるようだ」と不快感を示したこともある。極度の混乱に見舞われたロシアを立て直してきたという自負を持ち、欧米から見下されることに強く反発するプーチンの耳に、安倍の発言はあまりに無邪気、いや無神経に響いたのではないか。

安倍はさらに追い打ちをかけた。平和条約交渉の前進を呼びかけて、プーチンに向かってこう語りかけたのだ。

「プーチン大統領、もう一度ここで、たくさんの聴衆を証人として、私たちの意思を確かめ合おうではありませんか。今やらないで、いつやるのか。我々がやらないで、他の誰がやるのか」

その上で、安倍は会場を埋めた聴衆に呼びかけた。

「平和条約締結に向かう私たちの歩みにどうかご支援をいただきたいと思います。力強い拍手を、聴衆のみなさんに求めたいと思います」

会場からは拍手が沸き、プーチンもそれに追随した。

だが、これは明らかにやり過ぎだった。前述したように壇上には習近平や李洛淵が並んでいた。会場にいたのは、日ロ両国の関係者だけではない。中国、韓国を含む多くの国々の政府関係者や企業家たちが詰めかけていた。

そうした国々を巻き込んで、平和条約交渉に取り組むよう圧力をかけようとしているのではないか。安倍の言葉と会場への拍手の呼びかけが、そう受け止められたとしても不思議はない。

プーチンの「前提条件なしの平和条約」という提案は、安倍が行ったこの演説の直後に飛び出した。

「そんなに平和条約が結びたいなら、年内にでも結ぼうじゃないか。ただし、領土問題は後回しで」というのが、安倍の演説に対してプーチンが出した答えだった。

プーチンがこの提案を口にした際に、ロシアの関係者を中心に、会場からは大きな拍手が沸いた。それを聞いてプーチンは言った。

2——http://www.kantei.go.jp/jp/98_abe/statement/2018/0912eef.html

「私はお願いしなかったのに、拍手をいただいた。支持していただいたことに感謝する」
わざわざ会場に拍手を促した安倍への当てつけだった。

繰り返された挑発

少し話はそれるが、安倍は翌二〇一九年の東方経済フォーラムでも、上から目線の挑発だとプーチンから受け取られるような演説をしている。

演説中に安倍は、日本の対ロシア協力を説明する動画を上映した。日本の医療協力の結果、杖なしでは歩けなかったロシアの女性が自由に歩けるようになった事例が、その中で紹介された。

動画が終わると、安倍は誇らしげに語った。[3]

「日本の今の七五歳は、一〇年ほど前の六五歳と同じ速度で歩いているのだそうです。つまり日本の高齢者は、一〇年で一〇歳若返ったことになります。日本の協力が、ロシアのおじいちゃん、おばあちゃんたちを一人でも多くスタスタ歩けるようにできるのを想像しますと、私の顔は思わずほころぶわけであります」

いかにも安倍が好む「日本の先進性」のアピールだった。

これに対して、プーチンはまたしても、その後の討議の中で反撃した。[4]

「シンゾーは、日本人が早く歩くようになったと言った。それは良いことだ。だが、ロシアのチェチェンやダゲスタンでは、歩く速度は以前と変わらないが、出生率は日本の三倍だ。問題は、どこにエネルギーを注ぐかだ」

痛烈な切り返しというしかない。プーチンは、日本社会が抱える最大の問題が出生率の低下による少子高齢化にあることを熟知している。「三倍」という具体的なデータまで持ち出して、日本の弱点を的確に突いてきたのだ。

実を言えば、出生率の低下はロシアにとっても深刻な問題だ。世界銀行の統計によると、合計特殊出生率はソ連崩壊後、一気に下落した。一九九九年の一・一六を底に、その後持ち直しているが、ソ連時代の水準には回復していない。プーチンは二〇二〇年の年次教書演説でも、人口問題を国を挙げて取り組むべき最重要課題に挙げている。[5]

プーチンが安倍に対して例示したチェチェンやダゲスタンは、イスラム教徒が多く、ロシア全体とくらべても出生率が極めて高い地域だ。特殊な地域を取り上げて、ロシアの人口増政策が日本より進んでいるかのように言うのはフェアではないだろう。

チェチェンやダゲスタンの多くの人々が日常的に使う言語は、ロシア語ではない。ロシア語を母語としてロシア正教を信じる白人という、典型的なロシア民族が減り続ける一方で、イスラム系の人口が増えることがロシア社会に与える影響が懸念されている。

3――http://www.kantei.go.jp/jp/98_abe/statement/2019/0905eef.html
4――http://kremlin.ru/events/president/news/61451
5――http://kremlin.ru/events/president/news/62582

もしも安倍がこうした事情を知っていれば、その場でプーチンに切り返すことができたかもしれない。だが、それは無い物ねだりというものだろう。

二〇一八、一九年と繰り返された安倍のアピールに対するプーチンの意趣返しは、面白いだけでは済まされない深刻な問題の存在を示唆している。

安倍は自らの演説で、プーチンを挑発しようとしたわけではない。むしろ逆だったろう。日本の対ロ協力の実例を披露することで、プーチンを喜ばせることを狙っていたはずだ。

そもそも、善し悪しは別にして、安倍政権の対ロ外交は、プーチンに取り入ることで日ロ関係の打開に前向きな気持ちを引き出すことを狙って組み立てられている。

だが、東方経済フォーラムでの顛末は、そうした思惑が空回りしている実態を浮き彫りにした。プーチンやロシア人の思考回路を十分理解していないスタッフが「こうすればプーチンは喜ぶはずだ」という思い込みで動画や演説を用意したのではないか。

さらに悪いことに、「日本はすごい」という宣伝に気を取られるあまり、ロシア人が最も嫌う「上から目線」さえ感じられるアプローチになってしまっていた。

自分たちの考えが通じるはずだという独りよがりで対ロ外交を進めているのだとすれば、これほど危ういことはない。

これは、対ロ外交だけにとどまる話ではない。日本外交全体について、同じようなことが起きているのではないかという懸念さえ浮かんでくる。

食い違う解釈

話を二〇一八年九月のプーチン提案に戻そう。

「前提条件なしの平和条約を結んだ上で、未解決の問題に取り組もう」。プーチンが安倍にぶつけたこの言葉には、さまざまな解釈の余地がある。

第二次世界大戦から七〇年以上を経て、なぜ日ソ、日ロ間に平和条約がないのか。言うまでもなく、領土問題が解決されていないからだ。

「平和条約」と名がつく以上、それは領土問題に決着をつけるものでなくてはならない。これが、日本側の一貫した主張であり、これまでのロシアとの合意文書にも盛り込まれてきた基本的な考え方だ。

平和条約を締結することなしに、戦後の日本とソ連の国交を回復させるために結ばれたのが、一九五六年の日ソ共同宣言だ。「宣言」という名前だが、両国議会によって批准承認されており、国際法的には「条約」と位置づけられる。

そこには、「将来日本とソ連が平和条約を締結した暁には、ソ連が実効支配している歯舞群島と色丹島を日本に引き渡す」という内容が明記されている。当時の日本は歯舞、色丹だけでは納得せず、国後、択捉両島をめぐる交渉を続けるよう求めたため、平和条約は締結できなかった。

こうした経緯を踏まえてプーチンの言う「前提条件のない平和条約」を、最も日本に都合よく解釈すれば、次のようになるだろう。

一、平和条約を締結し、日ソ共同宣言に書かれている通り、日本に歯舞、色丹を引き渡す
二、日本が求める国後、択捉については協議を継続して、将来の解決を目指す

だが、これはあまりに我田引水な解釈だ。ロシアが歯舞、色丹の日本への引き渡しをあっさりと認めることはありえない。第三章で見るように、二〇一六年には、プーチンは「私たちは日本との間に領土問題があるとは考えていない」とまで明言している。

そうした状況を考えれば「前提条件のない平和条約」の意味するところは以下のようになる。

一、領土問題にはいっさい触れない平和条約を直ちに結ぶ。日ソ共同宣言に書かれている歯舞、色丹の引き渡しは当面棚上げにする
二、領土問題は、期限を定めず、引き続き協議をする

プーチンが「年内に結ぼう」と言ったことも、こうした解釈にしっくりくる。歯舞、色丹の引き渡しのような大きな決断を、年末までの三カ月というわずかな期間に決定できるとはとても思えないからだ。

後者の解釈をとって、プーチンが交渉のテーブルをひっくり返したと受け止めた日本の多くの報道機関や野党は、安倍の稚拙な外交を厳しく批判した。

朝日新聞は、プーチン発言の二日後、九月一四日の朝刊紙面に「日ロ平和条約　前のめり外交の危うさ」と題する社説を掲載した。

「プーチン大統領が突然、日本との平和条約を年内に結ぶことを提案した。懸案の北方領土問題は先送りする内容だ」

「プーチン氏が口にした提案は、ロシア政府内では極めて重い意味を持つ。今後の交渉に影を落としかねず、日本側は発想の転換を迫られるかもしれない」

「安倍氏はしばしば外国首脳との個人的な関係を実績として強調してきたが、今回の気まずい事例から教訓を学ぶべきだ。社交と外交は違うという当然の現実を忘れてはならない」

安倍首相がその場でプーチンに反論したり真意を質したりすることなく、笑みを浮かべていたことも、批判を招いた。

安倍が釈明する機会となったのが、社説が掲載されたのと同じ九月一四日、日本記者クラブ主催で開かれた自民党総裁選の討論会だった。[6] 九月七日に告示された総裁選には、三選を目指す安倍と、石破茂が立候補していた。

6――https://www.youtube.com/watch?v=Xx_N4Kygqol

朝日新聞論説委員の坪井ゆづるが安倍に質した。

「プーチンの発言には率直に言って驚いた。領土問題を画定して平和条約を結ぼうという日本政府の考え方をプーチンは理解していなかったのか。二二回も会って、二人きりで何時間も会って、その共通認識すらなかったのか。対ロ交渉をどう立て直すのか」

安倍は苦笑を浮かべつつ、反論した。

「専門家は、あなたとは違う考え方を持っている人が多い。日ロ関係をずっとやってきた方は」

その上で、プーチン発言についての自らの考えを披露した。

「プーチン大統領が述べたこと、さまざまな言葉からサインを受け取らなければならないんだろうと思う。一つは平和条約をちゃんとやろうと言ったことは事実です」

その場でプーチンに反論しなかった点についても、安倍は自ら説明を加えた。

質問はこの点に触れていなかったが、批判が集まっていることを気にしており、釈明の機会をうかがっていたのだろう。

「もちろん日本の立場は、領土問題を解決して平和条約を締結するということですし、それについては（プーチンの）発言の前にも後にも、ちゃんと私は述べていますし、プーチン大統領からの反応もあります。でも、それは今は申し上げることはできません。交渉の最中でありますから」

「プーチン大統領の平和条約を結んでいくという真摯な決意を、（二〇一六年一二月の）長門会談の後の記者会見で表明している。つまり、平和条約が必要だという意欲が示されたことは間違いないと思います」

その上で、思わせぶりに、こう付け加えた。

「そこで申し上げることができるのは、今年一一月、一二月の首脳会談、これは重要な首脳会談になっていくと思います」

安倍の言い分をまとめると、以下のようなことになるだろう。

領土問題を解決しなければ平和条約を締結できないという日本の主張はプーチン大統領にしっかり伝えてある。大統領はそれを承知の上で平和条約締結に意欲を示している。二〇一八年中にあと二回予定されている大統領との首脳会談が交渉打開に向けた重要な機会になる。

先取りして言えば、「重要な首脳会談になる」と予告したとおり、安倍は一一月にシンガポールで行われたプーチンとの会談を機に、四島返還という従来の日本の基本的な立場を封印。二島での決着を目指すようになる。

日本記者クラブの会見で、安倍はすでにその方針をほのめかすような発言をしていた。日ロ交渉の専門家は必ずしもプーチン発言を否定的に捉えているわけではないと強調した後に、以下のように付け加えたのだ。

「私も日ロ交渉を始めるにあたって、一九五五年に松本（俊一＝日本政府全権代表）さんがマリク（駐英ソ連大使）と交渉を始めますね。その後重光（葵＝外相）さん、河野一郎（農相）、ずっと会談記録、秘密交渉の部分についても読んできた。これは、ほとんど表に出てきていません。その上において、ずっと会談を行ってきた。さまざまなことを話しています」

一九五五年に松本とマリクが始めた交渉とは、前述の一九五六年日ソ共同宣言締結に至るソ連との交渉のことだ。

第二次世界大戦終結後、日本は米国をはじめとする連合国との間で一九五一年にサンフランシスコ平和条約を締結した。しかし、ソ連はこのとき条約に加わらず、外交的には日本との間で戦争状態が終結していなかった。

ソ連は交渉の過程で、歯舞、色丹二島の返還による領土問題の解決を提案。当時は日本政府内にもそれを受け入れるべきだという考えがあった。こうした経緯は、「四島返還」が決して戦後一貫した主張だったわけではないことを物語っている。

あえてこうした歴史を研究していることを説明した安倍の言葉は、すでにこのとき、二島による決着を視野に入れていたことを物語っている。

プーチンの真意

プーチン自身が、自らの提案の真意について説明する機会も訪れた。

それは二〇一八年一〇月一八日、ロシア南部のソチで開かれた「バルダイクラブ」と呼ばれる有識者会議でのことだった。

バルダイクラブは毎年世界各国のロシア専門家を招いて開く討論会で、全体会合にはプーチン自らが出席して、質疑に応じるのが通例だ。

プーチンに質問をぶつけたのは、日本から毎年出席している畔蒜《あびる》泰助。東京財団研究員を経て、当時は国際協力銀行モスクワ事務所の上席駐在員を務めていた。

司会を務める国際政治学者のフョードル・ルキヤノフが畔蒜を指名した際、ほんの短い、しかし興味深い場面があった。

ルキヤノフは畔蒜が発言する前にプーチンに尋ねた。[7]

「どう思いますか、ウラジーミル・ウラジーミロヴィチ（プーチン）、彼は何を聞くでしょうね？」

「分からないね」

プーチンはこう答えた上で、次のように付け加えたのだ。

「まさか島についてかな？　面白くないよ」

領土問題を最重視する日本を皮肉るような発言だった。

畔蒜は、プーチンの揺さぶりにも動じずにロシア語で切り出した。

「申し訳ないが、聞かないわけにはいきません」

二年前のバルダイ会議でプーチンは、畔蒜の質問に答えて、日本と平和条約を結ぶのにふさわ

7——http://kremlin.ru/events/president/news/58848

しい雰囲気ができるまでにどれだけの時間がかかるかは分からないと述べていた。畔蒜はこのやりとりに改めて触れた上で、日ロ関係の成り行きを見守っているすべての人が抱いていた疑問を率直にぶつけた。

「あなたは東方経済フォーラムで安倍首相に『年内に平和条約を締結しよう。いっさいの前提条件をつけないで』と提案した。これは、二年前に言っていた、平和条約への署名のための十分な信頼関係が我々の間にできたということだろうか。それとも、それとは別の意味合いがあるのだろうか」

プーチンは、ロシアの原則的な立場から話を始めた。

「私たちは信頼関係の向上について話し合っているし、平和条約締結の可能性、日本が常に提起している領土問題についての妥協の可能性について話し合っている。私たちはそんな問題は存在しないと考えているが、それでも話し合いを拒否はしていない」

日ロ間に領土問題は存在しない。前述のように、プーチンはこうした考えを二〇一六年一二月に公言していた。それが今も変わっていないことを、まずは念押ししたのだった。

プーチンは、日本との信頼関係についても、厳しい見方を披露した。

「私たちは、安倍首相の要請に応えて、日本国民が自分たちの歴史的な土地を訪れ、親族の墓参ができるように、この領域（北方四島）に簡単に入れるような仕組みを作っている。つまり、我々の側からは信頼関係のために不可欠な条件を作ろうと努めている」

「それなのに日本は、我々に対して制裁を科している。これが信頼関係を高めるとあなたは思うのだろうか。シリアはどこにあり、クリミアはどこにあり、日本はどこにあるのか。あなたがたはなぜ、そんなことをしたのか。信頼関係を高めるためだというのだろうか」

発言の前段は、北方四島への旧島民らによるビザなし渡航をロシアが認めていることを指している。

四島は日本の領土だと主張している日本は、ロシアのビザを取得して現地入りすることは控えるように、国民に求めている。こうした事情をロシアも理解して、日本側の要請に応じて、ビザなしで四島を訪問する特別の制度を認め、対象とする日本人の範囲も拡大してきた。ロシアは日本に配慮している。だがそれに対して日本は制裁で応じている。それは信頼関係を傷つけることではないのか、というのがプーチンがこのとき明らかにした不満だ。

確かに日本は、二〇一四年三月のロシアによるウクライナ南部クリミア半島併合や、ウクライナ東部の紛争への介入を機に、主要七カ国（G7）と足並みをそろえてロシアに対する各種の制裁を科している。

プーチンがクリミアと並んで口にしたシリア問題をめぐっては、日本がロシアに制裁を科している事実はない。ただ欧米諸国と足並みをそろえて、ロシアが支援するシリアのアサド大統領らを制裁対象としており、プーチンはそれにいらだっていた。

クリミアともシリアとも日本は遠く離れている。直接関係はないはずなのに、日本がロシアに制裁を科したり批判的な姿勢をとったりするのは、欧米、中でも米国の影響下にあるからだろう。プーチンの言葉からはこうした不満が伝わってくる。

だが言うまでもなく、日本がクリミア問題でロシアに制裁を科しているのは、武力を背景に国境線を変えることは認められない、という原則的な立場からだ。

安倍自身、クリミア併合翌日の二〇一四年三月一九日、参議院予算委員会でこう断言している。

「ウクライナの統一性、主権及び領土の一体性を侵害するものであり、これを非難する。我が国は力を背景とする現状変更の試みを決して看過できない」

ロシアの振る舞いは、隣国との国境を尊重し、紛争は話し合いで解決するという第二次世界大戦後の国際社会のルールに対する挑戦であり、日本からの距離は関係ない。

第二次世界大戦末期にソ連に占領された北方領土問題を抱える日本にとっては、なおさら見過ごせない問題だ。

だが一方で、安倍がプーチンに対して、日本は不本意ながら対ロ制裁に加わっているという言い訳がましい釈明を伝えてきたことも事実だ。

例えば元首相の森喜朗は、二〇一四年九月、安倍の親書を携えてプーチンと面会した際、次のように伝えている[8]。

「安倍は、あなたのこと、ロシアのことをすごく考えているんだ。制裁にしてもアメリカが『やれ、やれ』と言うから。だけど、実質的にはロシアにはなんの被害も与えないようにやっているはずだ」

安倍が日本の公式見解とプーチン個人へのメッセージを使い分けたことを、プーチンは前向きに評価しただろうか。筆者にはそうは思えない。逆に、八方美人な対外姿勢に不信感を抱いたのではないだろうか。

米国にもロシアにも良い顔を見せようとする日本のやり方は、その狙いとはうらはらに、ロシアから軽く見られる隙を与えているように、筆者には感じられる。

話をプーチンと畔蒜の質疑に戻そう。プーチンは日本の対ロ制裁を批判した上で、ウラジオストクで自らが安倍にぶつけた提案について、その真意を説明した。

プーチンは、中国との間の国境画定交渉にロシアが四〇年を費やした歴史から説き起こした。

「この間に、ロシアと中国との間にはいろいろな出来事があった。しかし最終的には(二〇〇一年の)善隣友好条約の署名に至った。ロシアと中国の相互理解が前例のないレベルに達したと、互いに評価するに至った。それでも、領土問題はこの時点で解決できなかったのだ」

「この条約に署名したことが、領土問題についての私たちの交渉を終わらせただろうか。答えは否だ。むしろ話は逆で、領土問題を解決するための条件が作り出されたのだ。最終的に私たちは

8——朝日新聞国際報道部、駒木明義、吉田美智子、梅原季哉『プーチンの実像　孤高の「皇帝」の知られざる真実』朝日文庫、二〇一九年、三五三—三五四頁

譲歩案を見つけ出し、この問題についての合意文書に署名することができた」

友好関係を確認する条約が先。領土交渉はその後で。それが成功の前例だ、というわけだ。

プーチンは続けた。

「私は安倍首相にも同じことを申し上げた。島の問題を解決することなく、ただちに平和条約に署名したとしても、それは将来も解決しないということでもなければ、この問題を歴史のゴミ箱に投げ捨てて何もなかったかのように先に進んでいくことも意味しない。我々の中国との関係はその逆だということを示している。まず信頼関係のための条件を作り出し、その後に問題を解決したのだ。私は（ウラジオストクで）まさにこのことを提案したのだ」

「我々はもう七〇年もこの問題をめぐって論争してきて、どうにも合意できていない。行き詰まりに次ぐ行き詰まりだ。だから、こうしようじゃないか。平和条約にまず署名をし、信頼関係の水準を引き上げる作業に取り組み、二国間関係に問題を作らないようにし、先に進み、その上で、この領土問題についての話し合いを続けようじゃないか、と」

ここでプーチンは、自らの提案の内容について、疑問の余地なくはっきりと説明している。

日本の楽観論者が考えるようなやり方、つまりは平和条約締結時に歯舞、色丹を引き渡し、あるいは最低でも日本への帰属を確認した上で、国後、択捉についてはその後に話し合いを継続する、というようなことをプーチンは考えているわけではない。

中国との善隣友好条約のような一般的な友好関係を宣言する「平和条約」をまず結び、その信頼関係を基盤に、領土問題を話し合っていこうというのが、プーチンの意図だったことが、畔蒜との質疑で明らかになったのだ。

ここでプーチンが言うところの「平和条約」を日本側の目から見れば、それは「平和条約」の名に値しない何か別のもの、ということになる。

平和条約とは一般に、戦争の当事国同士による条約で、一、戦争状態の終結と外交関係の樹立二、賠償問題の解決　三、領土の画定――が盛り込まれるとされる。

日本とソ連との間では、一点目と二点目については、一九五六年の日ソ共同宣言で既に解決済みだ。残る三点目の領土問題を平和条約で解決する必要が残されている――。これが少なくとも、一九五六年当時の日ソ共通の理解だった。そしてこの三点目がソ連の後継国家となったロシアとの間に引き継がれているというのが、日本のかねてからの主張だ。

しかし、プーチンは肝心の領土問題を解決することなく、平和条約を結ぼうというのだ。

プーチンは、四〇年かかったという中国との交渉をしばしば引き合いに出すが、これを北方領土問題と単純に対比させることにも無理がある。

なによりまず、中国とソ連やロシアは戦争状態にあったわけではなく、平和条約が必要とされる関係ではない。

中ロ国境の画定は、戦後処理とは全く異なる性格のものだ。

プーチンは畔蒜の質問への回答の中で、ウラジオストクでの提案当日、安倍から反論があったことも明らかにした。

「安倍首相には自身の考えがあるようだった。私たちが（全体会合の）後で若手選手の柔道大会に顔を出したとき、非公式にこの議論を続けた。彼が言うには、今日の日本にとって、そうしたアプローチは受け入れられないということだった。まず領土問題の原則的な問題を解決し、その上で平和条約について協議をするということだった」

実際、安倍とプーチンは、問題の提案があった東方経済フォーラムの全体会合が終わった後、連れ立ってウラジオストクで開かれた柔道大会に顔を出していた。安倍はそのときに日本の立場をプーチンに伝えていたというわけだ。

安倍が日本記者クラブで行った「（プーチンの）発言の前にも後にも、ちゃんと私は（日本の立場を）述べている」という釈明が事実だったことが、プーチンの説明で裏付けられた。

とはいえ、全体会合に同席していた習近平や李洛淵の目前で言われっぱなしに終わってしまったことは、やはり禍根を残したと言えるだろう。

プーチンは回答の締めくくりに、もう一度自分の提案の意義について説明した。

「（領土問題を解決して平和条約を結ぶという安倍の主張について）そうすることもできるが、すでに七〇年も足踏みをしていて、まだ終わりも果ても見えない。私たちは、これらの島で共同経済活動を実現させようと話し合っている。それも良い考えだが、とてもささやかなものしかできそうにない」

日本が主張する「領土問題を解決して平和条約を締結する」という順番に付き合ってもいいが、それだと今後どれだけ時間がかかるか分からない。これがプーチンの主張だった。

シンガポールで踏み出した一歩

日ロ双方の思惑がかみ合わないまま迎えたのが、安倍が「重要な首脳会談になっていく」と予告していた二〇一八年一一月の首脳会談だ。

その後、平和条約交渉に前進が見られなかったという経緯はおくとしても、日本が対ロ交渉方針の大転換を図ったという意味で、歴史に刻まれる会談となった。

会談の舞台となったのはシンガポール。東南アジア諸国連合（ASEAN）首脳会議に合わせ、日中韓が加わるASEAN＋3、さらに米ロ印とオーストラリア、ニュージーランドが加わる東アジアサミットなど、さまざまな枠組みの首脳会議が開かれた。

一連の会合にともに出席を予定していた安倍とプーチンは、この機会に首脳会談を開くことで事前に合意していた。

プーチンが東アジアサミットに参加するのはこれが初めてのことだった。

安倍はプーチンと国際会議の機会に度々首脳会談を開いている。

定番となっているのがアジア太平洋経済協力機構（APEC）と主要二〇カ国・地域（G20）の首脳会議だ。だが、こうした国際会議の機会に、多忙な日程の合間を縫って開かれる首脳会談は、あまり長い時間がとれないことがほとんどだ。

　シンガポールでの首脳会談も例外ではなかった。プーチンは安倍と会った日、ＡＳＥＡＮの首脳たちとの会談に臨んだほか、タイ首相、インドネシア大統領、韓国大統領、シンガポール首相とも個別に会談しており、多忙を極めていた。

　安倍との会談時間は一時間半。そのうち、二人だけで行った話し合いは四〇分間だった。通訳を介しての話し合いなので、実質的な会談時間は二〇分程度だろう。

　交渉のテーブルをひっくり返すような九月のプーチン発言後、初めての顔合わせだったことを考えれば、どこまで突っ込んだ話ができたのかは心もとない。

　報道陣に公開された会談冒頭からして、平和条約問題にかける安倍とプーチンの意気込みに落差があることがうかがわれた。[9]

　プーチンは、挨拶の言葉に続けて、こう切り出した。

「私たちの関係は前向きに進展しており、私たちはいつもコンタクトをとっている。相互貿易は拡大しており、昨年は一四％の伸びを記録し、今年も一～九月はさらに一七・七％伸びた」

「協力のあらゆる方向性について、あなたが優先的だと考えているものも含めて、検討する機会を持てることを嬉しく思う」

　対する安倍は冒頭発言で型どおりの挨拶をした後で、声のトーンを上げた。

「本日は、限られた時間ではありますが、経済をはじめ、二国間関係一般について、そしてまた、北朝鮮問題など国際社会における課題について議論をしたいと思う。特に重要な平和条約締結の問題について、しっかりと議論をしたいと思う」

プーチンは平和条約問題について「あなたが優先的だと考えている」テーマという言い方にとどめた。つまりは自分の方は優先課題とは受け止めていないということで、バルダイクラブで北方四島の問題について「面白くない」と言ったのにも通じるそっけない態度だった。

一時間半の会談を終えた安倍は、カメラや録音機を手に待ち構えていた日本の記者団の前にやや緊張した面持ちで登場し、結果を総括した。この様子はNHKが生中継で伝えた。

記者団の代表からマイクを向けられた安倍は答えた。[10]

「先ほど、プーチン大統領と日ロ首脳会談を行いました。その中で通訳以外、私と大統領だけで、平和条約締結問題について相当つっこんだ議論を行いました」

「二年前の長門での日ロ首脳会談以降、『新しいアプローチで問題を解決する』との方針のもと、元島民のみなさんの航空機によるお墓参り、そして共同経済活動の実現に向けた現地調査の実施など、北方四島における、日ロのこれまでにない協力が実現しています」

「この信頼の積み重ねの上に、領土問題を解決をして平和条約を締結する、この戦後七〇年以上

9――http://kremlin.ru/events/president/news/59125
10――https://www.youtube.com/watch?v=uTwxZwfM38s

残されてきた課題を、次の世代に先送りすることなく、私とプーチン大統領の手で必ずや終止符を打つという、その強い意志を、大統領と完全に共有いたしました。そして一九五六年（日ソ）共同宣言を基礎として、平和条約交渉を加速させる、本日そのことでプーチン大統領と合意いたしました」

「来年のG20において、プーチン大統領を（大阪に）お迎えいたしますが、その前に年明けにも私がロシアを訪問して、日ロ首脳会談を行います。今回の合意の上に、私とプーチン大統領のリーダーシップのもと、戦後残されてきた懸案、平和条約交渉を仕上げていく決意であります。ありがとうございました」

発言の中に、重要なポイントは三点ある。

一、次の世代に先送りすることなく、自身とプーチンの手で、領土問題を解決して平和条約を締結するという強い意志を共有

二、一九五六年の日ソ共同宣言を基礎に平和条約交渉を加速させることで合意

三、年明けに安倍がロシアを訪問してプーチン大統領と首脳会談を行う

日本のメディアから最も注目されたのは、二点目の「日ソ共同宣言を基礎に平和条約を加速させる」という合意だ。安倍はその意味するところをはっきりとは説明しなかったが、この言葉に、

従来の四島返還から二島での決着へという方針転換が示されていたからだ。

だが、この点について検討する前に、一点目の「私とプーチン大統領の手で問題を解決するという強い意志を完全に共有した」という部分に注目したい。なぜなら、安倍がプーチンと進めてきた平和条約交渉が抱える大きな問題点が、この主張に現れているからだ。

「強い意志」は共有されたのか?

「私とプーチン大統領の手で必ずや終止符を打つという強い意志を共有している」。安倍はシンガポールでの会談後、この言葉を繰り返し強調するようになる。国会の場でも、会談から二〇二〇年一月までの間に、少なくとも七回は同様の見解を表明している。

問題は、プーチンの口からは同様の「意志」がその後一度たりとも示されていないという事実だ。

プーチンは安倍との会談後に「私と安倍首相の手で平和条約を締結する決意だ」という趣旨の発言をしたことは一度としてない。「次の世代に先送りしない」という考えを示したことも、一度もない。

むしろプーチンの主張はまったく逆だ。解決には長い時間がかかるというのが、プーチンが繰り返している考えなのだ。

その姿勢は、シンガポール会談の前から続く一貫したものだ。

例えば、二〇一六年一二月。安倍の地元、山口県長門で日ロ首脳会談を行った翌日、東京で開かれた締めくくりの記者会見で、プーチンはこう述べている。

「もうこの問題は、七〇年以上議論されている。それをあっという間に私たちが解決できると考えるのは幼稚だろう」[11]

二〇一八年九月、ウラジオストクでプーチンが安倍に「前提条件のない平和条約案」をぶつける二日前に行われた日ロ首脳会談後の記者会見でも、プーチンはほぼ同じフレーズを口にした。[12]

「知られているように、この問題は数十年にわたって話し合われており、またたく間にそれを解決できると考えるのは幼稚だろう」

ここで「幼稚な」と訳したのはロシア語で「ナイーヴナ（наивно）」。日本語で使われる「ナイーブ」にあるような、無邪気とか繊細といったニュアンスはあまりなくて、「世間知らず」とか「浅はか」といった意味合いが強いだろう。

いや、それはシンガポールで安倍が二島返還論に転換する前の話ではないか。プーチンは「日本が四島にこだわる限り問題はすぐには解決できない、早く二島での決着を目指そう」というシグナルを発していたのだ――。こんな反論が可能かもしれない。

しかし、シンガポール会談後も、プーチンは、問題解決には時間がかかるという見解を変えていない。

例えば、翌年の二〇一九年一月にモスクワで行われた日ロ首脳会談を見てみよう。この会談については後に詳しく触れるが、プーチンは会談後の記者会見で、平和条約交渉の見通しについてこう述べている。

「強調したいのは、双方にとって受け入れ可能な解決策に到達するための条件づくりのために、長く続く骨が折れる作業が、この先にあるということだ」

平和条約締結は長期的な課題だというプーチンの考え方は、シンガポール会談前と後とで、まったく変わっていないのだ。

安倍が共有していると繰り返す「私たちの手で終止符を打つという強い意志」は、プーチンの言葉からは感じられない。

安倍自身はこの食い違いについてどう考えているのか。

説明の機会は、二〇一九年七月に訪れた。参議院選挙を前に日本記者クラブが主催した七党首討論会で、朝日新聞論説委員の坪井ゆづるが安倍に質問した。[13]

「安倍さんと同じフレーズをプーチンさんは一度もおっしゃっていない。これはなぜなのか」

安倍は、強い意志が共有されているという自身の見解を繰り返した上で、プーチンが同じ言葉を口にしない理由については、次のように説明した。

11――http://kremlin.ru/events/president/transcripts/53474
12――http://kremlin.ru/events/president/transcripts/58511
13――https://www.youtube.com/watch?v=UN1Kg7B2D14

「お互いにそれぞれの世論がありますから、その中で世論とキャッチボールしながら前に進めていくということであろうと、私は期待をしております」

プーチンはロシアの世論に配慮して、安倍と約束した「強い意志」を公言するのを控えている、というのが安倍の言い分だった。

率直に言って、これは苦しい説明と言うしかない。この先、詳しく見ていくように、プーチンがロシア世論に対して、日本との間で平和条約を結ぶために領土問題を解決する必要があるということを説得している形跡は見られない。むしろ逆に、日本に譲るつもりはないというシグナルが、国内向けにさまざまなチャンネルを通じて、政権側から発せられている。

そもそも、シンガポールでの首脳会談は、合意内容を発表するやり方を見ても、平和条約交渉に画期をなす機会としてふさわしいとはとても言えないものだった。

このとき重要な合意がなされたという共通認識があったとすれば、安倍とプーチンが並んでカメラの前に立ち、平和条約を自分たちの手で締結するという強い決意を表明し、それぞれの国民に対して、なぜ交渉を急ぐ必要があるのかを説明し、理解と協力を呼びかけるのが自然なやり方というものだろう。

だが実際には安倍はたった一人でカメラの前に立った。その場にいたのは、日本から首相に同行してきた者を中心とする日本メディアの記者だけだった。首相は時間にしてわずか二分あまりの説明を終えると、記者からの質問も受けずに、その場を立ち去った。

こうした経緯とどこまで関係があるのか不明だが、日本の外務省は、公式サイト上のシンガポール会談についての説明の中で「強い意志の共有」については触れていない。[14]先に挙げた会談の重要ポイント三点のうち、「年明けの安倍訪ロ」と、「一九五六年宣言を基礎として平和条約交渉を加速させる」という二点についてしか書かれていないのだ。

一方でプーチンをはじめとするロシア側は、繰り返される安倍の主張に対して、「いや、我々は強い意志を共有などしていない」と反論するといった類いの、安倍の発言を真っ向から否定するような振る舞いは基本的に控えている。

理由として、プーチンとの間で、なんらかの約束があった可能性が考えられる。例えば、会談の中で安倍がプーチンに対して「会談後、日本国内向けに『強い意志を共有した』と発表するので、そのことは理解してほしい」と頼み込んで、了解を取り付けていたとすれば、ロシア側が安倍の発言を否定しないという状況の説明がつく。

こうした推測の補強材料として、二〇一六年一二月の山口県長門で開かれた日ロ首脳会談でのいきさつがある。会談後に両国が発表した「プレス向け声明」には、安倍とプーチンが「平和条約問題を解決する自らの真摯な決意を表明した」という表現が盛り込まれた。

朝日新聞の検証によると、両首脳が平和条約締結への「真摯な決意」を示すことについては、

14――https://www.mofa.go.jp/mofaj/erp/rss/hoppo/page1_000697.html

事前の外交当局間の折衝では合意できていなかった。首脳会談の場で安倍がプーチンに直接強く働きかけて、同意を取り付けたのだという。[15]

第三章で詳しく見るように、安倍は、プーチンを説き伏せた経緯に、強い自負を抱いている。シンガポールでも安倍は、長門でのこうした経験を踏まえて、プーチンと二人だけの会談の機会に口説いたのではないだろうか。

ただ、仮にプーチンの了解を得ていたとしても、「強い意志を共有した」と安倍が一方的に繰り返すのは、あまりにミスリーディングだ。現実に行われている交渉に対する国民や国会の正しい理解を阻む態度だろう。

もっと根深い問題もある。日本にとって都合がいい対外発表をすることについて、ロシアから了解を取り付けていたのだとすれば、その経緯自体を通じて、ロシア側に借りをつくってしまうことになる。国内に向けて「成果があった」と説明するために、ロシア側から足下を見られるようでは本末転倒だ。

足並みが揃わなかった日本での報道

安倍が発表した三つのポイントのうち、交渉の進め方の本質に関わるという意味で、最も重要なのが「一九五六年宣言を基礎に平和条約交渉を加速させる」という合意だった。しかし、この言葉だけでは、何が新しいのか、判然としない。

日本政府はこれまでも一九五六年宣言を否定していたわけではない。第二次世界大戦後の日本とソ連の外交関係を回復させたという意味では、ソ連の後継国家となったロシアと日本の基本的な関係を律している重要な合意文書だ。

領土問題についてもそうだ。歯舞、色丹が将来日本に引き渡されることがこの宣言で確定し、残る択捉、国後も合わせた四島の帰属を求めてソ連、そしてロシアと交渉を続けてきたというのが日本の一貫した立場だ。

したがって、安倍が一九五六年宣言を基礎に交渉を進めることを表明したからといって、それだけで四島を諦めたと結論づけることはできない。

一方で安倍はこの日の記者団への説明で、「四島の帰属の問題を解決して平和条約を締結する」という日本政府の従来の公式見解は口にしなかった。二島の命運しか書かれていない一九五六年宣言のみに言及したという事実は、国後、択捉を諦めたようにも受け止められる。

安倍の記者たちへの説明の後に、日本メディア向けにブリーフィングを行った官房副長官の野上浩太郎は「北方四島の帰属の問題を解決して平和条約を締結するということが我が国の一貫した立場であり、そのことに変更はない」と述べた。しかし一方で、「今後も四島の日本への帰属を求め続ける」とも明言しなかった。

15——『朝日新聞』二〇一六年一二月二六日朝刊

はっきりしない状況を受けて、二〇一八年一一月一四日の首脳会談の翌日の新聞各紙が示した解釈も、一様ではなかった。

主要全国紙の中で、最も踏み込んだのが朝日新聞だった。一面トップに「首相『2島先行』軸に」という主見出しを据えて、「4島一括返還から転換」という脇見出しを添えた。日本政府が方針を大きく転換したというのが朝日新聞の認定だった。

記事本文では「政権としては4島の返還を求める姿勢は堅持しつつも、歯舞、色丹2島を優先することを軸に進める方針に転換した形だ」と書いている。

判断の根拠は、二面に掲載された関連記事に示されている。

「首相周辺ではプーチン氏が9月、平和条約の年内締結を提案したことをきっかけに『2島先行返還』の検討が水面下で本格化している」「首相側近は（中略）何らかの形で『2島先行』にかじを切る可能性に言及していた」と、政権内部の検討状況を説明。二〇〇二年に、当時官房副長官だった安倍が「2島返還決着論は問題があるが、2島先行返還論は必ずしも問題ない」と述べた経緯も紹介している。

付言すれば、この日の一面に、筆者は「交渉　前途は多難」という解説記事を書いた。「ロシアの現在の立場は『0島返還』であり、日ロ間の隔たりはなお大きい」と、交渉の先行きが困難なことを予見していた。

日本経済新聞は、一面に「日ロ、56年宣言基礎に交渉」と、発表内容をそのまま伝える見出しを掲げた。ただし本文中では「日本政府には4島返還の前提を崩さず歯舞群島と色丹島の2島引き渡しを先行させる狙いがあるとみられる」と、朝日とほぼ同じ認識を示した。三面の記事には「2島先行も選択肢」という見出しをつけている。

読売新聞の記事のニュアンスは少し異なっていた。一面の記事で「今回の合意は、4島返還の前提は崩さず、まず歯舞、色丹2島の返還を確実にする狙いがあるとみられる」という見解を示し、二面の記事でも「あくまで帰属問題を巡る交渉の対象は択捉、国後を加えた4島とする方針を堅持する」と書いた。

毎日新聞は会談を一面トップでは扱わなかった。一面の三番手の位置に置かれた記事の見出しは「日露、56年宣言基礎　平和条約交渉を加速」。この扱いと見出しからは、この会談を大きな転換点とは捉えていない様子がうかがえる。二面では「日本政府内には『4島返還論』や、歯舞・色丹両島の返還に残る2島（国後、択捉）での共同経済活動などを組み合わせた『2島プラスアルファ論』が交錯する」と指摘した。

異彩を放ったのが産経新聞だった。一面トップに「日露平和条約　3年内締結へ」との大見出しを掲げた。「私とプーチン氏の手で終止符を打つ」という安倍の言葉と、安倍の自民党総裁任期が二〇二一年九月までであることを組み合わせて、「三年以内に平和条約が締結される」との解釈を導き出したようだ。

他紙は安倍の言葉を、交渉に具体的な期限を切ったとは解釈しておらず、決意の表明として捉えていた。まして先に見たように、実際にはプーチンが「強い意志」を共有していなかった現実を踏まえれば、「3年以内締結へ」と報じることは、あまりにもミスリーディングだった。

以上見てきたように、安倍の交渉方針について、シンガポールでの会談直後の時点では、各紙の解釈は足並みがそろっていなかった。

最も踏み込んだ朝日新聞も、「4島の返還を求める姿勢は堅持」すると書いていた。

しかし実際には、シンガポールでの首脳会談以降、政府から「従来通り四島返還を目指す」という見解が示されることはなくなった。政権中枢部への取材が進むにつれ、各紙とも、安倍が二島による決着を目指しているという見方に収斂していく。

一九五六年宣言に書かれている歯舞、色丹のみを領土交渉の対象とし、国後、択捉については日本への引き渡しにはこだわらず、ロシアとの共同経済活動のために日本人が自由に入域できるような特別な地域にすることを目指す。「二島＋アルファ」とも呼ばれる解決策だ。

ただ、日本政府はその後も一貫して「交渉中」を理由に、国会などの場で、方針転換について明言することを避けている。あくまで各報道機関がそれぞれの責任で認定したという状況が続いているのだ。

外交交渉に秘密はつきものだが、それはあくまで戦術的なやりとり、駆け引きの部分に限られるべきだろう。これまで維持してきた日本政府の基本方針を根本から変更しておきながら、それを説明しないという姿勢は、将来に禍根を残すのではないだろうか。

ロシア側の受け止め

交渉のもう一方の当事者、ロシア側は、シンガポールでの日ロ首脳会談をどのように伝えただろうか。

前述したように、会談終了後の両首脳による共同発表は行われなかった。

安倍首相が直接日本メディアに合意内容を説明したのに対して、ロシア側は、大統領報道官のペスコフが、ロシアのメディアに対して、一九五六年の日ソ共同宣言を基礎に平和条約締結交渉を加速させることで合意した、と手短に説明したのがすべてだった。

もちろんペスコフは、安倍が主張する「両首脳が自分たちの手で終止符を打つ強い意志を共有した」というようなことは、一言も語らなかった。

ロシア国営タス通信は、次のような記事を配信した。[16]

ロシアのプーチン大統領と日本の安倍晋三首相は、一九五六年宣言を基礎にロ日平和条約交渉を活性化させることで合意した。首脳会談の結果として、ドミトリー・ペスコフ大統領報道

16――https://tass.ru/politika/5792211

官が記者たちに明らかにした。

ペスコフは「プーチンと安倍は会談の結果、ロシアと日本が一九五六年のソ日共同宣言を基礎に平和条約問題についての対話のプロセスを活性化させることで一致した」と語った。

一九五六年一〇月一九日、モスクワにおいて、両国間の戦争状態を終結させ、外交および領事関係を回復させるための共同宣言が署名された。この文書の第九項で、ソ連政府は日本に対して色丹島と小さな無人島が連なる小クリル諸島（日本では歯舞と呼ばれている）を日本に引き渡すことに同意したが、現実に日本の支配下に置かれるのは平和条約締結後という条件がつけられた。

ただし、一九六〇年に日米安全保障条約が締結されたのを受けて、ソ連は島の引き渡し義務を撤回した。ソ連政府は一九六〇年一月二七日の覚書で、日本領土からすべての外国軍が撤退するという条件の下で、初めてこれらの島々は引き渡されると主張した。

ロシア政府と日本政府は数十年もの間、第二次世界大戦の結果についての平和条約を策定する目的で協議を続けている。根本的な障害となっているのが、クリル列島の南部分の帰属の問題である。戦争終結後、すべての島々はソ連領土に編入された。一方で、日本側は択捉、国後、色丹、そして日本で歯舞と呼ばれている島々の帰属を争っている。ロシア外務省が一度ならず表明しているように、これらの島々に対してロシアの主権が及んでいるということは、国際法的な裏付けを有しており、疑問の余地がない。

ここでクリル列島と書かれているのは、北方四島を含む千島列島のことだ。興味深いのは、記事が安倍とプーチンの合意についてはごく簡単に触れているだけで、多くの部分を一九五六年の日ソ共同宣言の内容と解釈に割いている点だ。

一九六〇年の日米安保条約改定を受けて、ソ連が日ソ共同宣言に書かれている色丹と歯舞の日本への引き渡しを拒否し、引き渡す条件として日本からの米軍撤退を求めるようになったという経緯を説明し、その立場を現在のロシア政府が継承していることを当然視しているかのような書きぶりだ。

少なくとも、一九五六年宣言に基づいて、いずれは歯舞、色丹の二島を日本に引き渡さなければならないということをロシア国民に理解させようという姿勢は、記事からは感じられない。むしろ四島にロシアの主権が及んでいることに疑問の余地はないと強調し、島を日本に引き渡す必要はないということを読者に説明しているようにも読める。

タス通信と並ぶもう一つの国営通信社ＲＩＡノーボスチが配信した記事の内容も簡単に紹介しよう。[17]

ＲＩＡは、タス通信と同様にペスコフが記者団に説明した合意内容を報じた上で、安倍が前の

17――https://ria.ru/20181114/1532786816.html

めりとなるきっかけとなった東方経済フォーラムでのプーチン提案について紹介している。

「九月にウラジオストクで開かれた東方経済フォーラムで、プーチンは突然、安倍に対して年末までに前提条件のない平和条約を締結することを提案した。安倍は日本の立場と、提案は受け入れられないことを説明した。だが同時に日本の政界と首相自身は、ロシア大統領の提案を、止まってしまった交渉を動かしたいという願望の表明だと見なした」

この部分は、安倍の心情を正しく分析していると言えそうだ。

その上で、ＲＩＡもやはり一九五六年宣言の解釈を示した。

「一九五六年にソ連と日本は共同宣言を採択し、その中でソ連側は平和条約締結後に歯舞と色丹を引き渡す可能性について検討することに同意したが、国後と択捉の運命には触れられなかった。ソ連はこの宣言が論争に終止符を打ったと考えたが、日本はそれが問題の部分的な解決に過ぎないと考え、すべての島に対する要求を取り下げなかった」

一九五六年宣言は歯舞、色丹二島の日本への引き渡しを確約したわけではなく、その「可能性についての検討」を約束しただけだという解釈は日本にとっては受け入れられるものではない。だが後述するように、プーチン自身、この記事に書かれているのと同じような立場をとっている。

ＲＩＡの記事はさらに、現在のロシア政府の主張を紹介して、「当該諸島は第二次世界大戦の結果としてソ連に編入され、それらに対するロシアの主権は疑う余地がないということだ」と念押しした。

一九五六年宣言を基礎に交渉を進めるからといって、それは二島を日本に引き渡すことを意味するわけではない。これが、二つの国営通信社がそろって示した見解だった。

プーチンの説明

プーチン本人がシンガポールで行われた安倍との会談内容について説明する機会は、翌日の二〇一八年一一月一五日に訪れた。

プーチンは国際会議などに出席した際は、最終日の日程が終わった後に記者会見を開いて質問に答えるのが通例だ。ＡＳＥＡＮとの会談などについてロシアメディアから寄せられた数多くの質問の一つが、安倍との会談の詳細を尋ねるものだった。

安倍のシンガポール訪問について、日本のメディアの関心はプーチンとの会談に集中していた感があるが、ロシア側では数多くの注目点の一つ、というぐらいの位置づけだったと言えるだろう。

質問を受けて、プーチンは以下のように説明を始めた[18]。

「私たちは日本側と、まさに一九五六年共同宣言を基礎に対話を開始、より正確に言えば、再開したということだ。このことは、日本側が私たちに要望してきたことだ」

18——http://kremlin.ru/events/president/news/59131

一九五六年宣言に基づく交渉は、ロシア側ではなく、日本側が要望してきたことだということをまずは、はっきりさせた。

プーチンは、第二次世界大戦の結果形成された国境は国際法に基づいて確定されているという従来の考えを改めて主張した上で、「それでも、みなさんご存じのように日本は違う問題の立て方をしており、私たちは彼らと作業をする用意がある」と付け加えた。

その上でプーチンは、彼自身の一九五六年宣言の解釈を長々と語った。

「ソ連は日本と一九五六年宣言と呼ばれる共同宣言に署名した。何がそこに書かれているだろうか。ソ連は平和条約に署名した後に、南方の二島（歯舞と色丹）を日本に引き渡す用意があるということだ」

「どんな根拠に基づいて引き渡すかは書かれていないし、どの国の主権下に島が置かれるのかも書かれていないし、どんな根拠でそれが行われるかも書かれていない。しかし、ソ連がこれら二島を引き渡す用意があるということが規定されている」

「ソ連の最高会議と日本の議会が（共同宣言の）批准を承認した。だがその後、日本がこの合意を履行することを拒否したのだ」

日本が一九五六年宣言の履行を拒否した。これも、プーチンがこれまで繰り返し主張していることだ。

日本側の見方は、まったく逆だ。先ほど紹介した一一月一四日のタス通信が指摘したように、一九六〇年の日米安保条約改定を理由にソ連が歯舞、色丹の引き渡しを拒否した。一方的に宣言の履行を拒んだのはソ連だ、というのが日本の主張だ。

ではプーチンはなぜ「日本が履行を拒否した」と主張しているのだろうか。

プーチン自身が公の場で詳しく説明したことはない。だが、ロシアの外交関係者に聞くと、その答えは概ね一致している。

一九五六年宣言は、日ソ国交正常化後あまり間を置かずに平和条約を結び、歯舞と色丹の二島をソ連が日本に引き渡すことを想定していた。二島で終わり、というのが共同宣言の趣旨だった。しかし日本は一九六〇年に日米安保条約を改定。ソ連との友好関係よりも米国との軍事同盟関係を優先し、米国の圧力を受け入れて四島の要求を続けた。これが、日本による宣言履行の拒否ということだ――というのだ。

プーチンは最後に繰り返し念を押した。

「昨日、実際のところ、会談の中で（安倍）首相は、日本はこの問題について、一九五六年を基礎にした議論に戻る用意があるということを述べた。しかしこのことはもちろん、別途、付加的で真剣な検討が必要だ。私が言いたいのは、共同宣言そのものに書かれていることが、私が今言い、皆さんが聞いたように、明瞭とはとても言えないということだ」

「そこには、ソ連が南の二島（歯舞、色丹）を引き渡す用意があるという問題だけが述べられているが、どういう根拠に基づいて誰の主権下に置かれるかは書かれていない。それはすべて真剣な検討の対象なのだ。かつて日本自身がこの合意の実現を拒んだのだから、なおさらのことだ」

プーチンはここではっきりと、安倍が五六年宣言に「戻る」考えを表明したと説明している。このことは、今後の協議の対象からは国後、択捉が外されるとプーチンが理解していることを物語っている。

プーチンは従来、「四島の話をしようとするのであれば、それはすでに一九五六年宣言からは離れている」という見解を繰り返してきた[19]。プーチンにしてみれば、この宣言を基礎とする以上は、歯舞、色丹の話しかしないということになる。

おそらく安倍も、その点では同じ認識だと考えてよいだろう。国後、択捉の返還は、シンガポールの首脳会談で、事実上断念したのだ。

ただし、プーチンは、安倍のそうした呼びかけに自分が同意したかどうかは明確にしていない。むしろ、二島さえ、実際に日本に引き渡すどうかは分からないという考えをあらためて強調している。

「一九五六年宣言には二島を引き渡すと書いてあるが、主権がどちらの国になるかは分からない」

プーチンのこうした言い分は詭弁としか言いようがないが、第四章で取り上げるように、二〇〇四年以降プーチンが幾度となく繰り返してきた揺るぎない主張でもある。

さらにプーチンは、自身と安倍の手で平和条約問題に終止符を打つ決意を共有したようなことは一言も述べていない。

プーチンの記者会見やロシア側の報道を踏まえると、安倍が会談後日本側の記者団に説明した「合意」の実態は、以下のようなものだったと言えるだろう。

次世代に先送りすることなく二人の手で問題を解決するという「強い意志」については、安倍の言葉とは異なり、まったく共有されていなかった。

一九五六年宣言を基礎に今後の交渉を進めることについては一応の合意があったが、肝心の宣言の解釈には根本的な隔たりがあった。

こうした中、合意の三点目、つまり安倍のロシア訪問だけは、安倍の言葉通り、翌二〇一九年の一月に実現することとなる。しかし、交渉の先行きにはすでに暗雲が立ちこめていた。

19——例えばプーチンは二〇一二年三月一日、当時の朝日新聞主筆若宮啓文らのインタビューで、日本が四島を求めていることについて「これはすでに一九五六年宣言ではない」と指摘した。

第二章

頓挫

割れた新聞の論調

一九五六年宣言を基礎に平和条約交渉を加速させることで合意した二〇一八年一一月一四日の日ロ首脳会談を、日本の新聞はどう評価したのか。各紙は一六日の朝刊に一斉に社説を掲載した。

在京主要六紙の中で、論調の前向きさで際だっていたのが、一般的には安倍に厳しい論調をとることが多い東京新聞だった。

見出しは「北方領土交渉　最後の好機を逃すな」。前文《リード》は「この好機を逃さず長年の懸案を決着させてほしい」と、期待感を隠さなかった。本文では、歯舞、色丹の引き渡しと国後、択捉での共同経済活動を組み合わせた「二島返還＋アルファ」が「落とし所」になるという見通しを示した。「首相は年明けにも訪ロするという。そこを領土交渉の勝負どころと見ているのだろう」と、短期決着を後押しする姿勢を明確にしていた。

注文をつけつつ、今後の交渉を見守る姿勢を示したのが、読売新聞と日本経済新聞だ。読売新聞は「国益にかなう決着を目指せ」と見出しでうたい、「共同宣言を出発点に、長年主張してきた4島返還の展望を描かねばならない」と指摘した。

日本経済新聞は「北方領土交渉に向けて議論を深めよ」との見出しで、「同宣言を基礎とすることで戦後70年以上にわたり膠着状態にある領土問題が動き出すならば前向きにとらえたい」「懸念されるのは、2島のみの返還にとどまったり、国後、択捉島の帰属問題の棚上げにつながったりすることだ」と論じた。

残る三紙は、批判的なトーンで共通している。毎日新聞は「共同活動が行き詰まった」という見出しで、「友好と信頼を醸成して交渉の環境を整えるアプローチが行き詰まった以上（中略）五六年宣言に立ち戻るのはやむを得ないだろう」と評した。その上で「交渉の足場を失い、2島返還で打ち切りとなれば国内の理解も得られまい」と、釘を刺した。

朝日新聞は「拙速な転換は禍根残す」という見出しで、四島返還というこれまでの方針を変えるのであれば「国民が納得できる説明をするのは当然の責務だ」と主張。安倍首相が進めてきた対ロ外交について「『新しいアプローチ』などを掲げて対ロ交渉を演出してきたが、実質的な進展はなかった」「窮したなかでの『2島』論である」と指摘し、安倍首相が追い込まれた末に、国民に説明がつかない譲歩に踏み出したという見方を示した。

最も批判に力を入れたのが産経新聞だった。社説に相当する「主張」欄で、通常の二本分のスペースをすべて使って、「北方領土交渉　『56年宣言』基礎は危うい　四島返還の原則を揺るがすな」との論陣を張った。「先の大戦末期に、日ソ中立条約を破って参戦したソ連が、北方四島を不法占拠した。プーチン氏のロシアが行ったクリミア併合と同じ『力による現状変更』にほかならない」「ロシアとの拙速な交渉は中韓両国につけいる隙を与えるという意味でも後世に禍根を残す」として、あくまで四島返還要求という原則を曲げるべきではないという立場を鮮明にした。

興味深いのは、産経新聞が同じ一一月一六日朝刊の一面トップに「首相提案で交渉前進　平和

条約　来年6月合意目指す」という、首脳会談を手放しで持ち上げる記事を掲載したことだ。

会談の内幕を検証するという体裁の記事は、こんな書き出しで始まる。

「北方領土問題で強硬姿勢を崩さなかったプーチン露大統領が、ついに3年内に平和条約を締結する方針に同意した。安倍晋三首相は来年6月に大阪で開かれる20カ国・地域（G20）首脳会議に合わせてプーチン氏と北方四島の帰属と平和条約締結について大筋合意を目指す意向を固めている。日露交渉は一層加速するとみられ、戦後70年超を経て日露関係は大きな転換点を迎える」

記者の高揚感が伝わってくるようだ。

「『四島の帰属問題を解決して平和条約締結』という日本側の従来の主張をプーチン氏に了承させた意義は大きい」とも書いているが、これは前章で見た通り、前日の記者会見でプーチンが示した見解とはまったく乖離している。

記事は、安倍首相が会談後に周辺に語ったという言葉で締めくくられていた。

「今回の会談は後から見たら歴史的な意味を持つかもしれないね…」

会談についての評価が一八〇度食い違う産経新聞の一面トップ記事と二面の「主張」。このねじれは、領土問題での強硬姿勢堅持という、日本の伝統的な保守派の主張とはまったく相容れない交渉を安倍が進めようとしている事実の反映だった。

安倍首相を基本的に支持する立場から書かれる政治部の記事と、四島返還を揺るがせにはできないという社論の矛盾が、この日の紙面で浮き彫りになったと言えるだろう。

一方でこうした論調の食い違いは、通常であれば保守層に評判が悪いような領土問題での譲歩でも、安倍首相であれば踏み込むことができるという可能性を示している。

同じような前例がある。

安倍政権は二〇一五年一二月、韓国の朴槿恵《パククネ》政権と、懸案の慰安婦問題で「最終的かつ不可逆的な解決」を確認する合意を取り交わした。韓国政府が設立する財団に日本政府が一〇億円を拠出する内容だ。仮に同じことを民主党政権がやろうとすれば、とても国内の保守層が収まらなかっただろう。

この慰安婦合意そのものは、韓国での政権交代後に財団が解散されるなど、事実上白紙に戻ってしまった。とはいえ、自民党の中でも保守強硬派だと自他共に認める安倍首相だからこそ可能な譲歩の余地があることを示している。

産経新聞の一面に掲載された政治部記者の手による記事は、安倍やその周辺だけを情報源としており、ロシア側の発信を完全に無視したものだった。その意味で、内容的には極めて偏っている一方で、日本側が思い描いていたシナリオを推し量るためには、示唆に富んでいる。

例えば、二〇一九年六月に大阪で開かれるG20サミットで「大筋合意を目指す」という意向を安倍がこの時点で固めていたということも、この記事から知ることができる。

シンガポールでの日ロ首脳会談で、同じ日の紙面に正反対の論調の記事を掲載したのは産経新聞だけではない。最も前向きなトーンの社説を掲載した東京新聞は、二面に前モスクワ支局長常盤伸の「日本　プーチン氏の術中に」という解説を掲載した。

常盤は首脳会談の結果について「プーチン政権の強硬な対日戦略が功を奏した」、成果を急ぐ「日本側の焦りを誘い抜本的な譲歩が実現したと自信を深めているだろう」と指摘した。今後の見通しについても、「一島でも領土を割譲すればプーチン氏の権威はたちまち失墜する」、二島先行返還など論外であると、悲観的な見方を示した。

「最後の好機」という社説とは、真逆のトーンだった。

ロシアが張った予防線

ロシア国内でも、安倍とプーチンがいったい何を話し合い、何を約束したのかについて、関心が高まっていた。プーチンはひょっとして二島を日本に引き渡してしまうのではないだろうか。そんな懸念も、広がっていた。
そうした疑問に答える目的で制作されたのが、ロシア国営テレビが会談の四日後の一一月一八日に放映した「モスクワ・クレムリン・プーチン」だ。[1]
「モスクワ・クレムリン・プーチン」は毎週放映される約一時間の報道番組だ。ホスト役を務めるのはウラジーミル・ソロヴィヨフ。大柄な体軀を黒ずくめの衣装で包み、魔術師にも似た雰囲気を漂わせる。政権の幹部らにもずけずけと質問をぶつける名物アンカーだ。だが、挑戦的な姿勢のように見えて、その実、プーチン政権を後押しする姿勢は決して崩さない。

この日は、プーチンがシンガポール訪問で行った数多くの首脳会談の中で最も耳目を集めた会談として、安倍との首脳会談に多くの時間を割いて伝えた。

番組が繰り返し視聴者に伝えたメッセージは次の一点に集約される。

「日本に簡単に島を渡したりしないので、国民は安心してほしい」

番組ではまず、プーチン大統領が記者会見で、仮に二島を引き渡したとしても「どの国の主権のもとに置かれるのかは（一九五六年宣言には）書かれていない」と語る様子を伝えた。

さらに、日本を紹介する映像にかぶせて、次のようなナレーションが流れた。

「はっきりしているのは、日本は米国に対して同盟国としての義務を負っている。それは控えめに言っても、ロシアの国益と合致しない可能性がある。つまり、平和条約締結に至る道筋を見つけるには、まだ長い時間がかかるということである」

この後、ソロヴィヨフ自身が登場して、一九五六年宣言が結ばれた当時の歴史を、ざっくりと紹介した。

当時のソ連共産党第一書記フルシチョフは、二島引き渡しの条件として、日本に中立的な国になるよう求めた。一方米国は、日本がソ連の側につくなら沖縄を返還しないと主張。日本はソ連ではなく米国を選んだ——。

1——https://www.youtube.com/watch?v=29F8EzdTJFI

この要約が妥当かどうかは議論のあるところだろう。

だがソロヴィヨフはそう断言した上で、付け加えた。

「我々の立場は、基本的に変わっていないと私は思う」

つまり彼の主張は、日本が米国の同盟国である限り、たとえ二島であっても引き渡すわけにはいかない、ということになる。

番組の後半部分で、プーチンの報道官を務めるドミトリー・ペスコフが登場した。国営テレビの報道番組ということを考えれば、招かれたというよりも、大統領府が送り込んだという方が実態に合っているかもしれない。

口ひげがトレードマークのペスコフは、外交官出身で英語を流暢に話し、身のこなしもスマートだ。常に大統領の側に寄り添い、大統領の意向を内外に発信する役割を担っている。二〇一五年には、フィギュアスケート、アイスダンスの女王として日本でも人気が高いタチアナ・ナフカと結婚して、世間を驚かせた。ペスコフにとって、三度目の結婚だった。

ペスコフに対するソロヴィヨフの問いかけ自体が、番組の趣旨を物語っていた。

「ロシアの人たちを安心させてもらえないだろうか」

ペスコフは答えた。

「何か島を引き渡すような話があるが、そうではない。あり得ないことだ。なんの基盤もなしには話し合いもできないということで、両首脳は一九五六年宣言に基づいて話し合いをすることにした。だが、そのことが自動的に、何らかの領土を引き渡すことを意味するのかといえば、まったく異なる。譲歩は必要だ。だがそれは、国益に反するものにはならない」

ソロヴィヨフは、日本に島を引き渡せば、米軍が基地を置くのではないか、と質した。

ペスコフは、ロシアにとって苦い教訓から話を始めた。ソ連最後の指導者となったゴルバチョフが、冷戦を終結させた当時、冷戦時に結成された西側の軍事同盟である北大西洋条約機構（NATO）に旧東側の国々を加盟させないという約束を米国から取り付けたにもかかわらず、ソ連崩壊後に反故《ほご》にされたという経緯だ。

「我々にはそのような大きな教訓があるので、日本と米国の同盟関係に注意を払わないわけにはいかない。会談を通じて答えを見つけなければならない。それなくして、今の地点からは動き出せない」

これは「米国に騙《だま》されたゴルバチョフとは異なり、プーチンは日本に騙されるようなことはないので、安心してほしい」と言っているに等しい。

ペスコフは、「なぜ日本との間に平和条約が必要なのか」というソロヴィヨフの質問に対しては「日本が重要なパートナーだからだ。平和条約がないことが日本のロシアに対するアプローチを制約している。日本との関係には膨大な潜在力があるが、それをすべて利用できないのが現状だ」と、必要性を丁寧に説明した。

しかし、一九五六年宣言を履行して日本に二島を引き渡す必要があることを視聴者に理解させようとする姿勢は、みじんも感じられなかった。
プーチンがこの問題に終止符を打つ強い意志を安倍と共有しているという言葉がペスコフの口から語られることも、もちろんなかった。

サハリン州議会の要請

ペスコフの言葉を聞いても、ロシア国内の懸念は完全には解消されなかった。
ロシアで北方領土を含む千島列島を管轄するサハリン州の議会は一一月二九日、外相のラブロフに宛てて、日本との平和条約交渉では日本への島の引き渡しについては協議の対象から除外するよう求める要請書を全会一致で採択した。[2]
「一九五六年宣言は、日本との平和条約締結後にロシアの領土の一部を引き渡すという原則に基づいているため、サハリン州の住民はこれらの領土がロシア連邦から除外されてしまうのではないかと恐れている」
「サハリン州議会は（中略）日本に千島列島の一部を引き渡す問題を交渉プロセスから除外するためにあらゆる措置を取るよう要請する」
この要請に対するロシア外務省の立場は、一二月五日にロシア外務省報道官マリア・ザハロワの記者会見で明らかにされた。[3]
サハリン州議会の要請にどう対応するのか質問されたザハロワは、一九五六年宣言については

「日本との政治対話でこの宣言を参照するのは根拠のあることであり、自然なことだ」と述べ、尊重する姿勢を明確にした。

しかし、その上でこう付け加えた。

「当然のことながら、ロシア側は協議の中で、すべての二国間の文書や外交的な書簡を考慮に入れる必要があるという立場を取っている。その中には、ソ連政府による一九六〇年一月二七日付と二月二四日付の覚書も含まれる」

ザハロワが質問されてもいないのに唐突に持ち出した六〇年も前のソ連政府の覚書とはなんだろうか。これこそ、五六年宣言に盛り込まれた歯舞、色丹二島の日本への引き渡し義務をソ連が一方的に撤回し、日本からの米軍撤退を引き渡しの条件として突きつけた、日本において悪名高い通告だ。

第一章で見たように、シンガポール会談の結果を伝えるタス通信もこの覚書に言及している。ロシア国営テレビでソロヴィヨフが述べた「フルシチョフは二島引き渡しの条件として日本に中立的な国になるよう求めた」という経緯も、この覚書のことを指している。

つまり、タス通信の記事やソロヴィヨフの発言は、けっして偶然の一致ではなかったのだ。ザ

2——http://www.dumasakhalin.ru/news/20181129-2
3——https://www.mid.ru/ru/foreign_policy/news/-/asset_publisher/cKNonkJE02Bw/content/id/3430111#20

ハロワが記者会見で明らかにしたロシア政府の主張をあらかじめ踏まえて用意された記事であり、発言だったのだろう。

一九六〇年一月二七日の対日覚書のきっかけとなったのは、一月一九日に米ワシントンで署名された日米安保条約だった。五一年に締結された「旧安保」を改定し、それまで占領軍的な位置づけだった在日米軍に日本を防衛する義務を課し、日本には米軍への基地提供の義務を課すことで、双務的な同盟条約の体裁を整えた。現在に至るまで、憲法と並ぶ日本の安全保障政策の根幹をなしている。

当時ソ連はこれに強く反発し、当時の外相グロムイコが外務省に駐ソ連日本大使の門脇季光《すえみつ》を呼び出して、長文の覚書を手交した。

この覚書が当時の日本に与えた衝撃は大変なもので、朝日新聞は翌二八日の夕刊と二九日の朝刊、いずれも一面トップで伝えている。

第一報となった夕刊は「ソ連、日米新安保を非難　対日覚え書き」「マボマイ　シコタン両島は渡さぬ」「外国軍撤退せぬ限り」という大見出しを掲げた。翌二九日朝刊の一面には、覚書の全文が掲載された。二面の社説は、通常の社説二本分のスペースをつぶして、ソ連政府を強く批判した。

「ソ連の言い分はまったく承服できない。理由は、きわめて簡明である」「理由の第一は、ハボマイ、シコタンが日本固有の領土であり、ただソ連の占領下にあるにすぎないということである」「第二の理由は、ソ連政府自身、一九五六年の日ソ復交共同宣言の中で（中略）両島を『日本に引渡すことに同意し』、これを世界に声明したという事実である」「第三に、ソ連は日米安保新条約の調印を口実としているが、条約の締結は、いずれの国も持っている権利であり、これに外国政府がとやかく言うことは、日本に対する内政干渉ですらあろう」

ザハロワが記者会見で挙げたもう一つの二月二四日付覚書は、最初の覚書に対する日本政府の反論に対する再反論の形をとっている。

「日米新安保条約は米国との間で結ばれた軍事条約であり、善隣友好を発展させようという日ソ共同宣言の趣旨を公然と侵害するものだ」と主張し、「日本が共同宣言を守ろうとしないのだから、ソ連も二島引き渡しの義務を負わない」という論理構成となっている。

記者会見でソ連時代の二つの覚書を持ち出したザハロワは、「すべての二国間文書」を考慮に入れると言いつつ、ソ連崩壊後のロシアと日本との間で交わされた諸合意には触れなかった。触れられなかった合意の一つが、一九九三年に当時の大統領エリツィンと首相の細川護熙《もりひろ》が署名した東京宣言だ。「四島の帰属についての問題を解決することにより平和条約を締結する」という方針が明文化されており、日本政府は日ロ間の最重要合意と位置づけてきた。

日本とロシアの外交の積み重ねを無視したザハロワの記者会見は、ロシアの立場が一九六〇年当時のソ連と同じところまで後退していることを物語っていた。

外れた事前の顔ぶれ報道

シンガポール会談の次に安倍とプーチンが顔を合わせる機会は、わずか半月後に訪れた。二〇一八年一二月一日、主要二〇カ国・地域（G20）サミットが開かれた南米アルゼンチンのブエノスアイレスで、二人は首脳会談に臨んだのだった。前述のサハリン州議会の要請書とザハロワの記者会見の間、というタイミングだった。

九月に日本記者クラブで行われた討論会で、安倍は「一一月、一二月の首脳会談が重要になっていく」と語っていた。一一月がシンガポール。一二月の会談として想定していたのが、このブエノスアイレスだった。

ただ、「二島での決着を目指す」という最大の方針転換は一一月にすでに果たしていた。ブエノスアイレスでの首脳会談は、文字通り顔合わせだけに終わった。時間にして、わずか四五分。首脳会談の機会に大抵は設けられる、通訳だけを同席させた二人だけの会談も、見送られた。

会談後の安倍首相による記者会見もなかった。

官房副長官として同席した野上浩太郎が同行記者向けの説明の中で明らかにしたのが、両首脳の指示で実際に平和条約交渉を担うことになる新しい枠組みについての合意だった。

それは、以下のような内容だった。

一、河野太郎外相とラブロフ外相を交渉責任者とする

二、森健良《たけお》外務審議官とモルグロフ外務次官を交渉担当者とする
三、森、モルグロフ両氏をそれぞれの首脳の特別代表に任命する

ブエノスアイレスの首脳会談で新しい交渉の枠組みを決めるという見通しは、事前に多くの日本メディアが報じていた。興味深いのは、その際、実際とはまったく異なる予想顔ぶれが取り沙汰されていたことだ。

共同通信は一一月二八日、新たな高官級協議の枠組みについて「日本側は谷内《やち》正太郎国家安全保障局長や秋葉剛男外務事務次官ら、ロシア側は（大統領補佐官の）ウシャコフ氏やパトルシェフ安全保障会議書記、モルグロフ外務次官らがメンバーに浮上している」との記事を配信。時事通信も同日、「日本側は谷内正太郎国家安全保障局長、秋葉剛男外務事務次官を起用。ロシア側は、モルグロフ外務次官のほか、パトルシェフ安全保障会議書記、ウシャコフ大統領補佐官らの名前が挙がっている」という記事を流した。

産経新聞は一一月二九日付朝刊で日本側から谷内、秋葉の両氏、ロシア側からはウシャコフ、パトルシェフ、モルグロフの三氏の名前を挙げた。読売新聞も一一月三〇日の朝刊で、谷内、秋葉、ウシャコフ各氏の名が挙がっていると書いた。

すべての記事で共通しているのは、外相のラブロフをロシア側の交渉担当者として想定していなかったという点だ。その代わりに、大統領補佐官ウシャコフや安全保障会議書記のパトルシェ

フらが候補として報じられていた。

ロシア側メディアは当時、こうした予想を報じていない。

この経緯から浮かび上がるのは、報じられた顔ぶれが、日本側の想定、より直截に言えば願望を反映したものだったということだ。

ラブロフは二〇〇四年に外相就任後、一貫して対日強硬派と目されている。就任から二〇二〇年までの一六年間に相手にしてきた日本の外相は、川口順子、町村信孝、麻生太郎、高村正彦、中曽根弘文、岡田克也、前原誠司、松本剛明《たけあき》、玄葉光一郎、岸田文雄、河野太郎、茂木敏充の一二人にのぼる。

外相会談などの場では日本に対して原則を崩さない厳しい姿勢で一貫しており、体裁だけ「新しい枠組み」に衣替えしたところで、これまでと同じやりとりが繰り返されて、いたずらに時間が浪費されることは想像に難くない。

短期決戦を期す日本側としては、プーチンに直接アクセスできるウシャコフやパトルシェフを相手に、ロシア外務省の頭越しに、一気呵成に決着を図りたい――そんな思惑が透けて見える「新聞辞令」だった。

大統領と外務省の温度差という幻想

ロシア外務省が、領土問題での譲歩について責任を負わされ、国民からの批判にさらされることを恐れて、日本との交渉を進めようとしている大統領の足を引っ張っている――。これは、日本の外交当局に根強くある考え方だ。

プーチンよりはるかに日本に冷淡だと思われていたメドベージェフが大統領を務めていたときでさえそうだった。ウィキリークスが暴露した米国の外交公電から、それがうかがえる。

二〇〇九年四月一九日に東京の米国大使館が本国に送った公電には、以下のような分析が書かれている。[4]

「メドベージェフが北方領土問題を解決する意思を持っており、問題に取り組みたいと考えていると、日本外務省の担当者は確信している。日本外務省は、おそらくナイーブなので、ロシア大統領は部下から交渉について適切な説明を受けておらず、しばしば進展状況について不十分な情報しか得ていないと考えている」

「ナイーブ（世間知らず）」とは辛辣だが、当を得た評価かもしれない。

では、ブエノスアイレスの首脳会談で日本側が交渉担当者として引っ張り出すことを想定していた大統領補佐官のウシャコフは、ラブロフより話が分かる交渉相手たり得ただろうか。筆者には、そうは思えない。

先に紹介した二〇一八年一一月一八日のロシアのテレビ番組「モスクワ・クレムリン・プーチ

4――https://wikileaks.org/plusd/cables/09TOKYO894_a.html

ン」は、シンガポールで安倍と二人だけの会談を終えた直後のプーチンの様子を放映した。
プーチンは直ちにラブロフとウシャコフを招き寄せ、立ったまま三人でしばらくの間話し込んでいた。プーチンが会談の内容を説明し、今後の対応についてすり合わせていたと思われる。三人の話し合いが終わると、今度は大統領報道官のペスコフが呼ばれ、四人での立ち話が始まった。この場ではおそらく、対外的に会談についてどう説明するかを確認していたのだろう。想像をたくましくすれば、安倍が「強い意志を共有した」と日本向けに発信することは黙認する、といったような方針も確認していたかもしれない。

こうした経緯を見ても、対日外交については、プーチン、ラブロフ、ウシャコフがコアメンバーとなって方向性を確認しているように思われる。

ウシャコフは、ブエノスアイレスでの日ロ首脳会談の直前にはテレビ朝日の取材に答えて、新たに作られる協議の枠組みでは、島の引き渡しについては議論されないという考えを明言している。[5]ラブロフよりも柔軟な姿勢を示したことはないのが実情だ。

ロシア大統領府の立場が外務省と変わらないことを示す、もう一つの例を挙げよう。

二〇一八年五月、安倍はサンクトペテルブルクとモスクワを訪問し、プーチンと会談した。この会談を前に大統領府が内外の報道機関向けに配布した資料が筆者の手元にある。

プーチンが首脳会談に臨む際には、大統領府はいつもこのような資料を事前に用意する。タス通信などロシアの主要通信社に対して、ウシャコフがこれに基づいて事前のブリーフィングを行うのが通例だ。

安倍との会談について説明する資料には、今後結ばれるべき日本との平和条約について、次のように書かれていた。

「第二次世界大戦の結果と、南クリル（北方領土）がヤルタ合意やポツダム宣言に基づいて我が国に移されたことの合法性について、日本がはっきりと認めるということが、疑いの余地なく定式化されたものでなければならない」

米英がソ連の対日参戦の見返りに千島列島をソ連に引き渡すことを約束したヤルタの密約を論拠に北方領土の領有を正当化するだけでなく、そうした認識を平和条約に明記するよう求めるロシア大統領府の強硬な姿勢は、ロシア外務省と何ら変わるところがない。

「次の質問どうぞ」

ロシア側の外務省やメディアが平和条約交渉の行方に厳しい見通しを示す中、日本政府は「交渉中」を理由に、国会や記者会見などの場で質問されても、説明を頑なに拒んだ。

そうした姿勢の行き着く先が、外相の河野太郎が質問に答えることなく「次の質問どうぞ」とだけ四回繰り返すという、寒々とした記者会見だった。

5——https://news.tv-asahi.co.jp/news_international/articles/000142109.html

直接のきっかけは、外相のラブロフが二〇一八年一二月七日にイタリアのミラノで開かれた欧州安全保障協力機構（ＯＳＣＥ）外相会合後に行った記者会見だった。

ブエノスアイレスで安倍とプーチンが立ち上げた新しい協議の枠組みについて、現段階でどこまで作業が進んでいるのか、また今後どのような会談が予定されているのかを記者が尋ねた。

ラブロフの回答は極めてそっけないものだった。[6]

「プーチン大統領と安倍首相がシンガポールで一九五六年宣言を基礎に平和条約締結交渉に新たな刺激を与えることで合意した。この宣言に述べられていることは、何かの話を始める前に、まず平和条約が締結されなければならないということだ。平和条約を締結するということは、第二次世界大戦の結果を認めること以上でも以下でもない。我々が日本側に言っているのは、それが平和条約締結に関して我々が進む道で絶対に不可欠な第一歩だということだ。我々はそのような第一歩がなされることを期待している。それなくして他のことを検討することはできない」

つまり、歯舞、色丹の引き渡しについての協議を始める前に、まず無条件で第二次世界大戦の結果を受け入れるための平和条約を結べ、というのがラブロフの主張だ。

これは九月にプーチンがウラジオストクで突然言い出した「前提条件のない平和条約」とほとんど変わらない。四島を明確にロシア領と認めることを要求している点では、むしろ後退しているかもしれない。

この四日後の一二月一一日に開かれた河野の記者会見では当然、ラブロフ発言についての質問が出た。[7]

「この発言に対する大臣の受け止めをお願いします」

河野が応じた。

「次の質問どうぞ」

別の記者が尋ねた。

「国会答弁等でも日ロ関係については発言は一切控えているが、ロシア側ではラブロフ外相、ペスコフ報道官等、いろいろな原則的立場の表明がある。これに対して反論をするつもりもないということか」

「次の質問どうぞ」

「ロシア側からは、どんどん発言が出ている。アンバランスな状況が協議に影響を与える懸念もあると思うが、どう考えるのか」

「次の質問どうぞ」

「なんで質問に対して『次の質問どうぞ』と言うんですか」

「次の質問どうぞ」

6——https://www.mid.ru/ru/foreign_policy/news/-/asset_publisher/cKNonkJE02Bw/content/id/3437709

7——https://www.mofa.go.jp/mofaj/press/kaiken/kaiken4_000785.html

さすがにこの異様で子供じみた記者会見については、報道各社からだけでなく、与党内からも批判の声が上がり、河野は謝罪に追い込まれた。

一二月一五日、河野は自身のブログで、「答え方が悪い、あるいは質問を無視している」という批判については「お詫びして、しっかりと改めます」と謝罪した。さらに「せめていつものように『お答えは差し控えます』と答えるべきでした」と反省の意を示した。[8]

一方で、日ロ関係に関する質問に対していっさいの答えを拒む姿勢については、以下のように正当化し、今後も変えない考えを強調した。

「政府の方針やゴールを公に説明していないというご批判がありましたが、これはできません。こちらの手をさらしてポーカーをやれというのと同じで、日本の国益を最大化する交渉ができなくなります」

だが、ポーカーと異なり、何を目指して勝負をしているのか、さらには相手と同じルールを共有しているのかさえ分からないのが、二〇一八年一一月以降の日ロ交渉の実情だ。

基本的な交渉方針すら明かせないというのでは、筋が通らないだろう。

この点について河野は「時機がきたらしっかりと丁寧にご説明することは言うまでもありません」「現時点で日露の交渉に影響が出かねないことについて発言は差し控えているということをご理解いただきたいと思います」と記すのみだった。

プーチンの大記者会見

プーチン自身が、日本との平和条約交渉の展望を語る機会が、年末に訪れた。一二月二〇日にモスクワで行われた毎年恒例の「大記者会見」である。

「大記者会見」は、内外の記者を一堂に集めて行われる。全員が出席するわけではないが、例年二千人近い記者が事前に登録する。

ロシア全土にテレビ、ラジオが生中継する中、プーチンが記者の質問を次々に受ける。もちろんあらかじめ仕込まれた質問もあるが、その場で指名される記者も多い。プーチンはあらゆる質問に、資料も見ずに答えていく。毎回四時間ちかくに及ぶのが常で、最長を記録した二〇〇八年には四時間四〇分に達した。[9]

安倍を含む日本の政治家に、こうした芸当がこなせる者はほとんどいないだろう。プーチンが大統領に就任した翌年の二〇〇一年に始まり、大統領職を一時期離れていたときを除いて毎年行っており、二〇一八年は通算一四回目となった。

「大記者会見」では、外国メディアの記者の質問も多く受ける。ロシアと厳しく敵対するウクライナを含む旧ソ連の国々のほか、米国、中国、インド、トルコあたりが定番だ。

8——https://www.taro.org/2018/12/次の質問をどうぞ.php

9——https://www.kommersant.ru/doc/4198770

だが、日本の記者が指名されるケースは近年まれだ。

ところが、二〇一八年は違った。開始から五〇分が過ぎようとしたとき、司会役のペスコフが自ら日本の名前を出した。[10]

「日本の共同通信、どうぞ。中央のセクションの真ん中あたりにいるので、マイクを渡してください」

この言葉は、事前に共同通信に質問が割り当てられていたことを示唆している。このタイミングで、日本との交渉の展望を大統領自ら内外に説明しておく必要があるという判断だったのだろう。

質問に立ったのは、共同通信モスクワ支局の杉崎洋文《ひろふみ》。流暢なロシア語で質問を始めた。

「あなたが安倍氏と一九五六年宣言を基礎に交渉プロセスを加速させることで合意してから、日本の社会が案じているのは、いくつの島を受け取ることになるのかということです。ゼロなのか、二島、三島、四島なのか、分からない」

このあたりで、会場のロシア人記者らがざわついた。ヤジのような声も聞こえてきた。だが、杉崎は動じることなく続けた。

「領土は画定しなければなりません。しかし、私たちの新しい平和条約がそれだけを決めるのなら意義は小さく、面白くない。私たちの関係を質的に新しい関係に引き上げるために、どのような新しい概念、論点を含めるべきだとお考えですか」

さらに杉崎は、シンガポール会談後、ロシア側が様々な場面で取り上げてきた日本と米国の同盟関係に対する懸念についても質した。

「最近ロシア側では、あなた自身を含めて、安全保障の問題に言及されています。具体的には日本への米国のＭＤ（ミサイル防衛システム）の配備や、日本に島が引き渡された後に米国の軍事施設が置かれる可能性についてです。あなたはこうした問題を（日本との）二国間協議で解決できるとお考えですか。それともあなた方が米国と直接解決する必要があるのでしょうか？」

プーチンの回答は、事前に用意されていたと思われる詳細なものだった。

「忘れないように、あなたが最後に述べたことから始めよう。安全保障の問題は極めて重要であり、平和条約を締結する際も例外ではない。あなたは米国の軍事施設の日本への配備について語った。しかし、それはすでに存在しているのだ。沖縄には極めて規模の大きな米国の基地が数十年前から存在している」

「さて、日本がこうした決定に関与できるのかということについてだが、我々にとってそれは分からないことであり、謎なのだ。あなたはここにいる誰よりもご存じだと思うが、沖縄県知事は、基地の強化や拡大に反対している。しかし、この件については、何もすることができない。沖縄に住む人々も反対しているというのに」

10——http://kremlin.ru/events/president/news/59455

「あらゆる世論調査も示している。人々は街頭に出て基地が出て行くよう求めている。（中略）しかし、基地を強化し、拡大する計画が存在する。皆が反対しているのに、計画は進んでいくのだ」

プーチンが日本の沖縄問題について公の場で語るのは初めてのことだった。このことは日本にとって極めて深刻な意味合いをはらんでいる。この点については、終章で改めて取り上げよう。

プーチンは、日本との平和条約交渉という核心へと、話を進めた。

「平和条約を締結した後に何が起きるのか、我々は知らない。しかし、この問いへの答えがないまま、いかなる重大な決定をすることも極めて困難だ。もちろん、我々はMDシステムを配備する計画を懸念している。私が何度も米国に話したことを、繰り返そう。我々はそれを防衛のための兵器とは考えていない。それは、地域に配備される米国の潜在的な戦略的核戦力の一部なのだ。（中略）我々はこの点に何の幻想も抱いていない。我々はすべてを承知している」

この先の平和条約交渉を考える上で、極めて重要なプーチンの発言だった。

プーチンは杉崎の質問の前段、つまり島をいくつ引き渡すのかという点と、領土問題以外に条約に盛り込むべき要素については答えなかった。回答のほぼすべてを安全保障問題、中でも在日米軍基地をはじめとする日本と米国の防衛協力の問題に割いた。

この日、プーチンが発しようと考えていたメッセージは、これに尽きていたのだろう。

プーチンの言葉からは、二つの意味合いが読み取れる。

一つは、プーチンが問題としているのは、返還後の島に米軍が進出する可能性だけではないということだ。沖縄を含む在日米軍基地の存在や、日本が配備を進めようとしていたイージス・アショアなどのＭＤシステムそのものが、平和条約締結の障害となっているというのがプーチンの言い分だ。

二つ目は、ある意味でもっと本質的だ。日本が安全保障問題で米国の意向に反する決定はできないのではないかという疑念だ。

「沖縄県知事も、沖縄の人々も反対している。しかし、米軍基地の強化は進んでいく」というプーチンの指摘に反論することは難しい。

「この問いへの答えがないまま、いかなる重大な決定をすることも極めて困難だ」というプーチンの言葉は、安倍が思い描く短期決戦の望みを打ち砕くものと言ってよい。

後で触れるように、プーチンは二〇一六年一二月に訪日する直前のインタビューでも、「日本は独自に物事を決められるのか」という疑問を発していた。それから二年を経て、その間安倍が繰り返し日本の立場を説明してもなお、プーチンは納得していなかったのだ。

プーチンは長い回答の締めくくりに付け加えた。

「しかし、こうしたことすべてを理解した上で、それでも、これからも真摯に日本との平和条約締結を目指していく。なぜなら私は現在の状況は正常ではないと考えており、安倍首相もそうした考えを共有しているからだ」

「それは我々が経済的な観点から日本からなにがしかの協力を必要としているからというだけではない。それはすでに多かれ少なかれ増え続けているのだ」

プーチンはこう述べると、日本とロシアの経済協力が平和条約なしでも進んでいる現状を手短に紹介した。例として挙げたのは、日本が鶏肉を含むロシア産食肉類への市場を開放するという日ロ間合意だった。

「経済協力のためだけに日本と平和条約を結ぼうとしているわけではない」というプーチンの言葉も、意味深長だ。

第一印象は、プーチンが目先の経済的利益だけでなく、より真摯に日本との関係改善を考えているようにも感じられる。

だが全体の文脈を見れば、経済協力だけでは不十分で、安全保障上のメリットがロシアになければ平和条約を結ぶ意味がないということを、プーチンは言いたかったのではないだろうか。

北方四島での共同経済活動をはじめとする経済協力をテコにロシアの譲歩を引き出そうとする安倍政権のアプローチは果たして有効なのか。そんな疑問も浮かんでくるプーチンの記者会見だった。

年明けの一撃

毎年「大記者会見」が終わると、ロシアの政界は年末ムードが漂う。そして、ロシアは新年休暇が長い。元日から、ロシア正教会が主の降誕祭（クリスマス）を祝う一月七日（ユリウス歴の一二月二五日）の翌八日までは連休とするのが通例だ。

二〇一九年一月九日。連休明けを待ちかねていたかのように、ロシア外務省が動いた。

前年一二月の首脳会談でロシア側の交渉担当者にして大統領特別代表に任命された外務次官モルグロフが、駐ロ大使の上月豊久《こうづきとよひさ》を外務省に呼び出したのだ。

用件は、日本に対する抗議の申し入れ。最近「日本の指導者」が表明したという、三点の見解がやり玉に挙がった[11]。

一、南クリル（北方四島）に今住んでいる人たちに、島の帰属先が日本に変わることについて理解を得る必要がある

二、日本政府と旧島民は、戦後の占領に対するロシアへの賠償金要求を取り下げる

三、二〇一九年は、平和条約問題の転機の年となる

モルグロフはこれらを列挙した上で、上月に対して、ロシア政府として抗議の意を伝えた。

「このような主張は、一九五六年宣言を基礎として交渉を加速させるというロシアと日本の首脳

11——https://www.mid.ru/ru/foreign_policy/news/-/asset_publisher/cKNonkJE02Bw/content/id/3470081

による合意の本質を乱暴に歪め、交渉の内容に関して両国の国民をミスリードするものだ。平和条約問題をめぐる雰囲気を人為的に緊張させ、その解決策について日本のシナリオを押しつけようとしているとしか言いようがない」

その上でモルグロフは、お約束のようにロシアの立場を念押しした。

すなわち、両国関係が質的に新しい雰囲気となり、両国民に支持され、北方四島にロシアの主権が及んでいることを含む第二次世界大戦の結果を日本が全面的かつ無条件で認めることによってしか平和条約は締結できない、という主張である。

ロシア側が問題視した三点のうち一つ目は、一月四日に伊勢神宮を参拝した後に安倍が行った年頭記者会見での発言を指していた。

安倍は日ロ平和条約交渉の見通しについて問われて、こう答えていた[12]。

「北方領土には多数のロシア人が住んでおり、その皆さんのお墓もあるというのが残念ながら現実であります。従って住民の方々に、日本に帰属が変わるということについて納得をしていただく、理解をしていただくことも必要です」

これは確かに、ロシア側が主張する平和条約像とは大きな乖離がある認識だ。モルグロフ自身が強調したように、四島へのロシアの主権を認めることが平和条約の主たる内容だというのがロシアの一貫した主張だからだ。

だが、安倍は、今後の平和条約交渉の進め方について、プーチンと首脳間合意を交わした当事者だ。プーチンとの約束の中身を本当に知っているのはプーチンと安倍と、同席を許された通訳だけだ。その安倍の発言を捉えて、外務次官に過ぎないモルグロフが「合意の本質を歪める」と断ずるのはあまりに乱暴で、非礼とさえ言えるだろう。

立場を逆にして考えれば、日本側の交渉担当者を務める外務審議官の森健良が駐日ロシア大使のミハイル・ガルージンを外務省に呼びつけ、「プーチン大統領の先日の発言は安倍首相との合意の内容を歪めている」と批判するようなものだ。ちょっと想像がつかない状況だ。

二点目の賠償請求の放棄は、そもそも「日本の指導者」の発言ですらない。読売新聞が一月八日の朝刊で特ダネとして報じた「北方4島　日露で賠償請求放棄案　平和条約締結時に　政府提起へ」という記事を指している。

記事の趣旨は、以下のようなものだった。

北方四島は、日本の領土であるにもかかわらず戦後ソ連とロシアによる占領が続いてきた。国や元島民はロシアに賠償を求める権利を持っているというのが日本政府の基本的な立場だが、平和条約交渉を進めるためにそれを放棄する方針を固めた――。

確かにこれも、四島は第二次世界大戦の結果、合法的にソ連領となったというロシアの立場とは相容れない。

12――http://www.kantei.go.jp/jp/98_abe/statement/2019/0104kaiken.html

しかし、こうした方針について、日本政府が公式に発表したわけではない。「複数の日露交渉筋」を情報源とする読売新聞独自の記事だ。

こうした場合、通常は外交ルートなどを通じて記事の内容が事実かどうか内々に問い合わせる。メディアの報道をもとに相手を批判し合うのは控えるというのが、不毛な対立を避けるための外交の不文律だ。

いきなり正式に抗議し、しかもそれを対外的に発表するというロシア外務省のやり方は異例とも言えるものだ。

三点目の「二〇一九年が転機となる」という趣旨の発言は、安倍が一月六日に山口県長門市にある父、安倍晋太郎の墓参りをしたときの言葉だ。墓参りを終えた安倍は記者団に、平和条約問題に掛ける意欲を語った[13]。

「今年は歴史的な節目の年となる。日々全力を尽くし、職責を果たしていくことを墓前に誓った」

生前外相としてソ連との関係改善に力を尽くした亡父に対する日本の首相の誓いの言葉を真っ向から批判するというのも、かなり異様な印象を受ける。

国営テレビの安倍批判

だが、ロシア政府が安倍に抱いた不快感は本物だったようだ。

それを浮き彫りにしたのが、二〇一九年一月一三日にロシア国営テレビが放映したニュースショー「一週間」だった。毎週日曜日に放映されるこの番組の司会を務めるのは、ドミトリー・キセリョフ。保守派の論客で、特に同性愛者に対する嫌悪をむき出しにした発言で、欧米でも広く知られるようになった。二〇一三年には、同性愛者からの献血や心臓移植を禁止し、自動車事故などで亡くなった際には使われないように地面に埋めるか燃やす必要があると主張した[14]。

ロシアのテレビ界におけるクレムリンの守護神として、前出のソロヴィヨフとは双璧の存在と言える。プーチンが二〇一三年に国営通信社RIAノーボスチと国営ネットサイト「ロシアの声」を統合して新組織「ロシア・セヴォードニャ（ロシアの今日）」を設立した際、数々の悪評にもかかわらずキセリョフを社長に就任させている[15]。

ちなみに欧米の多くの国において、ロシア・セヴォードニャは、ロシア政府の見解を他国に浸透させるためのプロパガンダ機関だと見なされている。

一三日に放映された「一週間」で、キセリョフはおよそ一五分間にわたって対日関係を取り上げた[16]。

13——https://www.nikkei.com/article/DGXMZO39686610W9A100C1PE8000/
14——https://iz.ru/news/555259
15——http://www.kremlin.ru/events/president/news/19805
16——https://www.vesti.ru/doc.html?id=3104041

その中で、安倍の言動を繰り返し「бестактный（失礼な、無神経な、節度をわきまえない）」だとして非難したのだった。キセリョフはこの単語を一五分のコーナー内で八回も使った。「シツレイナ」という日本語訳まで紹介した。安倍を形容するキーワードという扱いだった。

キセリョフは冒頭で、生け花、歌舞伎、日本車、柔道、カラオケ、アニメ、俳句などの日本の文化がロシアに根付いていることを紹介し、「ロシアにおいて日本のイメージは繊細さ、礼儀正しさ、日本的な慎み深さと結びつけられてきた」と述べた上で、安倍の振る舞いがそれに反するものだと対置してみせた。

「例えば、ロシアとの関係でまさに失礼だったのが、安倍晋三首相が新年に父親の墓前でロシアとの領土問題に『終止符を打つ』と誓ったことだった」「安倍首相はこうも言っている。『今、重要な局面を迎えており、プーチン大統領と共に、終止符を打つという決意を持って協議に臨んでいる』と」

その上で、キセリョフはカメラに向かって語りかけた。

「ちょっと待ってくれ！　第一に、プーチンを代弁してはいけない。第二に、『重要な局面』を押しつけて、相手をせかすような切迫感を作り出そうとしていることだ。これこそが失礼であり、外交として最悪のやり方だ」

「ロシアやプーチンとの関係で、安倍は面目を失ったのだ。もちろん、それはハラキリの理由にはならないだろうが、気まずいことになったものだ」

前述の通り、安倍が繰り返してきたプーチンとの意志や決意の「共有」について、ロシア側は真っ向からは否定せずに黙認する姿勢をとってきた。にもかかわらず、外交当局者ではないとはいえ、国営テレビの重鎮司会者が「勝手にプーチンの意向を代弁するな」と批判するのはよほどのことだ。

続いてキセリョフは、テレビ朝日が元日に放映した独占インタビューの中で安倍が語った内容もやり玉に挙げた。安倍はこの中で、仮にロシアから日本に島が引き渡されることになっても、今住んでいるロシア人に退去は求めないという考えを表明していた[17]。

キセリョフは言った。

「申し訳ないが、なぜそんな問題を提起するのか？　いったいどんな立場から？　我々の南クリルは、ロシア連邦が主権を持つ領土なのだ」

「もしもロシア政府が、日本の島から日本人を移住させたりしないなどと言ったらどうだろうか。それはまともなことだろうか？　それこそ、失礼なことだ」

ここでもキセリョフは「бестактность（失礼）」を繰り返した。

乱暴で無遠慮な批判はキセリョフの持ち味ではあるが、このとき安倍に向けられた厳しい批判が、ロシア政府内で共有されていたこともまた、間違いのないところだろう。

17——https://news.tv-asahi.co.jp/news_politics/articles/000144340.html

第一回外相交渉

キセリョフの番組が放映される前日に、外相の河野太郎がモスクワに入っていた。番組の翌日の一月一四日に予定されていたロシア外相ラブロフとの会談に臨むためだ。前年一二月に安倍とプーチンが立ち上げた平和条約交渉のための新しい枠組みによる第一回協議という位置づけだった。

キセリョフの番組では、締めくくりに、ロシア外務省報道官ザハロワが登場。翌日に控えた外相会談について次のように語った。

「私たちにとって大きな驚きだったのは、会談の直前になって、日本側が結果についての共同記者会見を行わないように要請してきたことだ。なんと奇妙で矛盾したアプローチだろうか。一方では会談の前に緊張した状況、張り詰めた空気を日本で作り出しておきながら、もう一方では、その会談の結果について報道機関に会って説明したくないというのだから」

ザハロワの言葉通り、翌日の外相会談後の記者会見は、日ロ別々に行われた。

この点について、河野は会談後に自身のツイッターで、こう主張している。[18]

「会談後それぞれが個別に記者会見することで最初から合意している。ディスインフォメーションはつきものなのでメディアにはしっかりとした確認が求められる。両国の合意を発表し友好関係をアピールする外相会談では共同会見をするが、立場が違う交渉や対立する立場での協議の後はそれぞれが会見する」

河野はザハロワの発言を「ディスインフォメーション」扱いしたが、ラブロフ外相も、会談後の記者会見の冒頭でこう説明している。[19]

「日本側の提案で、今日は共同会見は行わないことになった」

これに対して日本側が抗議したり否定したりしたという話は聞かない。

ザハロワ、河野、ラブロフの発言は、決して互いに矛盾してはいない。総合すると、日本側が事前に会見を個別に行うよう要請し、ロシア側がそれを受け入れて、別々に記者会見を行うことで合意していたということではないか。

実際、ラブロフの記者会見は、その場に河野がいたらさぞ気まずい思いをすることになっただろうと思われる、非常に厳しい調子のものとなった。別々に記者会見したことは正解だった。

その場面に入る前に、外相会談冒頭の様子を紹介しよう。

会談が行われたのはモスクワの外務省別館。数多くの外相会談や次官級協議の舞台となってきた建物だ。

さかのぼれば、帝政ロシアの豪商サッヴァ・モロゾフが、一八九八年に完成させた妻用の邸宅

18――https://twitter.com/konotarogomame/status/1084946346140930048
19――https://www.mid.ru/ru/foreign_policy/news/-/asset_publisher/cKNonkJE02Bw/content/id/3472147

である。一九五六年の日ソ共同宣言に至る大詰めの国交正常化交渉に臨んだ首相鳩山一郎ら日本の代表団が宿舎に使ったこともあり、日ロ関係に浅からぬ因縁がある場所だ。

関心の高さを反映して、日ロ双方の取材記者やカメラマンが会場からあふれそうなほど詰めかける中、ラブロフは歓迎の言葉を述べた。平和条約交渉についての部分は以下のようなものだった。[20]

「一一月のシンガポール、一二月のブエノスアイレスでの首脳会談の結果に基づく我々の指導部の指示に従って、平和達成の問題について、本日交渉を開始する」

「プーチン大統領と安倍首相は、平和条約についての作業は、達成された合意を歪めたり、公の場で一方的な論理で圧力をかけるようなことなしに、プロフェッショナルに行わなければならないということで合意している。従って日本側には、交渉の形式だけでなく、平和条約をめぐる作業の本質についても、この合意を堅く遵守するよう、今一度求めたい」

「公の場で一方的に圧力をかけるな」というラブロフの言い分が、年明け以降の安倍の言動に向けられていたことは明らかだ。

さらにラブロフは、平和条約問題についてのロシアの原則的な立場を明らかにした。

「この困難な問題は、第二次世界大戦が私たちに残したものだが、その結果は、ご存じのように国連憲章や数多くの連合国の文書によって確定されている」

第三章で詳しく触れるが、ラブロフがこの問題で国連憲章を持ち出すとき、その念頭にあるのは「旧敵国条項」として知られる第一〇七条のことだ。ラブロフの言い分は、敗戦国の日本は連合国であるソ連が行った行為に文句を言う資格がない、ということになる。「連合国の文書」は、ヤルタ協定やポツダム宣言などを指していると思われる。いずれもラブロフが北方領土領有の正当性を主張する際にしばしば持ち出す文書だ。

こうしてラブロフは、第一回の交渉冒頭から、非常に強硬な姿勢を示したのだった。

一方の河野の冒頭発言のうち、平和条約に関係する部分は以下のようなものだった。[21]

「本日は、両首脳が合意した、これまでの両国の立場を超えて平和条約交渉の加速化を行うという合意に基づいて、交渉責任者である我々が、両首脳の指示を受けて行う最初の協議であり、特に平和条約について集中的に議論を進めたいと思います」

河野はここで「四島の帰属の問題を解決することによって平和条約を締結する」という日本側の基本方針については一言も語らなかった。それどころか「領土」という言葉も「国境」という言葉も使わなかった。これでは本当に平和条約交渉と言えるのかどうかすら判然としない。

冒頭でロシアの原則的な立場を明らかにしたラブロフとは対照的な姿勢が、交渉に臨む両者の力関係を物語っていた。

20——https://www.mid.ru/ru/foreign_policy/news/-/asset_publisher/cKNonkJE02Bw/content/id/3471623
21——現地で取材した記者の記録

会談は午前一一時に始まり、ワーキングランチもはさんで午後三時ごろまで、約四時間にわたって行われた。

ばらばらに行われた記者会見

前述のように、会談後の記者会見は両外相が個別に行った。まず、ラブロフの会見から見ていこう。冒頭で日本側の要望で個別に会見することになったことを説明した上で、いきなりこう述べた。

「私たちの間に本質的な見解の相違があることを隠すつもりはない。何度も述べてきたように、両者の立場は最初から正反対だったのだ」

その上でラブロフは、会談冒頭でも説明したロシアの原則的な立場を繰り返した。

「本日私たちは、一九五六年宣言に基づいて作業する用意があることを確認した。それは第一に、変わることのない最初の一歩、つまり日本側が南クリルのすべての島々にロシアの主権が及んでいることを含む、第二次世界大戦の結果を完全に認めることを意味している」

ラブロフはたたみかけた。

「日本側には、島の主権の問題は議論されないということを念押しした。そこはロシアの領土なのだ」

その上で、日本で使われる「北方領土」という用語にさえ不満をぶつけた。

「日本の法律ではこれらの島が『北方領土』と表記されているが、もちろんこれは、ロシアにとって容認できない」

さらにラブロフは、プーチンが前年末の記者会見で強調した安全保障問題にも言及した。

「一九五六年宣言が締結された当時はまだ、日本と米国の軍事同盟条約は存在していなかった。条約は一九六〇年に結ばれた。その後、日本側は一九五六年宣言の履行を拒否したのだ」

「今また一九五六年宣言を基礎にした対話に立ち戻ろうというときに考慮に入れなければならないのは、日本の軍事同盟に関わる状況が当時とは根本的に変わったということだ。今日の会談で注意を喚起したのは、米国が日本でＭＤ（ミサイル防衛）のグローバルなシステムの配備を進め、この地域を軍事化しようとしていること、そして、米国は公式には、北朝鮮からもたらされる核の脅威に対抗するために不可欠だとしてそれを正当化しているが、実際にはロシアや中国へのリスクを作り出しているということだ」

一九六〇年の安保条約改定で成立した日米同盟、そして米国によるＭＤ配備が、平和条約締結の障害となるという主張だ。

ここで自国と並んで「中国へのリスク」を持ち出したところも注目に値する。中国とロシアの安全保障面での連携については、第三章で詳しく述べる。

ラブロフは、記者たちとの質疑応答で、第二次世界大戦の結果について、日本側の回答に満足したかと聞かれて、こう答えた。

「我々は今日、詳細にこのことについて日本側に指摘した。反論は聞かなかった」

つくづく、共同記者会見にしなくてよかったと思わざるを得ない。目の前でラブロフにここまで言われていたら、さすがに河野も反論せざるを得ないだろう。だが日本側は協議の場以外では交渉の中身については話さないという姿勢を貫いている。言葉に詰まって言われっぱなしに終わっていた可能性も大きい。

まとめて言えば、ラブロフは河野と行った第一回の平和条約交渉後の記者会見で、主権の問題の議論は拒否し、北方領土という用語を認めず、日米安保体制を問題視し、中国との連携を重視する姿勢を示したのだった。

一方の河野の記者会見はこんな具合だった。[22]

「平和条約の締結問題については、協議の具体的内容をお伝えすることはできないが、日ロ双方の具体的な考え方を議論した上で、真剣な協議を行った。この問題に自らの手で終止符を打つという両首脳の決意を踏まえ、真剣な議論となった」

「我々は領土問題を含め、日本側の考え方を明確に伝えた。ロシア側もロシア側の考え方を具体的に伝えてきた。真剣かつ率直なやりとりだった」

ラブロフが「日本側からは反論を聞かなかった」と述べたことについて記者から聞かれた河野はこう答えた。

「日本側は、我々の主張を明確にロシア側に伝えた。協議の中で両方の意見が一致しないところももちろんあるが、それは今後の協議の中で双方が一致する部分を見つけていかなければならない」

会談の意義についてはこう総括した。

「首脳の合意を受けて、しっかりと前へ進めていこうという手応えを感じたと言ってもいいかもしれません」

ラブロフと河野がばらばらに行った記者会見のうち、どちらが会談の実態を忠実に反映していたかは、言うまでもないだろう。

的外す事前報道

このときの外相会談で確認された安倍の訪ロまで、わずか一週間しか残されていなかった。ラブロフの記者会見を踏まえれば、プーチンとの会談で前向きな進展が期待できる状況ではなかった。

しかし、日本での報道は必ずしも悲観一色ではなかった。

NHKが二〇一九年一月一八日に放映した報道番組では、解説委員の岩田明子が首脳会談の焦点についてこう説明した。[23]

22――現地で取材した記者の記録

「今回の会談では（平和条約の）条文作成作業の開始を確認したい考えです。具体的には、条文に盛り込むための要素が、日ロ双方から提案される見通しです」

毎日新聞は会談前日の一月二一日の朝刊に「6月の大筋合意を目指し、首相が今春に再び訪露して首脳会談を行うことも調整する」との見通しを載せた。

共同通信が会談当日の一月二二日に配信した記事は「平和条約締結交渉の進展に向け、北方領土の扱いをめぐって新たな合意を交わせるかどうかが焦点だ」と解説した。

だが結果を先に言えば、これらの事前報道はどれも的を外したものとなった。

条文作成作業も始まらなければ、首相の再訪ロも決まらず、北方領土の扱いをめぐる新たな合意も交わされなかった。

結局のところ、これらの事前報道は、日本側の願望を反映したものでしかなかった。前年一二月の首脳会談前に報じられた新しい交渉の枠組みの顔ぶれ予想と同様だ。

安倍とプーチンの会談は一月二二日午後、モスクワのクレムリンで始まった。一一月のシンガポール、一二月のブエノスアイレスに続く三カ月連続の会談となった。

前の二回とは異なり、今度は国際会議のついでに行われた顔合わせではなく、首脳会談のためだけに安倍がモスクワを訪問したのであり、日本側が意気込んで臨んだのは無理からぬことではあった。

会談は約三時間行われた。冒頭、プーチンは安倍を自身の執務室に招いて内部を紹介した。だが、こうした友好的な雰囲気は、会談の中身には反映されなかった。

三時間のうち、安倍とプーチン二人だけの会談は五〇分。ここで何が話し合われたのかは、例によって明らかにされていない。

ただ、会談後の二人の記者発表からは具体的な成果は何もうかがえなかった。

一週間前の河野やラブロフと異なり、会談を終えた安倍とプーチンは揃って記者たちの前に現れ、それぞれに会談を総括した。ただし、記者たちからの質問は受け付けなかった。

まず、ホスト役のプーチンが発言した[24]。

「前向きな雰囲気で、安倍首相と二国間の課題について検討した。いつものように、貿易投資関係拡大に向けた展望に優先的な関心を払った。昨年の一月から一一月にかけて、相互貿易高は一八%増え、二〇〇億ドル近くに達した」

これが、プーチンの主要な関心事だった。

プーチンが平和条約問題に触れたのは、発言も終わり近くになってからのことだった。

「もちろん、平和条約締結の展望についても話し合った。今日はこの問題に、首相と共に少なからぬ時間を割いた」

23——https://www.nhk.or.jp/kokusaihoudou/bs22/diplomacy/2019/01/0118.html
24——http://kremlin.ru/events/president/news/59714

プーチンは一一月と一二月の首脳会談での合意内容を繰り返した上で、こう付け加えた。

「強調したいのは、相互に受け入れ可能な解決策に到達する条件を作るために、長く骨が折れる作業が今後必要だということだ。課題となっているのは、質的なレベルで口日関係の長期的かつ包括的な発展を確保することだ。そしてもちろん、交渉によって提案される解決策は、ロシアと日本の国民にとって受け入れ可能で、両国の世論に支持されるものでなければならない」

プーチンが発したメッセージは二点に集約できる。

一、解決には長い時間がかかる
二、解決策は両国民から支持される内容でなければならない

これは、両首脳の強力な指導力で六月の大筋合意を目指すという、日本側の思惑とは根本から相容れない見解だ。
一方の安倍も、この日の発言は控えめだった。プーチンとの会談で前向きな手応えを得られなかったからかもしれない。
平和条約問題については、以下のように語った。[25]
「平和条約の問題を、本日もじっくりと時間をかけてプーチン大統領と胸襟を開いて話し合った。一九五六年共同宣言を基礎として平和条約交渉を加速させるというシンガポールでの合意を踏ま

えた具体的な交渉が先週外相間で開始され、率直かつ真剣な議論が行われたことを、プーチン大統領との間で歓迎した。その上で二月中に、例えばミュンヘン安保会議の際に外相間の次回の交渉を行うと共に、首脳特別代表間の交渉も行い、交渉をさらに前進させるよう指示した。戦後七〇年以上残された課題の解決は容易ではない。しかし私たちはやりとげなければならない（中略）本日その決意をプーチン大統領と確認した」

結局のところ、唯一の具体的な成果は、二月に外相会談を行うという合意にとどまったのだった。

大統領報道官のペスコフは首脳会談の五日後の一月二七日、シンガポール会談後と同様に、ソロヴィヨフが司会を務める「モスクワ・クレムリン・プーチン」に出演した[26]。ペスコフが登場する前に、ソロヴィヨフは日本との領土問題をめぐる現状を総括した。

「ウラジーミル・ウラジーミロヴィチ（プーチン）が強調したことは、国民の考えを考慮しなければならないということだった。そして私たち国民の考えは今、一致している。『一寸たりとも土地は渡さない』ということだ。この考えは、容易には変わらないだろう。国民は地政学的な現実をよく理解している。日本の領土では、アメリカ人が容易に軍事的、政治的目的で指図できる

25——https://www.kantei.go.jp/jp/98_abe/actions/201901/22russia.html
26——https://www.youtube.com/watch?v=HIsj1b9thaI

のだ。私たちは世間知らずではない」

その後登場したペスコフは、一一月の出演時と同様、日本との関係改善のために平和条約が必要だという考えを繰り返し述べた上で、こう付け加えた。

「九月にウラジオストクで開かれた東方経済フォーラムで、プーチン大統領が対案を示している。今すぐに署名しようじゃないか、と。そしてその条約を基盤にして、相互信頼と互恵の雰囲気の中で、一緒になって私たちが極めて重要だと考えている問題の解決に取り組もうではないか、と。これは日本側の理解を得られなかった。したがって、我々のアプローチはまだ異なっている。我々はまず条約、そして問題の解決。日本側は問題の解決は条約と同時か、またはそれより先だと主張している」

ペスコフの言葉は、ウラジオストクで安倍が受け入れられないとプーチンに伝えたはずの、「前提条件のない平和条約」という提案を、ロシア側がまだ維持していることを物語っていた。

ＮＨＫが事前に報じたような「条文作成作業」に着手できるような状況とはかけ離れているのが現実だった。

付言すると、ペスコフはこのとき「重要な問題」とは言っても「領土問題」という言葉は口にしていない。日本との間に「領土問題」は存在しないというロシア政府の原則的立場を踏まえて、この言葉を使うことを慎重に避けたのだろう。

ソロヴィヨフは、ソ連とロシアは冷戦終結時、北大西洋条約機構（ＮＡＴＯ）はロシア国境に向けて勢力を拡大しないと約束した欧米に騙されたと指摘した。

ペスコフは答えた。

「その指摘は非常に正しい。もちろんロシア政府は二度と自ら墓穴を掘るようなことはないし、口約束を信じるようなこともない。死活的に重要な安全保障のような問題では、なおさらのことだ」

安倍がいくら日本に引き渡された島に米軍の施設は置かせないと約束しても、また、在日米軍がロシアに向けられたものではないと請け合っても、ロシアは簡単には信じないという考えを強調したのだった。

これ見よがしの世論調査

プーチンは、安倍との共同記者発表で、解決策が両国民から支持される必要があると強調した。ではロシアは、一九五六年宣言に基づいて、いずれは日本に歯舞、色丹を引き渡す必要があるということについて、国民の理解を得るための説得を行っただろうか。

答えは否である。

むしろ現実はその逆だった。そのための道具として使われたのが、世論調査だった。

ロシア政府系の世論調査機関「全ロシア世論研究センター」は二〇一九年一月二九日、北方四島の住民を対象にした電話による世論調査を実施した。[27] 三一日に発表された結果によると、住民の九九%が、日本が四島返還を要求していることを知っていると答えた。

「平和条約の締結と日本との関係発展は、南クリルの島々を日本に引き渡すに値するか」という質問に対する回答は以下のようなものだった。

無条件に値する	1%
どちらかと言えば値する	2%
どちらかと言えば値しない	15%
無条件で値しない	78%
答えるのは困難	4%

90%以上が、島の引き渡しに反対という結果だった。

ちなみに前年一一月に行われた、全ロシアを対象とする同様の世論調査の結果は、以下のようなものだった。

無条件に値する	4%
どちらかと言えば値する	10%
どちらかと言えば値しない	31%

無条件で値しない　46%
答えるのは困難　9%

数字は重い。
　島の住民よりは島の引き渡しを容認する意見がかなり多くなる。だが、八割近くが反対という
　話はこれで終わらなかった。全ロシア世論研究センターは、全島民を対象とする前例のない調
査に着手したのだった。
　一月二九日に行われた調査サンプル数は二〇七人だった。世論の傾向を探るには十分な数だと
いうのが研究センターの見解だ。
　従って新たな調査には、政治的な意味合いが込められていたと言える。最初の調査結果に意を
強くした政府が、改めて大規模な調査を行うよう指示したのだろう。
　今度の調査は、電話ではなく、面接形式で行われた。四島のうちロシア人が定住している択捉、
国後、色丹の三島に調査員たちが乗り込んで、二月一一日から一七日までの一週間にわたり、住
宅や職場をくまなく訪問するという大規模な調査となった。
　ロシアのテレビは、調査が行われている様子を繰り返し報じた。国営テレビが調査最終日に流

27――https://wciom.ru/index.php?id=236&uid=9540

したニュースはこんな具合だった[28]。

「調査の規模は前例がなく、抽出式ではなく網羅的で、住民投票のように見えます。四島に住む一万八千人のうちの一万二千人、事実上調査時に島にいた全成人が対象となりました」

そう、まさにこれは住民投票だった。

ニュースは、調査に対してどう回答するかは任意だと強調しつつ、回答を終えた島民たちの次のような声を伝えた。

「ここを渡すなんてことが、どうしてできるでしょうか。祖国を諦めろということですか」

「別の意見なんてあり得ません。ここは我々の、ロシアの島です」

こうした報じ方からは、世論調査を利用して全国的に返還反対の機運を盛り上げようという意図さえ伝わってくる。

質問の選択肢は前回の四択から、二択に単純化された。

「あなたは、ロシアが日本に南クリルの島を引き渡すべきだと思いますか、思いませんか」

この質問形式も、住民投票を彷彿とさせるものだった。

「日本との関係発展のために」といった条件をつけていない点も前回と異なっており、引き渡しに賛成しにくくなっている。

調査結果は、二月一九日に発表された[29]。

引き渡すべきだ　2％　引き渡すべきでない　96％

島別でみると、以下のとおりとなる。

択捉島　引き渡すべきだ　1％　引き渡すべきでない　97％
国後島　引き渡すべきだ　2％　引き渡すべきでない　96％
色丹島　引き渡すべきだ　3％　引き渡すべきでない　92％

ロシアのメディアは、この結果も大きく報じた。これを受けて、たとえ一部であっても島の引き渡しに踏み出せる一国の指導者はいないだろう。むしろ、あえてそうした状況を作り出すことを意図した調査だったのではないか。

この世論調査を見て思い出されるのが、二〇一四年三月一六日、ウクライナ南部のクリミア半島で行われた住民投票だ。

同年二月、ウクライナのヤヌコビッチ政権が反政府運動を受けて崩壊した。大統領が不在とな

28——https://www.vesti.ru/doc.html?id=3117272
29——https://wciom.ru/index.php?id=236&uid=9563

った混乱に乗じてロシアはクリミア半島に自国軍を展開し、制圧した。

こうした中で、クリミア半島をロシアに編入することの是非を問う住民投票が実施された。結果は賛成97％、反対3％。プーチンはこの結果を受けて、三月一八日、クリミア半島の併合に踏み切った。

プーチンが歴史的な演説で、併合を正当化する論拠としたのが「住民の自決権」だった[30]。

この理屈に立てば、圧倒的多数の住民の反対を押し切って島を日本に引き渡すことなどできないということになる。クリミアでロシアへの編入に賛成したのも、北方四島で日本への引き渡しに反対したのも、ほぼ同じ九六〜七％だったという点も不気味な符合だ。

もう一点、クリミアと北方領土の類似性がある。いずれもソ連の指導者フルシチョフが一九五〇年代半ばに将来の領土問題の火種を残したという点である。

北方領土について言えば、一九五六年の日ソ共同宣言に至る国交回復交渉で、日本側が予想もしていなかった歯舞、色丹の日本への引き渡しを発案したのがフルシチョフだった。日本は大いに揺さぶられたが、最終的に四島返還を求める立場をとったため、平和条約締結には至らなかった。

一方クリミア半島は、フルシチョフが一九五四年にロシアからウクライナに帰属替えしたことが、後の紛争の種となった。

当時はロシアもウクライナもソ連の一部だったため大きな問題にならなかったが、ソ連崩壊と共に、クリミアを取り戻すべきだという声がロシア国内で噴出。二〇一四年の併合の背景要因となった。

プーチンは、クリミアのウクライナへの帰属替えは当時の法律に照らしても違法だったと主張している。一方で一九五六年宣言の合法性は認めており、この点で違いはある。

だが、フルシチョフの気まぐれに今のロシアが縛られるいわれはないという感情が政府や社会に共有されているとすれば、これもまた、北方領土問題の解決を難しくする要素といえるだろう。

北方四島で行われた世論調査に政治的な意図がこめられていたとはいえ、実際に現島民の圧倒的多数が日本への引き渡しに反対している事実は否定できない。この点、ソ連崩壊後間もない時期とは大きく状況が変わっている。

一九九八年に朝日新聞がタス通信と共同で行った世論調査の結果を紹介しておこう[31]。

この調査では、北方領土をどうすべきかという質問に、「日本には渡さない」「日本との共同管理」「まず二島返還」「四島一括返還」の四つの選択肢を用意した。島別の回答は次のようなものだった。

30――http://kremlin.ru/events/president/news/20603
31――『朝日新聞』一九九八年一〇月三一日朝刊

択捉島	渡さない	65%	共同管理	22%	まず二島	2%	四島一括	4%
国後島	渡さない	44%	共同管理	34%	まず二島	4%	四島一括	9%
色丹島	渡さない	28%	共同管理	33%	まず二島	30%	四島一括	1%

特に色丹島で、日本への引き渡しへの拒否感が小さかったことが分かる。

様変わりした「北方領土の日」

日本政府は二月七日を「北方領土の日」と定めている。一八五五年のこの日結ばれた日露通好条約で、当時の帝政ロシアと日本の間の国境線が、千島列島の択捉島とウルップ島の間に引かれた。サハリン島（樺太）については、境界を定めず、両国民が混住することが定められた。

日ロ両国が平和的な話し合いの結果合意した最初の条約で、択捉、国後、色丹、歯舞が日本の領土とされたこの歴史を、日本は四島返還を求める最大の論拠としてきた。

「北方領土の日」が制定されたのは一九八一年のことだった。一九七九年のソ連によるアフガニスタン侵攻、一九八〇年の日本や米国によるモスクワ五輪ボイコットなどで、ソ連と日本の関係が冷えこむ中での決定だった。

当時の閣議了解の文言が雰囲気を伝えている。[32]

「我が国の固有の領土である歯舞群島、色丹島、国後島及び択捉島の北方四島は、戦後三五年を経過した今日、なおソ連の不当な占拠下にある。これら北方領土の一括返還を実現して日ソ平和条約を締結し、両国の友好関係を真に安定した基礎の上に発展させるという政府の基本方針を支える最大の力は、一致した粘り強い国民世論の盛り上がりである」

北方領土の日には内閣府と元島民らでつくる実行委員会が主催する北方領土返還要求全国大会が開かれて、時の首相が挨拶し、返還を求めて気勢を上げるのが通例となっている。

だが安倍とプーチンが交渉を進める中で迎えた二〇一九年の北方領土の日は、前年までとは大きく様相が異なった[33]。

採択されたアピール文から、少なくとも過去一〇年間は毎年入っていた「北方領土が不法に占領された」といった表現が削られた。その部分は「日ロ両国間に平和条約が締結されないまま七三年が経過した」という客観的な説明に置き換えられた。「解決がこれ以上長引くことを断じて許すわけにはいきません」という文言も消えた。

安倍の挨拶にも重要な変化があった。前年は「北方四島の帰属問題を解決して、平和条約を締結するとの基本方針の下、一つ一つ、課題を乗り越え、交渉を進めてまいります」と、政府の基本方針を説明していた[34]。それが「領土問題を解決して、平和条約を締結するとの基本方針の下、

32——https://www8.cao.go.jp/hoppo/henkan/pdf/ryoudonohi.pdf
33——『朝日新聞』二〇一九年二月八日朝刊など
34——http://www.kantei.go.jp/jp/98_abe/actions/201802/07hoppou.html

交渉を進めてまいります」という表現に変わったのだ。[35]

四島返還を事実上断念したという政府の方針転換が、安倍の挨拶に反映されていた。

北方領土の地元、北海道根室市の大会では、恒例の「北方領土は日本の領土だ！」「北方領土を返せ！」というシュプレヒコールを取りやめた。参加者の鉢巻きに書かれる言葉も前年の「返せ！北方領土」から「日露平和条約の早期締結を‼」に変わった。

もう一つ、二〇一九年の北方領土の日は、前年と大きな違いがあった。それは北方領土のご当地ゆるキャラ「北方領土エリカちゃん」の振る舞いだ。

北方領土エリカちゃんは、歯舞群島を望む北海道の納沙布《のさっぷ》岬に住む海鳥エトピリカの女の子という設定だ。返還運動の関連イベントに着ぐるみ姿で登場するほか、ツイッターやフェイスブックでも積極的に発信している。語尾に「ピッ！」をつける独特の語り口が特徴だ。

エリカちゃんがネット上で大きな注目を集めたのが、二〇一五年二月九日のツイートだった。[36]

「今から皆さんに、北方領土に関するクイズを出すピィ～♪　まずは初級編だピ！　【第1問】北方領土を不法に占拠しているのはどの国でしょう？」

ゆるキャラらしからぬ挑戦的でストレートな出題は、三万二千回以上リツイートされ、「全然ゆるくないぴー」「ロックだ」といった反応が寄せられた。

二〇一八年の北方領土の日、エリカちゃんは前日から「明日は特別な日だピ」と張り切っていた。当日は、返還要求全国大会の様子や、北方領土クイズなど二四件のツイートを連発。「固有の領土」をロシア語でどう書くかまで教えてくれた。

二〇一九年、政府の方針転換を受けてエリカちゃんはどうつぶやくのか。私は朝から待ち続けたが、結局この日は一度も投稿することなく終わってしまった。

翌日になってようやく「政府の交渉を後押しするピッ♪」

エリカちゃんを運営するのは、内閣府などが所管する独立行政法人「北方領土問題対策協会」だ[37]。若い世代にも北方領土返還運動に関心を持ってもらおうという狙いで作られた。

言ってしまえば、北方領土エリカちゃんは「国策ゆるキャラ」なのだ。沈黙の一日に、その限界と悲哀を感じたのだった。

第二回外相交渉

前年一二月の首脳会談で平和条約交渉の責任者に任命された河野とラブロフの二回目の交渉は、二〇一九年二月一六日、ドイツのミュンヘンで開かれた。毎年この時期に開かれる安全保障問題についての国際会議の機会を利用した顔合わせだった。会談時間は約九〇分。交渉には進展がなく、その後の次官級協議やラブロフ外相の訪日を調整するといった、段取りについての合意しか

35――http://www.kantei.go.jp/jp/98_abe/actions/201902/07hoppou.html
36――https://twitter.com/hoppou_erika/status/564669339581046784
37――https://www.hoppou.go.jp/problem-info/erika/erika-room.html

できなかった。

終了後に河野が記者団に行った説明からは、手詰まり感が伝わってきた[38]。

「七〇年かけてやってきていることなので、一朝一夕に解決するということではないが、双方二人三脚で粘り強く、一緒にゴールにたどり着けるように、お互いに努力していきたいと思う」

河野は、一月の外相会談後にラブロフが記者会見で「第二次世界大戦の結果を認めるよう日本に求め、反論がなかった」などと述べたことを念頭に、次のように説明した。

「一月の会談後、ロシア側から会談の中のやりとりだというような形で、様々な発言があったことは非常に残念に思っているが、双方合意して、中身については外に出さず、静かな環境でやろうということで合意した」

交渉が行き詰まっていることはすでに隠せなくなっていた。せめてロシア側には、日本国内での政権批判を招きかねない露骨な発言は控えてもらいたい——そんな思惑がうかがえる。

だが、ラブロフが手加減することはなかった。日本側が求める「静かな環境」を守る気など、さらさらないといった風情だった。

河野との会談から八日後の二月二四日、ラブロフはベトナムと中国を歴訪するのに先立ち、両国メディアのインタビューを受けた。その中で、またしても日本に対する手厳しい発言を繰り返したのだった[39]。

日本側が六月のプーチン訪日の際に平和条約問題で大筋合意を目指していることについて問わ

れたラブロフは答えた。

「いかなる合意もしていないし、あり得ないことだ。我々は、いかなる問題についても人為的な期限を設けることを一度たりとも認めたことがない。我々は、何度もこのことを日本側に説明してきた。最近では、ミュンヘンで河野外相と会談したときに説明した。さらに言えば、誰も一度として、枠組み案なるものを見たことがないのだ。日本側がなんのことを言っているのか、私には分からない」

ラブロフは河野だけでなく、安倍にも批判の矛先を向けた。

「安倍首相は国会の答弁で、平和条約問題を日本の条件に沿って解決すると述べている。率直に言って、彼がそのような確信をどこから得ているのか分からない。プーチン大統領も、私も、日本との協議に参加している他の誰も、日本側がそんなことを言えるような論拠を与えていないのだ」

ここでラブロフが言っている「日本側の条件」に沿った解決というのは、領土問題を解決することによって平和条約を締結するという日本側の基本方針のことを指している。

ラブロフは嚙んで含めるように説明した。

38——現地で取材した記者の記録
39——https://www.mid.ru/ru/foreign_policy/news/-/asset_publisher/cKNonkJE02Bw/content/id/3540803

「プーチン大統領と安倍首相は一九五六年宣言に基づいて平和条約の作業を加速させる必要があると表明した。このことは（日本側の主張とは）まったく逆のことを意味している。何度も言っているように、千島列島すべてへのロシアの主権を含む、第二次世界大戦の結果を、全面的に認める必要があるということを意味している」

ラブロフは、ロシアがウクライナのクリミア半島を併合したのを機に、日本が欧米諸国と足並みを揃えてロシアに制裁を科していることについてもやり玉に挙げた。

「もっと広く言えば、まず質的に新しい関係を作らねばならないという合意があった。だが日本は、すべてではないにしても、一連の対ロ制裁に加わっている。これは友好的なスタンスとはとても言えない」

「国連においても、日本はすべての決議で米国と同じように投票し、ロシアの提案については反対するか棄権をしている。つまり、国連における自国の立場を米国に合わせているのだ。日本が他の国と協力することに我々は反対しないが、しかし米国はロシアのことを主要な敵だと見なしているのだ。当然、中国についても同じだ」

ラブロフがわざわざここで中国に言及したのは、中国メディアによるインタビューだということも、もちろん理由の一つだろう。だがここ数年、国連安全保障理事会の場で、中国とロシアが、まるで米国と日本のように連携して行動していることもまた、事実である。

プーチンのダメ押し

平和条約をめぐる日ロの立場は本質的に食い違っており、六月の大筋合意など望むべくもない――。こうしたラブロフの主張を追認するような発言が、ついにプーチン自身の口から飛び出す日が来た。それは、二〇一九年三月一四日のことだった。

プーチンは、モスクワで開かれたロシア産業家企業家同盟の大会に参加。メディアに非公開で行われたセッションでの発言を、ロシアの有力紙コメルサントが翌日すっぱ抜いたのだった。[40]

記事の筆者は、アンドレイ・コレスニコフ。プーチンが大統領に就任する前の二〇〇〇年に、プーチンへの長大なインタビューを行った三人のジャーナリストの一人であり、それ以来プーチンに最も近い記者の一人として知られている。

コレスニコフによると、非公開のセッションで対日交渉の見通しについて聞かれたプーチンは率直に答えた。

「交渉のテンポは失われた」

プーチンは平和条約交渉の経緯を手短に紹介した上で、こう述べた。

「日本はまず、米国が通告さえすれば日本の領土に基地を置くことを可能にしている米国との条約から離脱する必要がある。安倍首相はウラジオストクで、日本に島が引き渡されてもいっさい

40――https://www.kommersant.ru/doc/3909991

米軍基地は置かせないと請け合ったが、そのための具体的な手段を持っていないのだ。それに、クリル住民を対象に行った非公式の調査によると、99%が日本への引き渡しに反対している。このことも考慮に入れる必要がある」

プーチンは、協議を進展させることはできないので「いったん一息つく必要がある」とも指摘したのだという。

あくまでコレスニコフが報じた発言内容なので、プーチンがどこまではっきりと日米安保条約破棄の必要性を主張したのかは判然としない。だがこの記事に対して、ロシア大統領府がその内容を否定したり、真意を説明したりすることはなかった。

つまり、基本的にはプーチンの発言は、報道の通りだったのだろう。島が引き渡されても米軍は置かせないと安倍がプーチンに約束していたこと、さらに、安倍のその言葉を信じられないとプーチンが考えていることも、この報道から明らかになった。

様変わりした外交青書

六月の首脳会談が近づく中、日本政府の交渉姿勢が前年までと大きく変わったことを浮き彫りにするもう一つの実例が明らかになった。四月二三日の閣議で外務省が配布した二〇一九年版の外交青書である。

外交青書は、前年の世界の動きや日本との関係を詳述する刊行物で、二〇一九年版は四〇〇ページ近い分量となった。
その中で、日ロ関係についての記述が前年までと様変わりしたのだ。以下、二〇一八年版[41]と二〇一九年版[42]の記述を比較していこう。
北方領土問題を「日ロ間の最大の懸案」と位置づけている点では両年ともに変わりがない。だが交渉をとりまく状況の説明はまるで別物だ。

二〇一八年版：北方四島は日本に帰属するというのが日本の立場である。政府は、1956年の日ソ共同宣言、1993年の東京宣言、2001年のイルクーツク声明などこれまでの諸合意及び諸文書並びに法と正義の原則に基づき、北方四島の帰属の問題を解決して平和条約を締結するとの一貫した基本方針の下、ロシアとの間で精力的に交渉を行っている。

二〇一九年版：両国首脳は、戦後70年以上日露間で平和条約が締結されていない状態は異常であるとの認識を共有しており、2016年末の日露首脳会談において、安倍総理大臣とプーチン大統領は、平和条約問題を解決する自らの真摯な決意を表明している。2018年には（中

41――https://www.mofa.go.jp/mofaj/gaiko/bluebook/2018/html/chapter2_05_01.html#s25102
42――https://www.mofa.go.jp/mofaj/gaiko/bluebook/2019/html/chapter2_05_01.html#s25102

略）11月の日露首脳会談において、安倍総理大臣は、「1956年共同宣言を基礎として平和条約交渉を加速させる」ことでプーチン大統領と合意した。

まず目を引くのは、二〇一八年版に明記されていた「北方四島は日本に帰属する」という日本の原則的な立場が消えてしまったことだ。

交渉の基本方針も大きく異なっている。日ソ共同宣言、東京宣言、イルクーツク声明と三つ列挙されていた重要文書が、日ソ共同宣言だけになったのだ。

これまでも繰り返し書いてきたように、日ソ共同宣言には平和条約締結後に歯舞、色丹の二島が日本に引き渡されることが明記されている。一方、一九九三年の東京宣言は、択捉、国後、色丹、歯舞の四島の名称を挙げて、それらの帰属についての問題を解決することにより平和条約を締結する、との内容だ。

東京宣言はロシアとの領土交渉の対象を二島から四島とすることに成功したとして、長く日ロ交渉の到達点と位置づけられてきた。外交青書でも毎年必ず言及されていた重要文書だが、それが姿を消した。そのことの意味は、小さくない。

二〇〇一年のイルクーツク声明は、当時の首相森喜朗とプーチンによる合意だ。二島について書かれた日ソ共同宣言と四島が盛り込まれた東京宣言の関係を整理して、日ソ共同宣言を今後の「交渉プロセスの出発点」と位置づけ、その上で東京宣言に基づいて四島の帰属の問題を解決することにより平和条約を締結するとの方針を打ち出した。

四島に言及した東京宣言とイルクーツク声明が消されたことからも、政府が四島の日本への帰属確認を断念したことが浮かび上がった。

これにはさすがに自民党内からも不満が噴出した。二〇一九年五月一〇日の外交部会と外交調査会の合同会議では「固有の領土という表現は基本原則のはずで残すべきだ」「ロシアから文句を言われ、自発的に日本の基本原則を捨てた」などの批判が相次いだ[43]。

国会でもこの問題は取り上げられたが、外相の河野は「政府の法的立場に何ら変わりはない」「外交青書は、その青書が記載する当該年度に我が国が行った外交を総合的に勘案して作成しているもので、すべてのことを列記しているわけではない」という木で鼻をくくったような答弁に終始した[44]。

敬意に欠けるロシア側

日本側が大筋合意を目指していた六月の大阪G20サミットを前に、五月に二回、それぞれモスクワと東京で、河野とラブロフによる日ロ外相会談が行われた。首脳会談に向けた準備交渉とい

43——『朝日新聞』二〇一九年五月一一日朝刊
44——例えば、二〇一九年四月二四日の衆議院外務委員会

う位置づけだったが、「領土問題を解決する前に、まず無条件で平和条約を」というロシア側と折り合いをつけることは不可能だった。
五月一〇日にモスクワで行われた会談の冒頭、ラブロフは過去二回の会談や次官級の協議を振り返って「立場の違いはまだ非常に大きい」と指摘した。[45]
会談を終えた二人は、ワーキングランチを前に、揃って記者たちの前に姿を見せて結果を報告した。ただし、質問は受けなかった。
河野は「本日のこれまでの交渉で、双方の立場の隔たりを克服できたわけではない」と認めた。[46]
さらに河野は「前回会談に引き続き、時には激しいやりとりになることもあった」と語ったが、これがロシア側で思わぬ波紋を引き起こした。
会談に同席していたロシア外務省報道官のマリア・ザハロワが、自身のフェイスブックにこう書き込んだのだ。[47]
「（河野の発言を聞いて）ラブロフは薄笑いを浮かべた。会談に同席していた私たちはみな、何のことを言っているのか分からなかったのだ。どうやら『激しいやりとり』という言葉についての理解が日本人とは異なっているようだ」
ザハロワはこのコメントに、サングラスをかけてニヤリと笑っている顔文字を付け加えた。
要するに「河野はラブロフに一言も激しいことなど言っていなかったじゃないか」「会見では日本国内向けに強がっているのだろう」と、揶揄する趣旨の投稿だった。

日本外務省で外務副報道官を務める志野光子は、「激しいやりとり」についてロシアの記者たちに聞かれて「翻訳が難しかったのかもしれないが、オープンで、非常に率直なやりとりがあったということだ」と釈明した。こうした経緯を、タス通信やロシア国営テレビを含む主要ロシアメディアが次々に報じた[48]。

ザハロワの書き込みといい、ロシアメディアの報じ方といい、最低限の敬意さえ欠けている態度だと言わざるを得ない。日本をまともな交渉相手とは見なしていないようだ。

だが、こうした事態は、日本の交渉姿勢そのものが招いた帰結に他ならなかった。そして、そのような交渉の実情が、日本で報じられることはなかった。

プーチン訪日前の最後の外相会談は五月三一日、東京の外務省飯倉公館で行われた。前日にはロシアから国防相のセルゲイ・ショイグ、日本から防衛相の岩屋毅が加わり、外相・防衛担当相会談も行われた。「2プラス2」と呼ばれる話し合いの枠組みだ。

外相会談は、昼食も交えて約三時間行われた。通訳だけを交えた膝詰めの協議にも四五分が割かれた。だがもちろん、平和条約交渉で進展が見られるはずもなかった。

45——https://www.mid.ru/ru/foreign_policy/news/-/asset_publisher/cKNonkJE02Bw/content/id/3639916
46——現地で取材した記者の記録
47——https://www.facebook.com/photo.php?fbid=1021953561051831
48——一例は https://tass.ru/mezhdunarodnaya-panorama/6418925

共同記者発表でラブロフは念を押した。[49]
「交渉プロセスが活発になっているからといって、我々の立場が近づいているというわけではない」

交渉の終焉

大阪G20サミットは、六月二八、二九日の日程で開かれた。

G20サミットは主要七カ国（G7）サミットの後で開かれるのが通例だ。だが読売新聞の報道によると、日本は二〇一九年にG7議長国を務めるフランスと交渉し、八月に予定されていたG7サミットより早い六月の開催を決めたのだという。読売新聞は「全ては（七月の）参院選を前に見せ場を作るためだ」という首相官邸関係者の言葉を伝えている。[50]

G20で来日するプーチンとの間で日ロ平和条約交渉で大筋合意し、場合によっては衆参同日選に踏み切る――。一時はそんなシナリオさえ政権内ではささやかれていた。

G20で安倍がホスト役を務めたこと自体、確かに参議院選挙に向けてのプラス材料になっただろう。だが、目玉となるはずのロシアとの交渉はぴくりとも動いていなかった。

プーチンは訪日を前に六月二〇日、テレビ番組「プーチン・ホットライン」に生出演した。

プーチンは毎年恒例のこの番組で、大抵は四時間以上にわたって、ロシア各地の住民から寄せられる質問に直接答える。住宅問題やゴミ処理問題、企業の不正や地方行政府の汚職への苦情を受けて、プーチンの鶴の一声で解決が演出されることもしばしばだ。

過去には日本との関係や北方領土問題が取り上げられたこともあるが、二〇一九年は番組内での日本への言及はなかった。

日本についてプーチンが語ったのは、番組終了後。待ち構えていた記者団の前に姿を見せたときのことだった。ここ数年、プーチンは番組終了後にこうした機会を設けるのが常となっている。四時間の生番組を終えてなお、記者の質問に応じるのだから、とにかくタフであることは間違いない。

日本のテレビ局のロシア人スタッフが、約一週間後に迫った訪日について質問した[51]。

「何かサプライズが私たちを待っているでしょうか。(柔道で)畳の上に出るとか、温泉に行くとか」

プーチンは「国際関係ではそうしたことは重要なサプライズとは言えないな。畳の上に出たり温泉に行ったりすることも重要で興味深く、雰囲気づくりにはなるけれど」と、いなした上で、こう答えた。

「(安倍との)会談でなにを期待しているか。それは、対話の継続だ。シンゾーは、私たち全員

49——https://www.mid.ru/ru/foreign_policy/news/-/asset_publisher/cKNonkJE02Bw/content/id/3664553
50——『読売新聞』二〇一九年一月四日朝刊
51——http://kremlin.ru/events/president/news/60797

と同じく、関係の完全な正常化と平和条約締結を望んでいる」

安倍を親しく「シンゾー」と呼びつつ、その一方で期待していることは対話の継続だという考えを明らかにした。要は大阪での会談では、具体的な成果は何も予定されていないということだった。

プーチンはこの後、同じ場所でロシア国営テレビのインタビューにも応じている。その内容は二二日になってから報道された[52]。

最近北方四島を訪れ、現地で開校したばかりの学校を取材したというインタビュアーは、プーチンに尋ねた。

「子供たちがロシアの国旗を揚げていました。これを降ろすようなことになるのでしょうか?」

プーチンの答えは単純明瞭だった。

「いいや。そんな計画は存在しない」

G20前日の六月二七日、ロシア大統領府は、英国のフィナンシャル・タイムズ紙によるプーチンへのインタビューの内容を公表した。

通常プーチンは外国を訪問する前に、その国のメディアのインタビューを受ける。二〇一六年一二月に山口県長門と東京を訪問した際には、事前に日本テレビと読売新聞のインタビューに応じた。

大阪G20を前に、日本メディアの多くがプーチンにインタビューを申し込んだが、プーチンはそれには応じず、フィナンシャル・タイムズを選んだ。このことは、プーチンが大阪訪問を日本への訪問ではなく、G20への出席と位置づけていることを物語っていた。

日ロ関係について聞かれても、前向きなことは何も言えないという事情もあっただろう。

フィナンシャル・タイムズによるこのときのインタビューは、プーチンが「リベラルな価値観は時代遅れになった」という認識を示したことで、広く知られている。[53]

大阪でのプーチンと安倍の会談は六月二九日夜、G20の公式日程がすべて終わった後に行われた。会談時間は三時間だった。終了後に共同記者発表が行われたが、今回も記者からの質問は受け付けなかった。

平和条約交渉についての安倍の説明は次のようなものだった。[54]

「精力的に平和条約交渉が行われていることを歓迎し、引き続き交渉を進めていくことで一致した」

プーチンが事前に予告した通り、交渉の継続が成果という内容だった。

安倍は「乗り越えるべき課題の輪郭は明確になってきた」とも強調したが、それが実際に乗り越えられるものであるかどうかは、別の問題だ。

52——https://www.vesti.ru/doc.html?id=3160663
53——http://kremlin.ru/events/president/news/60836
54——http://www.kantei.go.jp/jp/98_abe/actions/201906/29g20.html

プーチンは、発言の大部分を、いつものように日本との経済協力に割いた。平和条約への言及は終わり近く、それも短いものだった[55]。

「もちろん、安倍首相とは平和条約に関する問題も話し合った。両国の外相が、この両国にとって簡単ではなく、微妙なテーマについて具体的な対話を進めていることを前向きに捉えている。この対話は継続される。ロ日関係を質的に新しい水準へと導くための辛抱強い作業がこの先にあると考えている」

形だけの合意文書

日本側が会談後に行った日本メディア向けのブリーフィングの場で、「日露首脳会談に関するプレス発表」という一枚の紙が配られた。Ａ４版の用紙にわずか七行が印刷されていた[56]。

「安倍総理とプーチン大統領は、２０１９年６月29日に大阪にて会談し、２０１８年11月にシンガポールにおいて共に表明した、１９５６年共同宣言を基礎として平和条約交渉を加速させるとの決意の下で、精力的に平和条約交渉が行われていることを歓迎し、引き続き交渉を進めていくことで一致した。両首脳は、２０１６年12月に長門で表明した平和条約問題を解決する自らの真摯な決意を確認し、四島における共同経済活動の実施に向けた進展を歓迎した」

これまでの合意内容を改めてまとめただけの内容だ。

興味深いことに、この文書を、ロシア側はいっさい発表していない。従って、ロシア側メディアでも報じられていない。

だが、日本側はこの文書を「ロシア側と合意した文書」だと説明する。ご丁寧に、日本の外務省はこの文書のロシア語版まで用意して配布した。

これはいったいどういうことだろうか。

容易に想像できるのは、何の具体的な成果も残せない結果に終わることを危惧した日本側が、事前にロシア側に「会談後にこうした文書を発表したい」と頼み込んで了解を取り付けていたということだ。

共同声明とか共同発表という言葉を使わずに単に「プレス発表」と題されていることも、日本側単独の文書であることを物語っている。

実際、北海道新聞の取材によると、このプレス発表は「二年半ぶりのプーチン来日時に文書さえ出せなければ、交渉は完全に失速してしまう」という危機感を抱いた日本側が、ロシア側に強く要請して、発表にこぎ着けたものだった。最後は安倍がプーチンに直談判したという。[57]

だが、無理矢理文書を出したところで、交渉が動き出すという根拠は何もない。逆にロシア側から足元を見られるだけだろう。

55——http://kremlin.ru/events/president/news/60860
56——https://www.mofa.go.jp/mofaj/files/000493758.pdf
57——『北海道新聞』二〇一九年七月一四日朝刊

日本側はそれも承知の上で、参議院選挙を目前に控えて会談に成果があったと強弁するための小道具として作った文書だったというのが実態に近かっただろう。

ロシア外務省はG20終了後、さらに追い打ちをかけた。七月二日、モスクワの日本大使館に対して抗議書を突きつけたのだ。報道官のザハロワが七月四日の記者会見で、抗議の内容を説明した[58]。

日本政府が大阪G20向けに作ったPR動画の中に映し出される日本地図に、北方四島が描かれていた。これは「G20議長国としての立場の乱用」であり、「第二次世界大戦の結果を確定させた国連憲章などの文書と矛盾している」というのが、その言い分だった。

これは交渉だったのか

六月に大筋合意という安倍政権の思惑は、こうして不発に終わった。七月一日から二日にかけて掲載された新聞各紙の社説は、安倍の対ロ交渉を総じて批判的に論評した。

朝日新聞は「両首脳の会談は今回の大阪で26回目。（中略）真意をつかめていなかったとすれば、稚拙というしかない」と断じた。毎日新聞は「重大な方針転換を行い、譲歩を重ねたものの、何も生み出すことができなかった」。産経新聞は「危惧した通りの独り相撲だった」と切り捨てた。

読売新聞は比較的穏やかなトーンで「ロシアの揺さぶりに動じず、北方領土返還に向けて粘り強く取り組むべきだ」。日本経済新聞は「足元を見透かされてはならない。将来に禍根を残さない交渉に徹してほしい」と注文をつけた。

二〇一八年秋からの経緯を振り返って浮かんでくるのは、果たして安倍がプーチンを相手にやっていたことは「交渉」の名に値することだったのだろうか、という根本的な疑問だ。日本は北方四島について「固有の領土」とか「日本に帰属する」という基本的な立場さえ口にしなくなった。

一方のロシアは、「北方領土」という用語にさえケチをつけ、一島たりとも日本に引き渡さない姿勢を明確にした。さらに日本の安全保障政策の根幹である日米安保体制さえ問題視する。ロシア国内に向けては、日本との妥協の必要性を説くどころか、これみよがしな世論調査まで実施して、愛国心に訴えて返還反対の意見を浸透させる動きさえ見せた。

本来、安倍が本気で二島での決着を図るのであれば、プーチンに「二島を引き渡してもらえるなら、私は国内の強硬派を説得できる」と説き、プーチンから「私も一九五六年宣言を履行するということなら、国内をまとめられる」という約束を引き出し、「両国の関係正常化という大きな目標に向かって、共に協力していこう」と合意をした上で、その決意を両首脳が肩を並べて対外的に発表してしかるべきだった。

だが、日本にとっての転機となった二〇一八年一一月のシンガポールでの首脳会談も含めて、

58――https://www.mid.ru/ru/foreign_policy/news/-/asset_publisher/cKNonkJE02Bw/content/id/3711336#8

そうした場面は一度もなかった。

日本では二〇一九年になってから、「ロシアは最近、第二次世界大戦の結果、北方領土が正当にロシア領になったと日本に認めるよう迫るなど、交渉のハードルを上げている」など、ロシアが急に態度を硬化させたと指摘する報道が相次いだ[59]。

しかし、これは事実誤認だ。こうした立場は、先に引用した二〇一八年五月の日ロ首脳会談を前にロシア大統領府が作成した報道機関向けの資料に明記されていることからも分かるように、近年のロシアの一貫した主張だ。なにも急にロシアが手のひらを返したわけではない。

プーチンが北方領土問題と「第二次世界大戦の結果」を、公の場で初めて明示的に結びつけたのは、二〇〇五年九月に遡る。この点については第四章で詳しく触れる。

二国間の関係正常化の際に、歴史問題が立ちはだかるのは珍しいことではない。第二次世界大戦後の日本の場合、韓国や中国との国交正常化交渉がそうだった。

韓国との間で大きな問題になったのが、一九一〇年の韓国併合という過去の出来事をどう評価するかだった。当時の国際法にのっとって行われた合法的な併合だったという立場の日本と、違法な植民地化だったという韓国の主張が対立した。長い議論の末、一九六五年に締結された日韓基本条約では、「もはや無効であることが確認される」という、玉虫色の表現で折り合った。

一九七二年の日中国交正常化に向けた交渉では、当時の中国首相、周恩来が国内向けに「大多数の日本国民は、日本の一部の軍国主義者による被害者だった」という見解を打ち出した。

戦争の記憶が生々しく残る中国国民に対して、日本の一般国民と戦争指導部を切り離す考えを示して、国交を結ぶことへの理解を求めたのだった。

いずれの例も、あいまいな決着としたことで、歴史認識をめぐる論争の火種を後世に残した負の側面は否めない。しかし当時の韓国や中国の指導部に、日本との関係正常化が国益にかなうという固い信念があったからこそ編み出された、窮余の知恵だった。

だが、ロシアからは、そうした知恵を出そうという気配すら感じられない。逆に歴史問題を議論の入り口に立ちはだかる高いハードルのように据えて、いっさい動かそうとしなかった。

ロシアの姿勢が何一つ変わっていないのに、日本だけが勝手に後退していく。それが、この間の実態だったのではないか。それを「交渉」と呼ぶことには、ためらいを覚える。

こんな疑問も浮かぶ。

もしかしたらプーチンはシンガポールで行われた安倍と二人だけの会談で、一九五六年宣言に基づいて平和条約を結べると安倍に思わせるようなことを言ったのではないか。だから安倍が前のめりになったのではないか。

例えば毎日新聞の伊藤智永は、こんな説を紹介している。[60]

59――例えば『朝日新聞』二〇一九年一月二四日朝刊

60――『毎日新聞』二〇一九年三月二日朝刊

安倍がプーチンに「日本としては、これ以上譲れない提案をさせてもらう。一九五六年宣言には、平和条約締結後に歯舞・色丹二島を引き渡すと書かれているが、未来志向の現実的な解決として、これで行くしかない」と提案。プーチンは「歴史のトゲは抜きたい。反対する世論には心の準備も必要だ。提案に同意した」と応じ、会談後には安倍を抱擁したのだという。

伊藤は、こうしたやりとりがあったと断定しているわけではなく、政府高官の多くは否定しているとも記している。

しかし、仮にこれが事実だったとしても、慰めにはならない。日本側の交渉関係者が匿名を条件に筆者に語ったように「もしそうだったとすれば、首相はプーチンに騙されたということになる」からだ。

それが妥当な方針だったかどうかは別にして、安倍がプーチン一人を標的にして、口説き落として事態を動かそうとしたことは事実だろう。

しかし、これまで見てきたように、二〇一八年九月にウラジオストクで行われた東方経済フォーラムや、二〇一九年の年頭会見などの場で、安倍はプーチンをいらだたせるような言動を繰り返している。プーチンに気に入られようとする「抱きつき戦略」を取りながら、相手を怒らせているのでは何をか言わんやだ。

こうした経緯から見えてくるのは、ロシアやプーチンの思考や行動原理を理解しているプロの助言者が安倍の周辺に不在だったという実態だ。

安倍がプーチンと繰り返した二人だけの会談で何を語っていたのか、いずれ明らかになるときが来るだろう。その内容は、貴重な歴史の検証資料となることは間違いない。

だがそれ以前に、目の前に大きな負の遺産が残されてしまったことはすでに明らかだ。それが、安倍が進めた対ロ交渉がもたらした現状ではないだろうか。

第三章

新しいアプローチの挫折

影を落とすウクライナ危機

一九五六年宣言を基礎に、つまりは歯舞、色丹二島の引き渡しで日ロ平和条約交渉を決着させようとする安倍の試みは頓挫した。本章ではその前史、つまり安倍が「新しいアプローチ」を掲げて平和条約問題の打開を目指した二〇一六年の対ロ外交を見ていこう。

この年の五月の安倍訪ロを機に、交渉の局面が大きく変わった。結果的にはその後の展開が、第一、二章で見てきたような、二島路線への転換とその挫折への伏線となったのだった。

だが転機となった二〇一六年五月の安倍訪ロが実現するまでには、三年以上にわたる紆余曲折があった。まずは、その経緯を簡単に振り返っておこう。

二〇一二年一二月、五年ぶりに首相に返り咲いた安倍は翌年四月、日本の首相として二〇〇三年一月の小泉純一郎以来一〇年ぶりとなる公式訪ロを実現させた。

二〇一四年二月には、プーチンが威信をかけて開いたソチ冬季五輪の開会式に出席した。ロシアが同性愛差別につながる法整備を進めたことを批判する欧米主要国の首脳が軒並み欠席する中、中国国家主席習近平らと共に出席に踏み切った安倍の決断を、プーチンは高く評価した。開会式の翌日にはソチの公邸に安倍を招き、昼食を共にした。安倍を出迎える際には二〇一二年に秋田県から贈られた秋田犬「ゆめ」を連れて現れるといった気配りを見せた。

会談の冒頭でプーチンは安倍に率直に謝礼の言葉を述べた。[1]

「両国間の最も難しい問題の解決のための良い前提条件が整ってきている」

「ソチ五輪の開会式に出席いただいた。この催しに注意を向けていただいたことに、我々は大変感謝している」

安倍は、近い将来プーチンを日本に招き、平和条約交渉を加速させることを思い描いていた。プーチンも、訪日に前向きだった。大統領報道官のペスコフはこのとき、プーチンが一〇月か一一月に訪日するという見通しまで語っていた。[2]

しかし、五輪が終わらないうちに、回り始めた歯車がきしみ始める。ウクライナ危機の勃発である。

ロシアの隣国、ウクライナの首都キエフ中心部で、前年末から広場を占拠していた反政府デモ隊に周囲から射撃が加えられ、一〇〇人以上とも言われる死者を出す惨劇が起きた。親ロ派の大統領ヤヌコビッチは事態打開のために大統領選の繰り上げ実施に同意したが、これを不服とするデモ隊が大統領府になだれ込み、ヤヌコビッチは首都キエフから姿を消した。

これは二〇一四年二月二二日。ソチ五輪の閉会式の前日のことだった。

ソチ五輪の閉会式に姿を見せたプーチンは、本来なら得意の絶頂だったはずなのに、陰鬱な表

1――http://kremlin.ru/events/president/news/20184
2――https://ria.ru/20140208/993855002.html

情をたたえていた。

　事態はその後、急展開を見せる。ウクライナ南部のクリミア半島に国旗や記章をいっさいつけていない正体不明の武装勢力が続々と姿を見せ、空港、議会、ウクライナ軍基地などの要衝を次々に制圧していった。後に、彼らはロシア軍兵士だったことが明らかになる。

　ロシア軍兵士が全半島を制圧する中で行われた住民投票を根拠に、ロシアは三月一八日、クリミア半島の併合に踏み切る。一方の政府の同意もないまま、近畿地方にほぼ匹敵する面積の隣国の領土を一方的に切り取る、第二次世界大戦後例をみない暴挙だった。

　ロシアは、ウクライナ東部でも親ロ派武装勢力を支援し、ウクライナ政府の統治が及ばない事実上の独立地域を作り出した。

　プーチンは、ウクライナを暫定的に率いた親欧米派の大統領代行トゥルチノフや、二〇一四年五月の大統領選で当選したポロシェンコと、厳しく対立した。七月には、ウクライナ東部の親ロ派支配地域の上空でマレーシア航空機が撃墜され、乗客乗員二九八人が死亡する悲劇も起きた。

　ロシアは主要八カ国（G8）の枠組みから追放された。欧米諸国は次々にロシアに制裁を科した。

　日本も制裁の列に加わった。安倍が渇望していた二〇一四年中のプーチンの訪日など、望むべくもない状況に陥ったのだ。

プーチンの助け船

二〇一五年になってからも、安倍はロシア側に、プーチンの訪日を実現させたい考えを伝えていた。ただ、実際には具体的な日程を提案することができない状況が続いた。

大きな理由は、米国のオバマ政権がプーチン訪日に強く反対したためだ。ある日本外務省の関係者は当時、筆者の取材に対して「米国の態度は極めて硬い。『プーチンを呼ぶな』と日本に命令していると言ってもよいほどだ」と語った。

二〇一五年五月、プーチンの側近で当時下院議長を務めていたセルゲイ・ナルイシキンが東京で安倍と会ったときも、米国はその日のうちに反応した。国務省副報道官マリー・ハーフは記者会見で「日本を含むパートナー国に伝えてきたように、今はロシアと普段通りの関係を続けるべきではない」と釘を刺した。[3]

今はプーチンと対話をしてはいけない。国際的に孤立させる時だ——。それが米国の言い分だった。

膠着状態に陥った日ロ関係を動かそうと手を差し伸べたのは、プーチンその人だった。

二〇一五年一一月一五日、トルコのアンタルヤで開かれたG20サミットの機会を利用して安倍と会ったプーチンは、実現のめどが立たない自らの公式訪日の前に「ロシアのどこかの地方都市

3——https://2009-2017.state.gov/r/pa/prs/dpb/2015/05/242715.htm

で会えるならば嬉しい」と伝えたのだった。[4]

日本側にとって、渡りに船の提案だった。プーチンの公式訪日への米国の理解はとても得られそうにない。仮に実現したとしても、日本が対ロ制裁を続ける中、すぐに平和条約問題に突破口が開けるような状況でもなかった。

具体的な成果が必要とされない非公式の首脳会談をロシアの地方都市でくだけた雰囲気の中で行い、今後の交渉の進め方について率直に意見交換できるのだとすれば、悪い選択肢ではなかった。

明けて二〇一六年。安倍は一月二二日、プーチンと電話で話し合い、安倍がロシアを非公式訪問して首脳会談を行う方向で調整を進める方針で一致した。[5]

安倍はこのころ周辺に、「プーチンは約束を守る。彼と交渉することが大事だ」と、直接対話に向けた意欲を語っていた。

領土問題解決と平和条約締結は同義語か

プーチンが安倍との対話に助け船を出す一方で、日本がロシアに制裁を科して以降、ロシア政府は北方領土問題に対する厳しい姿勢を隠さないようになっていた。

二〇一五年八月には首相のメドベージェフが択捉島を訪問。「我々は日本との友好関係を望んでいるが、それをクリル諸島と結びつけるべきではない。それはロシアの一部であり、サハリン州に属している」と述べた。[6]

当時モスクワに勤務していた筆者の注意を引いたのが、外務次官として日本を担当するモルグロフの発言だった。第二章で述べたように、モルグロフは二〇一八年一二月に設けられた新しい平和条約交渉の枠組みで、ロシア側交渉担当者の任に就くことになる人物だ。

モルグロフはメドベージェフが択捉島を訪問した直後の二〇一五年九月二日、インタファクス通信のインタビューに対して次のように語った。[7]

「第一に言っておきたいのは『クリル問題』をめぐっては、日本政府とはいかなる協議も行わないということだ。この問題は七〇年前に解決された。南クリルは第二次世界大戦の結果として、合法的に我が国に渡されたのだ。当該領域にロシアの主権と法的管轄権が及んでいることに、議論の余地はない。日本がこの客観的な歴史の現実を認めようとしないのは残念なことだ」

「南クリル」とは、日本でいう北方四島のことだ。

そこはロシア領土であり、その点をめぐって日本と協議する考えはないという、強硬な発言だった。

4——https://ria.ru/20151115/1321536475.html
5——『朝日新聞』二〇一六年一月一三日朝刊
6——https://www.interfax.ru/russia/461929
7——https://www.interfax.ru/interview/464296

一方で同じインタビューの中で、モルグロフはこうも言っている。

「日本側とは平和条約締結についての協議が行われている。（中略）我々は建設的な平和条約締結交渉を続ける用意ができている」

一見、何を言っているのか分からない。「領土問題は協議しないが平和条約交渉は行う」という主張は、論理矛盾のように聞こえる。領土問題の解決イコール平和条約締結という、日本政府が長年当然視してきた常識を、真っ向から否定する内容だった。

だが、筆者にとってこのモルグロフの言葉は、長い間もやもやと感じていた疑念をはっきりと言語化してくれたものだった。それは「ロシアが言う『平和条約』と日本が考える『平和条約』は、まったくの別物なのではないか」という疑いだ。

この疑問を、直接外相のラブロフにぶつける機会が、二〇一六年一月二六日にやってきた。ラブロフが行った年頭記者会見で質問する機会を得たのだ。

筆者は、直截に以下のように質問した。[8]

「領土問題をめぐって、深刻な見解の相違が残されている。日本側は、平和条約締結を領土問題解決のシノニム（同義語）だと考えているが、ロシア側は領土問題は解決済みだと見なしているようだ」

ラブロフは端的に答えた。

「我々は、平和条約は領土問題解決のシノニムとは考えていない」

ラブロフは続けた。

「両国によって署名され、批准された唯一の文書は一九五六年宣言であり、そこにははっきりと、島が最終的にどうなるかとは関係なく、まず平和条約に署名するということが書かれている。平和条約がまずあり、その後、ソ連の善意の印として、南の二島（歯舞と色丹）を日本に引き渡すことが可能になるということなのだ。引き渡しであり、返還ではない」

「この宣言は何よりもまず、極めて重要な命題に立脚している。それは、ソ連と日本が第二次世界大戦の結果を認めたことをこの宣言が確定させたということだ。この立場を確認し、国連憲章によって確定された第二次世界大戦の結果を認めることなくして、我々は事実上一歩も前に踏み出せないのだ」

平和条約は領土問題を解決するためのものではなく、第二次世界大戦の結果を認めるためのものだ。二島をどうするかはその後の検討課題だ――。

二〇一八年一一月に安倍とプーチンが一九五六年宣言を基礎に平和条約交渉を加速させることで合意した後にラブロフが繰り返した主張の根幹は、すべてこのとき明らかにされていた。

したがって、繰り返しになるが、ロシアは決して安倍との交渉を進める過程で、突如として態度を硬化させたわけではない。最初からこうした主張をしていたのだ。

8――https://www.mid.ru/ru/foreign_policy/news/-/asset_publisher/cKNonkJE02Bw/content/id/2032328

一九五六年宣言をめぐって日ロ間でこれほどはっきりした見解の相違があるにもかかわらず、安倍が、プーチンとの間でその違いを埋める作業もしないまま、二島引き渡しによる決着という譲歩に踏み込んだのだとすれば、ロープをつけないバンジージャンプと大差ない蛮勇だったとしか、筆者には思えない。

オバマの反対

ただ、二〇一六年初めの時点では、日本側はまだ一九五六年宣言を交渉の中心には据えていなかった。ラブロフの発言に大きな注意が払われることもなかった。

日ロ両国は、プーチンが提案したロシアの地方都市への安倍の訪問を、春の大型連休中に行う方向で調整に入った。

しかし、プーチンを公式に日本に迎えるのでなければ、米国の反発も和らぐのではないかという日本側の期待は甘かった。大統領のオバマ自身が、安倍の訪ロに強硬に反対したのだ。

二〇一六年二月七日朝、北朝鮮は北西部の東倉里《トンチャンリ》から、人工衛星の打ち上げと称して長距離弾道ミサイルの発射実験を行った。

北朝鮮は国連安全保障理事会の決議で、弾道ミサイル技術を利用した全ての発射が禁じられている。北朝鮮の主張通り打ち上げられたのが人工衛星だったとしても、国連安保理決議に違反した振る舞いであることに疑いの余地はなかった。

北朝鮮はこの年の一月六日には四回目の核実験を行っており、二月七日の発射と合わせて、核兵器とその運搬手段である長距離ミサイルの双方を保有していることを世界に誇示する狙いがあったことは明らかだった。

日米韓はもちろん、北朝鮮の後ろ盾となってきた中国外務省も遺憾の意を表明した。中国と並んで北朝鮮に融和的な姿勢を示すことが多いロシアも、「国際法の規範を無視している」と批判した。

緊張の度を高める朝鮮半島情勢を懸念する日米韓の首脳、つまり安倍、オバマ、朴槿恵《パククネ》の三人は二月九日、日米、日韓、米韓の組み合わせで相次いで電話協議を行い、国連安全保障理事会などを舞台とする国際社会の対応策について意見交換した。

安倍はオバマと朴に対して「拉致、核、ミサイルの問題の包括的解決のため、我が国独自の措置をとる」と、日本の方針を説明した。[9]

こうした緊迫した情勢の中で行われた安倍とオバマの電話協議で、オバマは安倍にプーチンとの会談を思いとどまるよう求めていたのだ。オバマの懸念の深さがうかがわれる。

この事実については二月二三日以降、日本の主要メディアが相次いで伝えた。

読売新聞によると、オバマは安倍に対して、ウクライナ東部の紛争の停戦を定めたミンスク合

9――『朝日新聞』二〇一六年二月九日夕刊

意に言及して、「ロシアを追い込んで履行させる必要がある」と主張し、プーチンへの融和的な姿勢を示す安倍に懸念を伝えた。だが安倍は「日本にとってはロシアとの平和条約も大事だ。ロシアと対話を続けていくべきだ」と反論した。[10]

朝日新聞の取材によると、電話協議の最後にオバマは声を荒げて、「わかった、シンゾウに任せる」と言い捨てて一方的に電話を切ったのだった。[11] 共同通信は「安倍首相は米国がどう言おうと、五月訪ロを断行する」という日本側関係者の発言を伝えた。

米国の意向や圧力にも臆することなく対ロ関係の打開を図る。こうした安倍の姿勢を、プーチンは高く評価した。四月一四日、毎年恒例の生テレビ番組「プーチン・ホットライン」への出演を終えたプーチンは、内外の記者団の質問に応じた。

安倍訪ロの際に、平和条約問題で妥協策が見つかるだろうか、という質問に対してプーチンは答えた。[12]

「彼らの友好国、特に米国からの圧力にもかかわらず、我々の日本の友人たちは、関係を維持しようと努力しているようだ。従って、日本の首相のロシア訪問を我々は歓迎する」

「米国からの圧力にもかかわらず」という言葉は、安倍の決断がプーチンの琴線に触れたことを物語っている。プーチンは、平和条約交渉にも前向きな姿勢を示した。

「妥協策はいつかは見つけることが可能だし、見つけることになるだろう」

プーチンにしてみれば、安倍をロシアに迎えることは、ロシアが決して西側諸国から孤立しているわけではないことを内外に示す意味合いもあっただろう。

安倍は二〇一六年に入ってから、年頭記者会見などの場で「テロ、シリア、イラン等の問題についても、ロシアの建設的関与が重要だ」と繰り返し強調していた。[13] ロシアはクリミア併合を機にG8から追放されていた。安倍はこの年の五月二六、二七日に伊勢志摩G7サミットの議長を務める機会を利用して、不在となったロシアの重要性を欧米首脳に訴える姿勢を示していた。こうしたことも、プーチンに好印象を残したと思われる。

筆者がこの時期に取材したロシア国内の専門家や政治家は口を揃えて、「日本にもようやく米国の言いなりにならないで、自国の国益を重視し、ロシアとの関係改善に乗り出そうとする首相が現れた」と、安倍の姿勢を賞賛した。

四月一五日にはラブロフと外相岸田文雄の会談が東京で行われた。安倍の訪ロの準備という位置づけだ。

終了後の記者会見でラブロフは前日に熊本を襲った大地震の犠牲者にお悔やみの言葉を述べるなど、日本への配慮をにじませた。

10――『読売新聞』二〇一六年二月二四日朝刊
11――『朝日新聞』二〇一六年八月三一日朝刊
12――http://kremlin.ru/events/president/news/51718
13――https://www.kantei.go.jp/jp/97_abe/statement/2016/0104kaiken.html

ただ、平和条約問題については従来と変わらず、「ロシアの立場はよく知られている通り、第二次世界大戦の結果についての世界共通の認識に立脚している」と頑なな姿勢を示した[14]。

岸田は「平和条約締結を含む、日ロ間の突っ込んだ議論が出来た」と述べたが、ラブロフは「今日は議論の核心には入らなかった」と述べるなど、日ロ間の温度差も際だった[15]。

外相会談後の記者会見では、安倍訪ロの具体的な日程や訪問先については発表されなかった。それを発表したのは、プーチン自身だった。それも思わぬ場面を利用して。

プーチンは二〇一六年四月二〇日、ロシアに着任して間もない一六カ国の新任大使をクレムリンに招いて、信任状捧呈式を行った。国家元首として相手国の大使を公式に承認するための外交儀式だ。

一六人の中に、前年一一月に駐ロ大使となった上月豊久がいた。

全員から信任状を受けたプーチンは、スピーチの中で各国との関係に触れる中、安倍の訪日日程を突然明らかにした[16]。

「五月六日に予定されている安倍晋三首相のソチへの実務訪問が、双方の国益に配慮した互恵に基づく日ロ関係を拡大させることを期待している」

当時、現場で取材していた筆者は、プーチンの言葉を聞いてあわててクレムリンから飛び出し、赤の広場を挟んだ向かい側にある百貨店「グム」のベンチに座り、東京に送る原稿をパソコンに打ち込んだ。

プーチン自身が、安倍の訪ロを重視していることを示す場面だった。

「新しいアプローチ」の登場

こうして迎えた五月六日の首脳会談は、ソチ郊外にあるプーチンの公邸で行われた。

プーチンは冒頭の歓迎の挨拶で、平和条約問題に直接触れることはなく、間接的に言及するにとどめた。[17]

「我々は、特別の注意を払う必要がある一定の問題を抱えている。おそらく、この状況のために、我々は関係の構築とそれを高いレベルで支えることに特別の注意を払わねばならない」

一方の安倍は、平和条約を含む問題について率直に意見交換したいという意向を表明した。

会談は、夕食会も含めて計三時間一〇分ほど行われた。

特筆すべきは、会談から夕食会に移る前に、安倍の提案で、通訳だけを交えた二人だけの話し合いが三五分間行われたことだ。

安倍に同行していた当時の官房副長官、世耕弘成《ひろしげ》の日本側記者団への説明によると、外相ラブ

14——https://www.mid.ru/ru/foreign_policy/news/-/asset_publisher/cKNonkJE02Bw/content/id/2237670
15——『朝日新聞』二〇一六年四月一六日朝刊
16——http://kremlin.ru/events/president/news/51756
17——http://kremlin.ru/events/president/news/51884

ロフや大統領補佐官ウシャコフが同席して進められた会談の終わり近く、安倍は今後の平和条約交渉について、プーチンにこう呼びかけたのだという。[18]

「これまでの発想にとらわれないアプローチで交渉を精力的に進めていこう。今までの交渉の停滞を打破しよう。立場の違いを克服して問題を解決するためには二国間の視点だけではなくグローバルな視点も考慮に入れて、未来志向の考えに立って交渉を行っていく『新しいアプローチ』が必要ではないか」

その上で、この機会に二人だけで話をしたいと持ちかけ、プーチンの同意を取り付けた。その場にいた日本側関係者の説明によると、ラブロフはその場に残ろうとしたが、プーチンに促されて渋々席を外したのだという。

これをきっかけに、その後の首脳会談でも、安倍とプーチンによる二人だけの話し合いが繰り返されるようになる。

二人だけの膝詰めの協議。それ自体は相互理解のために極めて有益なことだ。特に領土問題のような微妙な問題の打開策を探るためには不可欠だと言えるかもしれない。

ただ、そうした場でプーチンとどこまで共通の理解を得ることに成功しているのか疑わしいことは、第二章で指摘した通りだ。

世耕によると、ソチで二人だけの最初の会談を終えた安倍は、こう語った。

「二人きりの会談の結果、双方に受け入れ可能な解決策の作成に向けて、新たな発想に基づくアプローチで交渉を精力的に進めていくことで一致した」

安倍自身も、記者団に対して次のように説明した[19]。

「残念ながら、条約交渉は停滞していたと言わざるを得ない。この停滞状況を打破するためには、今までのアプローチとは違う、今までの発想とは違う、新たな発想に基づいて交渉を進めなければならないと考え、その中で新しいアプローチで進めていきたい。その考えをプーチン大統領に伝え、そしてプーチン大統領もその基本的な考え方に合意をした」

安倍は、「今までの停滞を打破する突破口を開くという手応えを得ることができたと思う。プーチン大統領も同じ認識だと思う」と付け加えた。

「新しいアプローチ」が日ロ交渉の中心に据えられた瞬間だった。

だがこの言葉がいったい何を指すのかについては、安倍は説明しなかった。日本側の関係者も安倍とプーチンが二人だけで話したことなので分からないと、口をそろえた。

このことはこの後、様々な憶測を呼ぶことになる。

ソチでは、安倍とプーチンが二人そろって記者たちに結果を説明する場は設けられなかった。安倍一人で記者団の前に立ち、思わせぶりな言葉を口にし、日本側のその後の報道がその言葉

18――現地で取材した記者の記録
19――http://www.kantei.go.jp/jp/97_abe/actions/201605/06russia.html

を軸に展開されるというその後のなりゆきは、二〇一八年一一月のシンガポールでの日ロ首脳会談でも繰り返されることになる。

もう一つ、ソチでの首脳会談には、シンガポールでの首脳会談と似た点があった。シンガポールでのプーチンとの会談後に安倍が強調した「私とプーチン大統領の手で終止符を打つという強い意志を共有した」という認識をプーチンがその後一度も口にしなかったのと同様、ソチでの会談後、プーチンの口から「新しいアプローチで進めることで安倍と合意した」という言葉が出ることは、ついに一度もなかったのだ。

この後も繰り返される安倍とプーチンの一対一の会談は、交渉の実質的な進展よりも、むしろ「本当のことは二人の首脳しか知らない」という神秘性と、そのことを背景にした「実は何か進展があったのかもしれない」という漠然とした期待感を醸成することに役だったと言えるかもしれない。それは結果として、交渉の実態から目をそらすことにもつながった。

ロシア側は、外相のラブロフと大統領報道官のペスコフが相次いで会談内容についてロシア側メディアに説明した。

ラブロフの説明は、両首脳は平和条約問題について協議し、六月に外務次官級協議を行うことで一致した、という事務的なものだった。[20]

ペスコフは、両首脳が「クリル諸島」の問題を話し合ったことを認めた上で「協議は非常に建設的なトーンだった」と述べた。[21]

二人とも「新しいアプローチ」については一言も触れなかった。その結果、ロシア側メディアは、ＮＨＫなどの日本側報道を引用して「安倍首相が新しいアプローチを提案した」と報じることになった[22]。

一方、日本のメディアは「新しいアプローチ」に焦点を当てて会談を報じた。例えば朝日新聞は一面に「北方領土『新アプローチ』　日ロ首脳、交渉を促進　9月に再会談」という見出しを掲げた[23]。記事本文はこんな内容だった。

「安倍晋三首相は6日午後（日本時間同日夜）、ロシア南部の保養地ソチでプーチン大統領と会談した。両首脳は北方領土問題や平和条約の締結問題をめぐり、双方が受け入れ可能な解決策の作成に向けて『新たな発想に基づくアプローチで交渉を進める』ことで一致。9月2、3日に首相がロシアのウラジオストクを訪問し、再び首脳会談を行うことも確認した」

記事は、新しいアプローチについて「日本政府は『新しいアプローチ』が具体的に何を指すかについては明らかにしていない」と指摘した。翌日の解説記事では「『新アプローチ』がロシアの目に魅力的なものと映るかどうか、その中身が今後の焦点となる」との見通しを伝えた[24]。

20――https://www.rbc.ru/rbcfreenews/572cc73d9a79477b7118b61

21――https://www.rbc.ru/rbcfreenews/572cdbd09a79479d84c6c983

22――例えば https://ria.ru/20160506/1428045200.html

23――『朝日新聞』二〇一六年五月七日夕刊

ただ全体としては、中身は分からないが何か新しい合意があったのではないか、という期待感を読者に抱かせる内容となっていたことは否定できないだろう。

さて、ソチでは「新しいアプローチ」以外に、主として三つの成果があった。一つは、先の新聞記事にもあるように、プーチンが九月にウラジオストクで開く東方経済フォーラムに安倍を招待し、安倍が受け入れたこと。二つ目は、年内のプーチン訪日の実現に向けて調整を進めることで合意したこと。

そして三つ目は、安倍がプーチンに対して「八項目の経済協力プラン」を示して、プーチンが歓迎する意向を表明したことだ。

八項目のメニューは、以下のようなものだった。[25]

一、健康寿命の伸長
二、快適・清潔で住みやすく、活動しやすい都市作り
三、中小企業交流・協力の抜本的拡大
四、エネルギー
五、ロシア産業の多様化・生産性向上
六、極東の産業振興・輸出基地化
七、先端技術協力

八、人的交流の抜本的拡大

こうしたラインアップは、ロシアが日本に寄せる期待に応えるものだったようだ。プーチンは高く評価して、この後も何度も口にすることになる。

「新しいアプローチ」の内実

「新しいアプローチ」が何を意味しているのかについて、ロシア側の日本専門家はどう見ていただろうか。ここでは一例として、日本を拠点に活動しているジャーナリストのマクシム・クリロフがモスクワ・カーネギーセンターに寄せた論評を見てみよう。[26]

クリロフはまず、安倍が「四島の引き渡しと平和条約」と引き換えに「規模の大きな経済協力のパッケージ」を提示したのではないかという可能性を検討した。

安倍が示した八項目の提案のうち、日本に利益をもたらすのはエネルギー分野ぐらいで、事実上ロシアへの一方的な協力となっている。このため、全体としてみればこうした提案は「ロシアの経済、日本の領土」という双方の関心に応えることになる。

24――『朝日新聞』二〇一六年五月八日朝刊
25――https://www.ru.emb-japan.go.jp/economy/ja/index.html
26――https://carnegie.ru/commentary/63547

だがクリロフは「この説には大きな疑念がある」と指摘した。なぜなら、経済協力を進めて領土問題の妥協を引き出そうというアプローチは一九九〇年代から繰り返されており、まったく「新しい」とは言えないからだ。

それだけではない。こうした解決策は、日本が何も失うものがない一方で、ロシアが領土だけでなく国家の名声も失うという点で、まったくバランスがとれていない。

そこで、第二の可能性が浮上する。それは、一九五六年宣言に基づいて、安倍が二島引き渡しによる平和条約締結を提案したのではないかという推測だ。

当時モスクワで取材していた筆者の考えも、クリロフと非常に近いものだった。会談後に書いた解説記事で、以下のように指摘した。[27]

「プーチン大統領は『まず四島の日本への帰属を認めて欲しい』という日本からの働きかけを繰り返し批判してきた。そこが変わらない限り、プーチン氏の目には『旧態依然』と映るはずだ」

安倍はソチでプーチンと二人だけになった場面で、一九五六年宣言に立ち返って、二島だけの帰属の確認を求める考えを伝えたのではないか。筆者はそう推測していた。

だが実際には、第一章で見たように、安倍が交渉でこうしたアプローチをとるのは、二〇一八年一一月のシンガポール会談以降のことだ。

それではソチでの「新しいアプローチ」とはいったい何だったのか。

交渉を知る立場にあった日本側の関係者は二〇一九年になって、筆者の取材に匿名を条件にこう語った。

「当時、何か具体的な考えがあったわけではない。単に、これまでの交渉の繰り返しではうまくいかないから、新しい発想で交渉を進める必要があるという、いわば意気込みの表明だった」

日ロ交渉をめぐって安倍と直接意見交換する機会があった別の関係者も、「二〇一六年の交渉では、首相は二島での決着というところまでは踏み込めなかった」と証言する。

八項目の経済協力プランでプーチンの前向きな姿勢を引き出しつつ、会談を重ねる中で互いの落とし所を探る——。結局はそれが「新しいアプローチ」の正体だったということのようだ。

肩透かしのような話だが、おそらくこれが真相だったのだろう。

安倍自身が初めて具体的に「新しいアプローチ」の内容を語ったのは、二〇一六年一二月、プーチンを日本に迎えて行った記者会見でのことだった[28]。

「過去にばかりとらわれるのではなく、日本人とロシア人が共存し、互いにウィン・ウィンの関係を築くことができる。北方四島の未来像を描き、その中から解決策を探し出すという未来志向の発想」

つまり、四島に日本人とロシア人が共に住み、協力して具体的な事業を進めながら、双方に受

27——『朝日新聞』二〇一六年五月二八日朝刊
28——http://www.kantei.go.jp/jp/97_abe/statement/2016/1216kaiken.html

け入れ可能な解決策を見つけ出す。それを実現するために、四島で日ロ両国による「共同経済活動」を進める——それが「新しいアプローチ」だというのが、このときの安倍の説明だった。

その後も安倍は「四島に住んでいる（ロシア人の）皆さんと日本人がお互いにさまざまな仕事をしていく、雇用をつくっていく、そこに利益を生み出していくという中において、ロシアが日本と協力して前に進んでいくということを理解していく」ということが、「新しいアプローチ」だという趣旨の説明を重ねている。[29]

だが、これはいかにも後付けだろう。二〇一六年一二月の首脳会談でプーチンと実際に合意できた内容に合わせて、「これこそが新しいアプローチだった」という説明をつけたというのが実態ではないか。

二〇一六年末の段階では「新しいアプローチ」で合意できたと胸を張っていたのに、二〇一八年になって、一九五六年宣言に基づく短期決着を突然目指そうとしたことからも、二〇一六年の交渉の成り行きに安倍が満足していなかったことがうかがえる。

ウラジオストクでの高揚

話を二〇一六年五月のソチでの首脳会談の時点に戻そう。首脳間の合意に基づいて、六月に東京、八月にモスクワで、事務レベルによる平和条約交渉が行われた。

日本からは前駐ロシア大使で、帰任後に日ロ関係担当大使に任命された原田親仁《ちかひと》、ロシアからは外務次官のモルグロフが交渉に臨んだ。しかし「新しいアプローチ」の内実がないまま話し合いを繰り返したところで、実質的な進展は望むべくもなかった。

安倍が出席を約束したウラジオストクでの東方経済フォーラムが近づく中、安倍は次の一手を打った。

ウラジオストクに向かう前日の九月一日、閣僚ポスト「ロシア経済分野協力担当相」を新設し、経済産業相の世耕弘成に兼務させる人事を発令したのだ。安倍の側近として知られる世耕は、直前の八月まで官房副長官として安倍に仕えており、ソチの首脳会談にも同席していた。

日本が特定の国を対象とした協力担当相を創設するのは歴史上初めてのことだった。

さらにこの決定が異例だったのは、日本がロシアに経済制裁を科している中で作られたポストだということだ。制裁対象に対する経済協力を担当する大臣ポストを新設するというのは明らかに矛盾しており、常識では考えられない。

だが、まさに常識を超える意気込みで会談に臨むという安倍の意図をプーチンに伝える狙いが込められていたのが、この人事だった。

その一方で、ロシア側が望んでいた制裁解除にまで安倍が踏み込むことはなかった。米国をはじめとするG7諸国との連携を重視する判断だった。

29——「衆議院予算委員会」二〇一八年二月一四日

ロシアにもG7諸国にもいい顔を見せようとする使い分けは、かえってプーチンの不信感を深めた面もあったのではないだろうか。

プーチンは九月一日、米国の通信社ブルームバーグのインタビューを受けて、日本との交渉の見通しについて語った。「大規模な経済協力と引き換えに、クリル諸島の一部を渡すことは可能だろうか」と問われたプーチンははっきりと答えた[30]。

「日本との平和条約締結問題は我々にとっても重要で、その解決策を日本の友人と共に見つけ出したいが、我々は領土の取引はしない」

さらに、プーチンは「(日ロ間の立場が)一九五六年よりも近いとは思わない」とも述べて、解決が簡単ではないという考えを強調した。

プーチンは日本との平和条約交渉を中国との国境画定交渉と比較して「日本との信頼関係が中国との信頼関係と同じぐらい深まれば、なんらかの妥協策を見いだせるかもしれない」と述べた。

その一方でプーチンは、中国との国境画定とは質的に異なる難しさがあることも指摘した。

「日本との歴史に関係した問題と中国との交渉には根本的な違いがあるということを強調したい。どこに違いがあるかというと、日本との問題は第二次世界大戦の結果として生じたもので、それは第二次世界大戦の結果に関する文書で解決されているということだ」

近い将来に日本との平和条約交渉に突破口が開けるとは考えていないことがはっきりと見て取れるインタビューだった。

九月二日の首脳会談は、午後六時すぎから、夕食会も含めて三時間一〇分にわたり行われた。そのうち、安倍とプーチン二人だけの会談に五五分が割かれた。

五月のソチと同じく、会談を終えた安倍は一人で日本メディアのカメラの前に立ち、高揚した様子で述べた。[31]

「特に平和条約については二人だけでかなり突っ込んだ議論を行うことができたと思う。新しいアプローチに基づく交渉を今後具体的に進めていく。その道筋が見えてきた、その手応えを強く感じ取ることができた会談だったと思う」

安倍は、プーチンを自身の地元の山口県長門に迎えて、一二月一五日に首脳会談を行うことが決まったこと、それに先だって一一月にペルーで開かれるアジア太平洋経済協力会議（ＡＰＥＣ）の機会にもプーチンと会談することを発表した。

このときの安倍は、カメラの前だけではなく、日本側代表団の前でも興奮した様子を見せていた。

二人だけの五五分間に、安倍をそこまで高揚させる何かがあったのだろうか。安倍は後に国会の場で、プーチンとのやりとりの一端を明らかにした。

30――http://kremlin.ru/events/president/news/52830
31――http://www.kantei.go.jp/jp/97_abe/actions/201609/02eef.html

安倍の説明によると、プーチンに対してこのとき次のように呼びかけたのだという。[32]

「領土問題について、平和条約の交渉について、あなたは一〇〇パーセント、自分が正しいという確信のもと話していると思う。自分もそうだ。だがお互いがそういう議論を続けていけばあとまた七〇年経っても問題は解決できない。お互いに責任感を持って、自分たちのときに解決するという強い意志を持って交渉を進めていこうではないか」

安倍は語らなかったが、プーチンはこの呼びかけに前向きな反応を示したのかもしれない。しかし仮にそうだったとしても、「具体的な道筋が見えてきた」とテレビカメラの前で断言するほどの確信を抱くには、あまりに漠然としたやりとりだったというしかない。

一方のロシア側は、ラブロフが会談の内容を記者団に説明した。

「もちろん、ソチでの合意に基づいて両首脳は平和条約問題を協議した。交渉を継続し、その結果はプーチン大統領の訪日の際に明らかにされるだろう」

そっけない言葉からは、何か大きな前進があったような気配はうかがえなかった。

乱れ飛ぶ憶測

ウラジオストクでの会談後、日本では安倍が掲げる「新しいアプローチ」の中身をめぐる報道が相次いだ。

結果的には、これらの報道が伝えた内容はどれも実現しなかった。

しかし、憶測のような報道が繰り返されたということ自体が、興味深い現象だった。なぜならそうした報道は、当時の日本側の交渉態勢の内実を反映したものだったからだ。

その一つが、日本経済新聞が二〇一六年一〇月一七日の朝刊一面トップに掲載した記事だ。「北方領土に共同統治案、政府、日ロともに主権行使、12月首脳会談で協議探る」という見出しで、本文はこんな書き出しだった。

「日本政府がロシアとの北方領土問題の打開策として日ロ両国による共同統治案を検討していることが16日、分かった。最終的な帰属の扱いで対立する国後・択捉両島などでともに主権を行使する手法で、双方が従来の主張を維持したまま歩み寄れる可能性があるとみている。北方四島のどの島を対象にするかや施政権をどちらの国にどの程度認めるかなど複数の案を用意し、ロシア側との本格協議に入りたい考えだ」

記事はこの案を「新しいアプローチ」による交渉の一環と位置づけており、「共同統治による打開策で基本合意できれば（中略）平和条約の交渉も加速するのは確実だ」と、極めて前向きなトーンだった。

もう一つの例は、一〇月二九日に共同通信が配信した「北方領土『安保条約の適用外』に」という表題の記事だ。

32――「参議院予算委員会」二〇一六年一〇月一三日

本文は、北方領土を日米安保条約の適用から除外する理由と、それを実現する手順について、極めて具体的に記している。

「日本政府が返還後の北方領土に関し、日米安保条約の適用対象外とする案を検討していることが分かった。安保条約は、日本の施政権が及ぶ地域での米軍活動を認めている。米国の軍事動向を警戒するロシアに配慮することで、北方領土交渉を進展させる狙いがある」

「手続きとしては、安倍晋三首相が国内外へ表明する案が有力視されている。（中略）安保条約を改定して『例外』規定を設けることについては、米国の同意が得られないとして、選択肢に入れていない」

日本経済新聞の「共同統治」案も共同通信の「日米安保適用除外」案も、非常に思い切った内容だ。事実であれば、疑いなく「新しいアプローチ」の名に値する。

だがいずれの案も、実現可能性には大きな疑問符がつく。

共同統治案は、ほとんど夢物語だと言えるだろう。

日本とロシアの歴史をさかのぼると、共同統治に類似した実例がないわけではない。一八五五年に締結された日露通好条約がそれだ。千島列島のウルップ島と択捉島の間に国境線を引く一方で、サハリンについては国境線を定めず、両国民の混住の地と定めた。

だが現代の国際社会で、二カ国が共同統治を行う例は、国境地域の小さな島など、極めて特殊なケースに限られる。人が多く居住する地域に適用された例としては、日本経済新聞が記事に付した解説で紹介しているように、一九八〇年にバヌアツとして独立する前のニューへブリデス諸島を、英国とフランスが共同で統治した例があるくらいだ。

仮に北方領土で実現しようとした場合、どちらの国の法律をどのように適用するのか、裁判所や警察はどのように活動するのか、領土の防衛は誰がどのように担うのか、出入域管理をどうするのか、税金をどう集めて使途をどう決定するのか、商行為はどう律するのか、紛争をどう調停するのかなど、解決しなければならない課題が気が遠くなるほど山積している。

とても「基本合意できれば平和条約交渉も加速する」と気軽に言えるような案ではない。具現化には両国間の調整に最低でも一〇年単位の時間を要するだろう。

その結果作り出されるのは、いつ両国間の紛争の火種になるか分からないような、どっちつかずの領域である。日本と周辺地域の平和と安定に資するどころか、逆行しかねない。

さらに日本にとっては、四島の帰属、つまりは国境線があいまいなまま平和条約を結ぶ意味合いも不明だ。

現に今北方四島を統治し、その正当性を主張しているロシアにとっても、受け入れるメリットがあるとは思えない。

共同通信が伝えた日米安保条約の適用除外案も、実現性はほぼ皆無と言ってよいだろう。

記事にあるように、安倍が「返還後の北方領土には日米安保条約は適用されない」と国内外に宣言することは理屈の上では可能だが、その瞬間に日米安保体制は崩壊を免れない。

あえて指摘するのも恥ずかしいぐらいだが、条約は国同士の約束であり、当事国は履行義務を負っている。一方の首脳が勝手に「この地域には適用される、この地域には適用されない」などと言い出したら、条約の意味は失われる。

それが認められるのであれば、例えば米国のトランプ大統領が「日米安保条約が定める米国による防衛義務は尖閣諸島には適用されない」と勝手に宣言しても、日本として反論できなくなってしまう。

共同通信の記事自身が指摘しているように「『例外』規定は米国の同意が得られない」のだとすれば、一方的な適用除外宣言など、妄想レベルの話と言うしかない。

ただ、いかに実現可能性が乏しかったとはいえ、当時こうした報道が相次いだ背景になにがあったのかは、真剣に考える価値があるだろう。

まず言えるのは、おそらくこれらの報道の発信源は外務省ではなく、首相官邸やその周辺だったということだ。

筆者が取材した複数の日本外務省関係者は、これらの案が外務省内で検討されたことはなかったと証言した。

いずれの案も、ロシアとの協議に入る前に、米国とすり合わせた上で了解を取り付けることが不可欠な内容だが、米国との協議は検討さえされていなかった。

さらに、外務省の関係者の一人はこう証言した。

「ロシアとの交渉内容に関する報道が出るたびに、首相官邸から厳しく『犯人捜し』を求められるのが常なのだが、これらの報道についてはまったくそれがなかった。首相官邸からリークされた情報だからだろう」

「犯人捜し」とは、誰が報道機関に情報を漏らしたかを突き止めて報告せよ、という指示のことだ。

当時の首相官邸の関心は、思いつきでもかまわないので、新聞が一面で扱うような刺激的な情報をメディアに提供し続けることで、交渉が動いているかのように世間にアピールすることにしかなかったのではないか――そう指摘する外務省関係者もいる。

確かにそうした面もあっただろう。

実際、安倍の首脳会談後の日本メディアへの対応を見ても、交渉の実態を語るよりも、国内向けのアピールを重視する姿勢がうかがわれるのは、これまで見てきた通りだ。

首相官邸、経産省主導の外交

だが「新しいアプローチ」をめぐる一連の報道は、もっと本質的な日本側の内情を物語っていた側面もあるのではないだろうか。それは、この時期に対ロ交渉の主導権が外務省から奪われて、首相官邸や経産省がコントロールするようになっていたということだ。

これまでの発想にとらわれない大胆なアプローチをとろうにも、外務省は「あれはダメです、これもダメです」という理屈ばかりで、交渉を動かす知恵を出そうとしない――そんないらだちが、経産省出身のスタッフが影響力を増している首相官邸内にあったことは事実だ。

「首相の振付師」「陰の首相」の異名を取る首相秘書官の今井尚哉は、二〇一八年のインタビューで、外務省への不満を赤裸々に語っている。[33]

今井は経産官僚出身で、官邸での経産省の影響力拡大を象徴する存在だ。

「これまで外務省とも議論を重ねてきましたが、はっきりいって外務省は北方領土問題を前に進めるアイデアを持っていません。僕には、彼らが『不法占拠だ』とただ騒いで自身の数年間の任期を終えているようにしか思えません。外務省はそれでいいかもしれませんが、安倍さんは領土問題を解決して平和条約を結ぶことをプーチン大統領に宣言しているんですから、総理秘書官として必死になるのは当たり前でしょう」

「新しいアプローチ」をめぐって報じられた様々なアイデアに、今井自身が関与していた可能性がうかがわれる発言だ。

一方で外務省内では、外交や国際法、さらには対米関係を中心とする日本の安全保障を取り仕切る専門家集団である自分たちに何の相談もないまま、実現可能性が疑わしい「交渉方針」が次々に報道されることへのいらだちが募っていたようだ。

外務省と首相官邸や経産省の連携がうまくとれておらず、ギクシャクしているのではないかと思われる場面は、その後も随所に見られた。

例えば、二〇一七年八月一七日の日ロ次官級協議。開始前に、ロシア側代表の外務次官モルグロフと日本側代表の外務審議官秋葉剛男が握手をした。

カメラを構えた記者団向けのいつもの場面に、このときは横から突然、経産省出身で首相補佐官を務める長谷川榮一が手を差し出しながら割って入った。モルグロフは少し驚いたような表情を見せたが、長谷川の手を握り、結局、三人で握手することになった。[34]

長谷川はこのとき首相官邸内で、二〇一六年一二月の首脳会談で合意された四島での共同経済活動を担当していた。そのため、自らも交渉団を率いる重責を担っていることを示そうとしたのだろう。

だがその結果繰り広げられたのは、日本側に外務省と経産省を代表する二人の団長がいるかのような不思議な光景だった。

二〇一八年四月二九日には、モスクワを訪問した経産相の世耕弘成が、予定されていたホテルでの記者会見を土壇場で中止した。理由は、モスクワで対ナチスドイツ戦勝記念日の五月九日に行われる軍事パレードのリハーサルのため大規模な交通規制が敷かれており、渋滞に巻き込まれる恐れがあるためだった。[35]

33――『文藝春秋』二〇一八年六月号、一〇四―一〇九頁
34――https://twitter.com/akomaki/status/898111468717080576
35――https://twitter.com/SekoHiroshige/status/990757516987449344

だが、リハーサルの日程と交通規制の予定は、事前に公表されている。その際にモスクワで大渋滞が起き、中心部を車で移動することがほぼ不可能になることは、住民にとっては常識だ。

仮にこれが外相であれば、モスクワの日本大使館のスタッフがあらかじめ記者会見の場所か時間を変えるなどの対応をとって、大臣に会見を直前にキャンセルさせるような失態は演じなかっただろう。

世耕は当時、対ロシア経済協力担当相としてしばしば訪ロしていたが、記者会見など、現地特派員向けの取材機会を調整するのは大使館ではなく、東京からやってくる経産省のスタッフだった。外務省と経産省の連携不足が可視化されたのが、世耕の会見キャンセル騒動だった。

以上挙げてきた例の一つ一つは細かいことかもしれない。だが、様々な機会に響いてくる外務省と首相官邸や経産省との間の不協和音は、日本側の交渉態勢に秘められた大きな問題点を示しているように思える。

「新しいアプローチ」をめぐる報道から読み取れることがもう一つある。

それは、プーチン訪日が目前に迫る中、ロシア側が日米安保条約への懸念をストレートに表明するようになっていたということだ。

前述の共同通信の記事は、次のような交渉関係者の言葉を紹介している。

「ロシアは政府間交渉で、色丹島と歯舞群島の引き渡しを定めた1956年の日ソ共同宣言の有効性を認めた上で、米軍が安保条約に基づき両島に駐留する可能性に言及し、懸念を伝えた」

プーチンの二〇一六年末の訪日を前に、ロシア側が様々なチャンネルを通じて、日本に引き渡した後の島に米軍関連施設が置かれる可能性への懸念を伝えるようになったことが、共同通信の「日米安保条約適用除外」の記事の背景となったと思われる。

そしてこの問題は、年末のプーチン訪日で大きな成果を上げたい安倍の前に、高い壁となって立ちはだかることになる。

リマで見えた変調

二〇一六年一二月のプーチン訪日を前に、安倍とプーチンが最後に顔を合わせる機会となったのが、一一月一九日午後（日本時間二〇日午前）にペルーのリマで行われた首脳会談だ。両首脳が出席するアジア太平洋経済協力会議（ＡＰＥＣ）を利用した顔合わせだった。

結果的にこの会談は、日本国内に残っていた楽観論を打ち砕き、プーチン訪日では大きな成果が望めないという現実を浮き彫りにした。

会談は、約一時間一〇分にわたり行われた。そのうち、三五分間は両国の通訳だけを同席させた二人だけの話し合いとなった。

会談を終えた安倍はいつものように一人で、日本側記者団の前に姿を見せた。だが、明らかにその表情はこわばっていた。会談の手応えを問われて説明する言葉は途切れ途切れで言いよどむ場面も目立ち、なにか大きなショックを受けているかのような様子だった。[36]

「八項目の（経済協力提案の）具体的な進捗について二人で確認し、一二月のプーチン大統領の訪日、（山口県）長門市での会談に向けて良い話し合いができたと思う。もちろん、今日も、平和条約問題も含め、議論を行いました。平和条約について言えば、七〇年間できなかったわけで、そう簡単な課題ではない。平和条約の解決に向けて道筋が見えてはきているわけだが、一歩一歩、山を越えていく必要があります。一歩一歩進んでいかなければいけない。大きな一歩を進めることはそう簡単ではないが、着実に一歩一歩、前進をしていきたいと思う」

「一歩一歩」を三回繰り返した。「そう簡単な課題ではない」という本音ももらした。

五月にソチで会談した後の「停滞を打破する突破口を開く手応えを得た」、九月にウラジオストクで会談した後の「交渉を具体的に進めていく道筋が見えてきた」という言葉と比べると、トーンダウンは隠しようもなかった。

記者から二人だけの会談での手応えを聞かれた安倍の答えも、ぱっとしなかった。

「プーチン大統領と二人っきりで、二人っきりで、平和条約交…平和条約について、腹蔵のない意見交換を行うことができました。これはやはり、二人の信頼関係の上でなければ前進していかないと思います。えー、今日は、ま、二人でしっかりと話をすることができた、ということは意義があったと思っています」

ほとんど放心状態だ。

いったい何があったのか。

朝日新聞が後日、この会談についての検証記事を掲載している。[37]

それによると、プーチンは安倍にこう語りかけていた。

「君の側近が『島に米軍基地が置かれる可能性はある』と言ったそうだが、それでは交渉は終わる」

プーチンが言う「君の側近」とは、国家安全保障局長を務めていた谷内正太郎のことだ。

谷内は二〇一四年以来、ロシアで国家安全保障会議書記を務めていたプーチンの側近ニコライ・パトルシェフとの間で会談を重ねて、両国の安全保障政策について意見交換を続けてきた。ペルーでの会談の直前の一一月九日にも、二人はモスクワで北方領土問題などを話し合った。その際に、パトルシェフから日本に島が引き渡された場合に米軍基地が置かれる可能性を尋ねられた谷内は、「可能性はある」と答えており、プーチンはそのことにいらだっていたのだ。

安倍は「それはまったくの誤解だ。原則論を言えばそうだ。だが、我々はそのことについて本音で話をしたい。嫌なら言ってくれ。これから交渉しよう」と釈明に追われた。

関係者に取材すると、谷内とパトルシェフの一一月のやりとりについては、異論もある。

しかし、このころからロシア側が、日本に島を引き渡した場合に米軍の施設が置かれる可能性

36——https://digital.asahi.com/articles/ASJCN3320JCNUTFK005.html
37——『朝日新聞』二〇一六年一二月二六日朝刊

に強い懸念を示すようになったことは事実のようだ。共同通信が報じた「日米安保の適用除外」も、そうした背景があって出てきた案だと言える。

朝日新聞の検証記事によると、ペルーでのプーチンとの会談後、安倍は周囲に「厳しいなあ。だけど、ここからだ」と漏らした。

急浮上した共同経済活動

一二月のプーチン訪日で平和条約問題で突破口が開かれることへの期待感は、急速にしぼんだ。それに代わって、会談の成果の目玉候補として急浮上したのが、四島での日ロ両国による共同経済活動だ。

ロシア側は以前からこの案に積極的で、リマでの首脳会談を前に日本を訪問した上院議長のワレンチナ・マトビエンコも、領土問題については「島を引き渡す議論は全く行われていない」と強硬姿勢を示す一方で、共同経済活動については「行う用意がある」と述べていた[38]。

リマで安倍とプーチンが共同経済活動について話し合ったかどうかについて、会談後に日本側記者向けブリーフィングを行った官房副長官の野上浩太郎は「交渉の中身について、事柄の性質上、具体的なやりとりは申し上げられない」と、回答を拒んでいた。

一方、朝日新聞は独自の取材で、共同経済活動が首脳会談で取り上げられていたという事実をつかみ、翌日の朝刊の一面で報じた[39]。

プーチンはこの日、APEC首脳会議全体を総括する記者会見を開いた。

筆者はこのとき、交渉にまつわる二つの疑問をプーチンに直接ぶつけることができた。一つは、共同経済活動が安倍との間で話し合われたという事実の確認。もう一つは、日本で様々な憶測を呼んできた「新しいアプローチ」についてのプーチンの考えだった。

記者会見場には、プーチンを担当する著名なロシア人記者らと共に、筆者を含む外国メディアの記者も入場が認められた。

大統領報道官のペスコフは、ロシアの記者二人に続き、三番目に筆者を指名してくれた。ペスコフとは彼が副報道官時代から仕事を通じてしばしば顔を合わせてきたが、このときの記者会見では事前の調整や、質問内容の通告要請などはいっさいなかった。どんな質問にも余裕綽々《しゃくしゃく》で答えるのがプーチン流だ。

筆者はプーチンに質問した。[40]

「安倍首相との会談の際に、あなたはクリル諸島での共同経済活動について提案したと聞いている。具体的にどのような協力を考えているのか。これが一点目。第二に、安倍首相はいつも平和条約問題の解決のためには『新しいアプローチ』が重要だと強調している。伺いたいのだが、ど

38――『朝日新聞』二〇一六年一一月二日朝刊
39――『朝日新聞』二〇一六年一一月二一日朝刊
40――http://kremlin.ru/events/president/news/53284

んなアプローチをあなたは新しいと考え、どんなアプローチを古いと考えるのか」

プーチンは、にやりと笑ったように見えた。

プーチンはまず、日ロ平和条約交渉全般についての自身の考え方から答え始めた。日ロ関係についてどんな質問があっても、これだけは答えておこうと考えていた内容だろう。この部分については、後述する。

プーチンが筆者の質問に対して直接答えた言葉は、以下のようなものだった。

まず、共同経済活動について。

「昨日の会談で我々は、確かに島の上で共同で何ができるかを話し合った。それは経済的な、そして人道的な問題の解決策だ。だが、それについて話すのはまだ早い。なぜなら、まだ最終的に合意していないからだ」

私たちの報道が事実だったことを、プーチン自身がはっきりと確認してくれたことに、筆者は胸をなでおろした。

プーチンは新しいアプローチについても答えた。

「ロシアも日本も真剣に平和条約を締結したいと思っており、それができるような道筋を探している。何が古いアプローチで、何が新しいのかは、私は知らない。私が知っているのは、ただ一つのこと、つまり、手を尽くして、そうした方向性を支えていかなければならないということだ」

筆者は少なからず驚いた。安倍があれほど繰り返している「新しいアプローチ」について、プーチンは「私は知らない」と言い切ったのだ。

五月のソチで、安倍は新しいアプローチで進めようとプーチンに呼びかけ、同意を取り付けたのではなかったのか。九月のウラジオストクで、安倍はプーチンと新しいアプローチで交渉を具体的に進めていく道筋を見いだしたのではなかったのか。

「新しいアプローチ」が具体的な内容を伴わない、いわば安倍の意気込みの表明だったらしいことはすでに記した。

だが仮にそうだったとしても、「新しいアプローチ」は、安倍にとっては自分の決意を象徴するキーワードであり、それをテコにプーチンを動かそうとしていたはずだった。

プーチンの言葉からは、安倍が「新しいアプローチ」に込めた思いを受け止めている気配はうかがえなかった。二人だけの場で、安倍は「新しいアプローチ」をめぐってプーチンと一体どんな話し合いをしているのだろうか、と首をひねらざるを得ない回答だった。

プーチンは筆者の質問に対する回答の冒頭で、平和条約交渉についての考え方を幅広く説明した。簡単にまとめると、以下のような内容だった。

「ロシアと日本の間に平和条約がないのは時代錯誤であり、私たちが前進し、発展することを妨げている。ロシアも日本も条約を結びたいと考えているが、そこへ至る道筋は簡単ではない。クリル諸島は第二次世界大戦の結果として、今日ロシアが主権を有する領土だと我々は考えている。

一九五六年宣言は日本に二島を返すことが想定されているが、どの国の主権が及ぶか、どのような条件で渡されるかは書かれていない。すべては交渉の対象だ」

従来のロシアの立場から一歩も動いておらず、一二月の訪日で大きな前進は望めないことがこのことからもはっきりしたのだった。

訪日前のインタビュー

リマでプーチンが安倍にぶつけた日米関係への不信感。それをプーチンが誰の目にもはっきりと分かる形で公言したのが、訪日を前に日本テレビと読売新聞が行ったインタビューだった。

一二月七日に行われたインタビューの内容を、ロシア大統領府は一三日になって発表した。[41] 一五日からの訪日の直前というタイミングを選んだのだろう。日本テレビと読売新聞もロシア大統領府とほぼ同じタイミングで、その内容を報じた。

プーチンは、クレムリンの一室で行われたインタビューに、二〇一二年に秋田県知事の佐竹敬久《のりひさ》から贈られた秋田犬「ゆめ」を連れて現れた。プーチンが日本からの客人をもてなす際の切り札だ。メディアの前に姿を見せたのは、安倍がソチ五輪の開会式に出席した二〇一四年二月以来のことだった。

日本テレビ側は、プーチンと旧知の柔道家、山下泰裕からのビデオメッセージを携えてインタビューに臨んだ。

しかし、和気あいあいとした出だしの雰囲気と裏腹に、プーチンの言葉は厳しいものだった。

プーチンは、日本との平和条約交渉の経緯について次のように総括した。

「二〇〇〇年に交渉プロセスが再開されてから、我々は平和条約締結に向けた作業を進めることを一貫して拒否しなかった。しかし、数年前のある時点で、日本は一方的に交渉を中止し、我々との接触を断絶したのだ。我々が日本との接触を拒否したのではなく、日本が我々との接触を拒否したのだ。これが第一点」

二〇〇〇年は、プーチンが大統領に就任した年だ。プーチンに対して、当時の首相森喜朗は一九五六年宣言を基礎として交渉を進めるよう求め、プーチンは同意した。しかし、その後日本では首相が小泉純一郎に交代。四島一括で日本への帰属を確認するよう求めるようになった。このことに、プーチンは強い不満を抱いていた。この経緯については、第四章で詳しく取り上げる。

プーチンの不満は、過去だけでなく現在の日本にも向けられた。

「第二点は、日本がロシアに対する制裁に加わったということだ。制裁が科されている中で、どうやって我々は経済関係を発展させ、より高い水準に引き上げることができるだろうか？」

プーチンが公の場で日本の対ロ制裁にはっきりと不満をぶつけるのは異例のことだった。

安倍はプーチンに対して、日本の制裁が形だけだということを説明し、八項目の経済協力プラ

41――http://kremlin.ru/events/president/news/53455

ンを提示し、ロシアに対する経済協力担当大臣まで任命した。しかし、プーチンの目には、日本が結局のところ、米国との連携を優先していると映っていた。

「私は日本がどうすべきだったかについて論評したくない。それは日本の指導部が決めることだからだ。しかし、我々の包括的な合意が、日本が負っている同盟上の義務の枠組みの中で、全体としてどの程度実現できるのか、そして、日本がどの程度独立して決定を下せるのか、どこまで期待でき、どこまで最終的に到達できるのかということを、我々は理解する必要がある」

ここでプーチンが言う「同盟上の義務」というのは、単に日米同盟のことだけを指しているわけではないだろう。ロシア語で同盟を意味する「ソユーズ」は、単なる軍事同盟よりももっと幅広い意味合いを持つ。

日本が「ロシアへの制裁には仕方なく加わっている」と釈明する一方で、米国を含むG７の協調を重視して、対ロ制裁を解除しようとしない現状を見て、プーチンは日本は独立した政策判断を下せない国だと断じているわけだ。

厳しい発言はこれにとどまらなかった。

インタビュアーが「ロシアには日本との間以外の領土問題は残っていないのではないか」と聞いたときのことだ。

「我々は、日本との間にいかなる領土問題も、まったくないと考えている。領土問題があると考えているのは、日本なのだ。ただ、我々は、話し合いをする用意はある」

これまで見てきたように、ロシア外務省の高官からこうした見解が示されることはあったが、プーチンがこれほどはっきりと領土問題の存在を否定するのは、これまた異例のことだった。

プーチンはこの後、重ねて日本の同盟関係への不信感を語る。中ロ関係と日ロ関係を比較する文脈の中でのことだ。

「中国との間では、相互貿易は最高に達し、ますます自由化を進めている。だが日本は我々に制裁を科した。あなた方はこの違いを理解しているのだろうか。ウクライナやシリアで起きたことが理由だろうか。だが、ロ日関係とシリアやウクライナは関係があるのだろうか。つまり、日本は同盟上の義務を負っているということだ。日本がどこまで自由で、どこまで踏み出す用意があるのか、私たちは理解する必要がある」

「日本は独自にものごとを決められるのか」「日本はどこまで自由なのか」というのは、プーチンが日本に突きつけた強烈な問いだ。

五月に安倍がオバマの制止を振り切ってソチを訪問したとき、プーチンの目に安倍は米国の言いなりにならないリーダーとして輝いて見えたかもしれない。だが、それは今やすっかり色あせてしまったようだ。

不信感が決定的になったのは、おそらく一一月のリマでの首脳会談だったのではないだろうか。

日本の対ロ制裁など、このときプーチンが日本に対して示した不信感の原因は、その後も取り除かれていない。

ロシアから見れば、日本は何一つ変わっていない。それにもかかわらず、二〇一八年一一月に安倍が再びプーチンとの間で交渉打開に向けて突き進んだことは、やはり無謀だったように思われるのだ。

事務方の事前ブリーフィング

プーチンのインタビューが行われた二日後の一二月九日、ロシアの大統領府、外務省、経済発展省の高官がモスクワで、日本メディア向けのブリーフィングを行った。プーチン本人がインタビューに応じた日本テレビと読売新聞以外の報道機関にも、日ロ首脳会談を前にロシア側の立場をはっきり説明しておくという意図があったのだろう。

三人の高官はいずれも所属官庁は明かしてもよいが名前は報じないという条件で、ブリーフィンに臨んだ。場所は、モスクワ市内の国営通信社の一室だった。

プーチンが好んで振りまく社交辞令がない分、高官たちの主張はクリアで、日本に対してより辛辣なものだった。

外務省の高官は、平和条約についての原則的な立場を繰り返した。[42]

「日本が第二次世界大戦の結果を無条件かつ全面的に認めるという条件が整ってはじめて、いかなる真剣な対話も可能になる。それは、どうやっても避けたりやり過ごしたりすることができない現実であり、前提条件なのだ」

大統領府の高官は言った。

「乗り越えることが事実上不可能な困難が、残念ながら存在している。それは、私たちの歴史である。それから逃れることはできない。島々について、私たちはロシア領土であり、それで何の問題もないと考えている。私たちは、（平和条約問題で）何かの決定的な一歩を踏み出し、その後で貿易経済や様々な分野の協力、政治対話を強化しようというようには状況を見ていない。私たちは、順序は逆であるべきだと考えている。関係をあらゆる分野で全面的に発展させ、信頼を強化することによって初めて、私たちは双方が受け入れ可能な解決策への展望が開けるところまで到達できるのだ」

一九五六年宣言について外務省高官が示した考え方も、プーチンが常々繰り返している「歯舞、色丹の主権を引き渡すかどうかは分からない」というだけにとどまらない、もっと本質的な点を突いたものだった。

「ロシア国民があたかも昨日署名されたかのようにこの宣言を受け入れることを期待するのは、控えめに言っても正しくない。日本は当時米国の軍事同盟国ではなかった。安保条約が署名されたのはその後のことだ。当時ソ連が共同声明締結に至った目的は、日本の中立的な立場を確かなものにするためだった。しかし、それは実現しなかった。フルシチョフは、日本国民が沖縄を取

42――このブリーフィングについては、筆者の取材メモに基づく

り戻すことを助けようとしていた。彼ははっきりと、日本の交渉相手にそのように言っていた。米国の帝国主義者から日本の労働者と農民が沖縄を取り戻すのを助けるのだと。それが当時のソ連の現実的な願望だった。しかし、それは日本側のせいで失われた。誰のせいかを我々は知っている。米国が、日本とソ連の接近を脅かし、四島返還を求めるよう日本の指導部に吹き込んだのだ。したがって、六〇年前の解決策が自動的に今の世論に受け入れられると考えるのは控えめに言って正しくない」

日米安保条約がある以上、一九五六年宣言をそのまま履行するのは困難だということの主張を、二〇一八年から一九年にかけての交渉で、プーチン自身が前面に押し出すようになる。

日本の対ロ制裁を批判して、大統領府の高官は言った。

「制裁は私たちの関係発展を阻害している。私たちが中国との間で達成したような水準の協力関係に近づくことを難しくしている」

外務省高官はもっとはっきりと指摘した。

「一方が他方に制裁をしている中で、両国が協議を行うという状況は想像できない。ナンセンスだ」

この機会に筆者は、長門で行われる日ロ首脳会談で何らかの共同宣言が採択されるのかを質問した。

外務省高官はきっぱりと否定した。

「予定されていない。二〇一三年に安倍首相がモスクワを訪問した際に極めて重要な共同宣言が採択された。しかし残念なことに、この宣言は履行されていない。日本が制裁を導入し、対話を凍結したからだ。前回の宣言が履行されていないのに新しいものを採択するというのは論理的ではない」

筆者は、プーチンに尋ねたのと同じ質問をここでもぶつけた。「新しいアプローチとは何か」という、私が抱き続けていた疑問だ。

外務省高官の答えはこうだった。

「私たちの理解では、それは共同経済活動の実現もあるし、対話の発展もあるし、人的分野の交流もある。これらすべてが安倍首相が言うところの『新しいアプローチ』だ。安倍首相は、ロシアとの関係を前向きに発展させようとしており、そうしたやり方のことを言っているのだろう」

「新しいアプローチ」が、極めてふんわりとしたもので、具体的な提案ではなかったことが、この回答からもうかがえる。

安倍は後に「新しいアプローチ」について「日本人とロシア人が共存し、北方四島の未来像を描き、その中から解決策を探し出すという未来志向の発想」と説明するようになるが、このときのロシア外務省高官の説明を聞くかぎり、そうした理解が共有されていたとは思えない。

長門会談

長門市は、山口県北西に位置し、北側に日本海を望み、美しい海岸は国定公園に指定されている。江戸時代は捕鯨基地として栄えたほか、豊かな温泉に恵まれていることで知られている。童謡詩人金子みすゞの故郷でもある。

衆議院選の区割りでは、下関市と共に山口四区を構成する。安倍は中選挙区制最後となった一九九三年七月の総選挙で、父安倍晋太郎から引き継いだ旧山口一区から立候補して初当選。その後は新山口四区から、二〇一七年まで九回連続で、他を寄せ付けない圧勝を重ねている。

長門市内には父晋太郎をはじめとする安倍家の墓があり、安倍は盆と正月の墓参りを欠かさない。

プーチンを地元に迎えた首脳会談で平和条約問題に突破口を開き、大筋合意の内容を盛り込んだ「長門宣言」を採択。自分と故郷の名を歴史に刻む――安倍が夢見たであろうそんなシナリオは、プーチンを迎える前に崩れ去っていた。

日ロ間で事前に合意していた四島での共同経済活動をいかに前向きな成果として演出するか。それが、会談前の状況だった。

長門市は一二月一五日のプーチンの来訪を前に、沸き立っていた。いたるところに「歓迎　日露首脳会談」の横断幕が掲げられた。長門市名物の焼き鳥店では、ロシアの串焼き料理「シャシリク」にちなんだ「ロシア風やきとりキャンペーン」を企画して、街に押し寄せた日ロ両国のメディア関係者らを歓待した。

長門市は、市街地と橋で結ばれた青海島《おおみじま》に建立されている日露戦争で亡くなった日本人とロシア人の墓碑や、金子みすゞ記念館などへの両首脳の訪問を要望。青海島では、墓碑に続く急な小道に階段を取り付けるなど、受け入れの準備を進めていた。

だが、直前になって、こうした地元との交流イベントや視察は実現しないことが明らかになった。このため市は、地元の小中学生五六〇人を含む一一〇〇人がプーチンの宿舎で歓迎の出迎えをする計画に切り替えた。

だが、これも空振りに終わってしまう。プーチンの到着が当初の予定よりも三時間近く遅れたからだ。あたりがすっかり暗くなってしまったため、子供たちはプーチンの到着前に解散となった。

事前にロシアから空輸された大統領専用の黒塗りのベンツに乗ったプーチンが宿についたときは、すでに午後六時を回っていた。残っていた大人約三〇〇人が、日本とロシアの国旗を一斉に振ったが、車内のプーチンの様子をうかがうことはできなかった。[43]

日本側は事前に二頭目の秋田犬をプーチンに贈りたいと打診していたが、これもロシア側に断られていた。[44]

43――https://digital.asahi.com/articles/ASJDH5JN4JDHTZNB01G.html

安倍が自身とプーチンの宿舎として用意したのは、長門市の山あいを流れる音信《おとずれ》川沿いにたたずむ大谷《おおたに》山荘。皇族も宿泊したことがある、周辺で随一の高級温泉旅館だ。

安倍は一五日の午後早くに大谷山荘に到着。その後、父安倍晋太郎の墓参を終え、午後三時すぎに山荘に戻り、プーチンを待った。プーチンが会談相手を待たせるのはいつものことだが、三時間は安倍にとって長く感じられたことだろう。

山荘内での首脳会談は、約三時間にわたって行われた。そのうち九五分は、通訳のみを同席させた一対一の会談だった。

会談を終えた安倍は、夕食会を前に記者団の前に姿を見せ、会談の様子を振り返った。

「四島における日ロ両国の特別な制度の下での共同経済活動、そして、平和条約の問題について、率直かつ非常に突っ込んだ議論を行うことができたと思っています」

だが、大統領報道官のペスコフは、安倍より早く、すでにこう記者団に語っていた。[45]

「主権の問題はまったく取り上げられなかった。ロシアの主権の問題は、議論の対象になっていない」

平和条約をめぐって、主権の問題を論じることなくどうやって「突っ込んだ議論」を行うのか、想像もつかない。

特別な制度下で行う共同経済活動にしてもそうだ。

「特別な制度」という言葉には、四島を自国領土だと主張する日ロ両国の主張を損なわないような特別な形式を工夫して、という意味合いが込められている。日本の外務省幹部は「我が国の法的立場が害されないことが大前提となる制度。つまり、ロシアの法制下ではない形で経済活動を行う仕組み」と説明していた。

しかし大統領補佐官のウシャコフは、現地で記者団に次のように断言した[46]。

「（共同経済活動は）ロシアの法律に基づいて実施される。もちろん、島がロシアのものだからだ」

共同経済活動のための特別の法体系を作ろうとする日本側の主張と、ロシア法の適用を求めるロシア側の主張はその後、二〇二〇年まで四年近い交渉を重ねても平行線をたどり、本格的な活動実現の見通しは開けない状況だ。

根本的な見解の相違が、長門の夜の時点で早くも表面化していたのだ。

盛り込まれた「真摯な決意」

ウシャコフはこのとき、共同経済活動についての合意文書をめぐる両国の調整について次のように説明している。

「専門家レベルで、数週間にわたって取り組んだが、双方が受け入れられる文書を作ることがで

44――『朝日新聞』二〇一六年一二月四日朝刊
45――https://ria.ru/20161215/1483723101.html
46――https://www.interfax.ru/world/541594

きなかった。このため、我々の首脳に委ねなければならなかった。共同文書に合意するまでに、約四〇分の話し合いが必要だった。明日発表されるだろう」

安倍とプーチンが一対一で話し合って達成された合意とは何だったのか。

安倍自身が、首脳会談後に行った講演で、次のような内幕を明かしている[47]。

「九五分にわたる二人だけの会談で、何が話し合われたかを、ここで申し上げるわけにはいかないわけであります。そんなことをすれば、首脳同士の信頼は、直ちに失われてしまいます。しかし、これだけは申し上げることができます。私たちは、その時間のほとんどを、平和条約の交渉に費やした。膝詰めで、率直に、突っ込んだ意見交換を行いました。そして、二人で最終的にたどり着いたのが、声明に盛り込まれた最後の二行であります。すなわち『両首脳は、平和条約問題を解決する自らの真摯な決意を表明した』。この一文に、九五分間の交渉の、会談のすべてが凝縮されています。ソチから始まり、ウラジオストク、リマ、そして長門と、合計で四時間近く、二人だけの率直な対話を積み重ねてきました。その積み重ねがなければ、この共通の決意を盛り込むことはできなかったと思います」

安倍が言う通り、長門での会談の翌日発表された共同経済活動についての合意文書は、以下のような二行で締めくくられている[48]。

「両首脳は、上記の諸島における共同経済活動に関する交渉を進めることに合意し、また、平和条約問題を解決する自らの真摯な決意を表明した」

安倍が「大きな成果」と誇る「真摯な決意」の明文化。そのためにプーチンを説得するのに大いに苦労したのは確かだったのだろう。プーチンと安倍が個人的な会談を重ね、信頼関係を築いてきたことが、それを可能にしたというのも、その通りかもしれない。

だが、「真摯な決意」という言葉をこのとき文書に残したことが、その後の平和条約交渉に意味を持ったかといえば、残念ながらそうはならなかった。

安倍がプーチンを相手に取り組んだ交渉には、一貫した特徴がある。「決意」や「意志」という情緒的な表現を、さも大きな成果であるかのように強調するのだが、その言葉に具体的な内実が伴っていないということだ。

二〇一八年一一月のシンガポール会談後に、安倍がプーチンと完全に共有したと主張した「自分たちの手で終止符を打つという強い意志」もそうだ。二〇一六年五月のソチで安倍がプーチンから合意を得たという「新しいアプローチ」も同じだろう。

いずれも、ふんわりとした雰囲気だけで、具体的な内容を伴っていなかった。その上、プーチンの口から同じ言葉が語られることもなかった。

もちろん、難しい交渉であるほど、首脳間で問題打開に向けた前向きな雰囲気を作ることは不

47——http://www.kantei.go.jp/jp/97_abe/statement/2016/1220naigai.html
48——https://www.mofa.go.jp/mofaj/files/000212165.pdf

可欠だ。だが、ロシアとの交渉の場合、平和条約の定義や、領土問題が存在しているかどうかという根本的な認識さえ、大きな隔たりがある。

交渉の出発点もゴールも、つまりは話し合いを進めるための最低限のルールさえ共有できていないのに「決意」や「意欲」や「意志」の合意を繰り返しても、それは言葉遊びに終わってしまう。

ましてロシアは、一九五六年宣言に疑問の余地なく書かれている歯舞、色丹二島の日本への引き渡しについてさえ、さまざまな理屈を駆使して正面から認めようとしない、したたかな交渉相手なのだ。

さて長門会談で唯一、平和条約に言及した合意文書となった共同経済活動についての「プレス向け声明」には、安倍が成果と誇る「真摯な決意」以外に、以下のような両首脳の共通認識が盛り込まれた。

一、北方四島での日ロ両国による共同経済活動に関する協議を開始することが、平和条約の締結に向けた重要な一歩になり得る

二、共同経済活動をめぐって、漁業、海面養殖、観光、医療、環境などの分野で協議を開始するよう関係省庁に指示する

三、プロジェクト実施のため、国際約束の締結を含む法的基盤の諸問題を検討する

四、共同経済活動の実施も、そのための合意も、平和条約問題に関する両国の立場を害するものではない

ただ、日本側の発表文とロシア側の発表文には重大な違いがあった。一点目に書かれた共同経済活動を行う地域として、日本側は択捉、国後、色丹、歯舞という四島の名前を列挙していたのに対して、ロシア側は「南クリル」というロシア側の用語を使ったのだ。[49]

ロシア側は文書に四島の名前を列挙することを頑なに拒否した。こうした姿勢の背景にある事情は、第四章で詳述する。

合意文書は「共同声明」とは名付けられず、それぞれの国のメディアに向けた「プレス向け声明」という形式となった。日ロで同じ文面にそろえることができなかったからだろう。

さらに言えば、日本人とロシア人が島の上で共に働くことで未来志向の解決策が見えてくる、という安倍の主張も、この文書には盛り込まれていない。あくまで「協議の開始」が、条件整備の一環となり得る、というのがこの声明の論理構成だ。

一五日夜、二人だけの会談を終えた安倍とプーチンは、両国の代表団も加わった夕食会に臨んだ。トラフグ、ノドグロ、長萩《ちょうしゅう》和牛といった地元山口産の食材をふんだんに使ったコースにプ

49――http://kremlin.ru/supplement/5151

ーチンは舌鼓を打った。特に、萩の酒「東洋美人」は気に入ったようで、翌日の共同記者会見で言及している。

プーチンはこのとき、食卓に置かれていた秋田犬の箸置きも気に入ったらしく、持ち帰ったことが当時、報道された。

日米安保への牽制

一夜明けた一二月一六日、両首脳は空路山口から東京に移り、共同記者会見に臨んだ。

プーチンは訪日前の日本テレビと読売新聞によるインタビューでは、主にロシアに対する経済制裁という文脈で日本が負っている「同盟上の義務」に強い懸念を示した。

それに対して東京での記者会見では、日本にとっての同盟関係の核心部分、つまり米国との安全保障分野での協力関係を正面から取り上げ、強い懸念を表明したことが特筆される。

記者から平和条約締結問題に対するロシアの姿勢について問われたプーチンは、日ロ間の歴史から説き起こした[50]。

プーチンの理解する日ロ間の国境変遷の歴史は以下のようなものだった。

帝政ロシアは南クリル（北方四島）を自国領だと考えており、一八五五年に結んだ日露通好条約で、それを日本に引き渡した。その後、日露戦争で日本はサハリン南部を手にしたが、第二次世界大戦の結果、ソ連はサハリン南部と南クリルを「取り戻した」。

その上で、プーチンはこう指摘した。

「領土をめぐる歴史的なピンポンを止める必要がある。ロシアも日本も、その根本的な国益が、最終的で長期的な解決を求めているということを、なんとか理解する必要がある」

日本との間に領土問題が存在していることを再び認めたかのような口ぶりだった。

しかし、その先に待っていたのは厳しい言葉だった。

「だが、ここには多くの問題がある。経済的な問題であり、安全保障の問題でもある」

プーチンはこう指摘してから、一九五六年共同宣言に至るまでの日ソ国交回復交渉の歴史を振り返った。当時の米国国務長官ダレスが「二島返還だけでソ連と平和条約を締結すれば、米国は沖縄を日本に返還しない」と圧力をかけた「ダレスの恫喝」にも言及した上で、話を現在に戻した。

「なぜ私はこうしたことを述べるのか。我々は米国の国益を含む、地域のすべての国に敬意を持って接しなければならない。至極当然のことだが、それが何を意味するのだろうか。我々にとっては、例えば、ウラジオストクやその北方に、二つの大きな海軍基地があり、我々の艦船が太平洋に出て行くが、こうした分野で何が起きるかを理解しなければならないということなのだ」

「この関連で念頭にあるのは、日本と米国の特別な関係であり、日米安全保障条約の枠内で合意

50——http://kremlin.ru/events/president/transcripts/53474

された義務であり、こうした関係がどうなっていくのか、我々には分からないのだ」

回りくどい言い方ではあるが、プーチンははっきりと、日米安保条約とそれに伴って日本が果たさなければならない役割が、日本との平和条約締結の障害になっているという考えを表明したのだった。

プーチンが言う「二つの大きな海軍基地」というのは、ウラジオストクと、カムチャツカ半島東岸のペトロパブロフスク・カムチャツキーにある基地のことだ。これらの基地を拠点とする原子力潜水艦は、戦時にロシア本土が壊滅的な被害を受けた場合でも、米国に対する核攻撃能力を維持するという、ロシアの安全保障戦略上極めて重要な役割を担っている。

そうした能力が弱体化してしまう可能性があるのに、米国の同盟国である日本に領土を簡単に渡せるわけがない。これが、プーチンの言い分だった。

実はプーチンは大統領に就任した二〇〇〇年に訪日した際も、当時の首相森喜朗に対して、日本に島を引き渡したらそこに米軍基地が置かれるのではないか、という懸念を伝えていた。

ただ、このときは自分自身の言葉としてではなく、「あそこを日本に引き渡したら『米国がそこに基地を造るんじゃないか』『そんなことになるのにどうして引き渡さなければいけないんだ』という強硬な連中も（ロシア国内に）いる」という、間接的な形での言及だった。[51]

森は「それは絶対にあり得ない」「ロシアと領土問題を解決したら平和条約ができる。そんなときに、条約を結んだその相手国の対岸をよその国の兵隊に守ってもらうような、そんなことをするはずがないじゃないか。そのために平和条約を結ぶんじゃないか」と説明し、プーチンは一応納得していた。

それが今や、プーチンは「国内の強硬な連中」の言い分ではなく、自分自身の言葉として、日米の同盟関係への懸念を口にするようになったのだった。

プーチンが会見で「ダレスの恫喝」にわざわざ言及したのは、日本がいくらソ連やロシアとの友好を口にしたところで、米国の圧力には結局のところ抗しきれないだろうという不信感を表明するためだった。訪日前に述べた「日本は独自に物事を決められるのか」という疑問にも通じるこうした不信感を、プーチンはこれ以降、繰り返し表明するようになる。

一方でプーチンは記者会見で、平和条約締結が日本との間に必要だという考えも強調した。

「もしも誰かが、我々の関心が経済関係の拡大だけにあり、平和条約を二の次にしようとしていると考えるのであれば、それは違う。私の考えでは、最も大事なのは平和条約の締結だ。なぜならそれは中長期的な歴史的視野に立った協力のための条件を作り出すからだ」

「領土のピンポンはやめなければならない」「最も大事なのは平和条約だ」――これらの言葉は、確かに前向きだ。だがそれは、発言の全体や、プーチンやロシア側がそれまでに繰り返してきた大きな文脈の中で見ると、いわば白い布にある小さな赤いしみのようなものだ。

51――『プーチンの実像』七四―七六頁

外交において、そうした赤いしみに注目して、その理由を考え、それを広げていくような戦略を練ることは重要だ。

だがしみだけを虫眼鏡で拡大して見て、まるで布全体が赤いかのように考えたり、国内向けに喧伝したりすることは、弊害しかないだろう。

結局のところ、プーチンが大統領として一一年ぶりに訪日して行われた長門での首脳会談が残したものは、大きく三点に集約できるだろう。

一、北方四島で共同経済活動の実現を目指すという合意
二、プーチンが日米安保体制が平和条約の障害だという懸念を表明
三、日本にいる旧島民がこれまで以上に自由に、負担の少ない形で島を訪問して墓参できるようにすることを目指す合意

三点目が、具体的な結果を伴う唯一の成果だったと言えるかもしれない。

旧島民の墓参は例年、春から秋にかけて、船を使って行われている。だが海が荒れることもあり、高齢の方が多い関係者にとって、決して楽な旅ではなかった。

長門での合意に基づいて、二〇一七年九月、航空機を使った国後島、択捉島への墓参団の訪問が実現した。空路墓参は二〇一八年、一九年にも行われた。

共同経済活動の難しさ

安倍が長門での最大の成果と位置づけていた共同経済活動は結局、その後四年近くが経過しても具体化するメドが立っていない。

プーチンと合意した当時、安倍はどんな活動を実現させたいと思い描いていたのだろうか。会談の四日後に安倍が行った講演から知ることができる。[52]

「日本とロシアで『特別の制度』を創り上げ、その特別のルールの下で、北方四島の全てにおいて、経済活動を行う。これは、国際的にほとんど前例のない取り組みであり、今後、専門家による法的な詰めを行う必要がありますが、これが実現すれば、経済活動に携わる日本人は、島を何度も訪問し、駐在員は島に住むことになります。日本人とロシア人が、島々で共に暮らし、共に働く。その中で、相互の理解と信頼が深まっていければ、北方四島を『対立の島』ではなく『共存の島』とすることができます」

つまり、ロシアの実効支配下にある北方四島に日本人が定住できるような仕組みをつくり、共に経済活動を行うことで、双方に受け入れ可能な島の将来像を見つけ出そうという構想だ。

これを実現するために、解決しなければならない大きな問題が二つある。「何をやるのか」と

52——http://www.kantei.go.jp/jp/97_abe/statement/2016/1220naigai.html

いう問題と「どのようにやるのか」という問題だ。

中でも問題になるのは「どのように」の部分だ。日本は、四島を自国の領土だと主張しており、そこでロシアの法律が執行されていること自体に異を唱えている。まして、訪問した日本人が直接ロシア法の支配下に置かれることは、領土に対する日本の主張を損なうとして、受け入れられないという立場だ。

外務省は公式サイトで「日本国民や第三国の国民が北方四島で経済活動を行うことを含め、あたかも北方四島に対するロシアの『管轄権』を前提としたかのごとき行為を行うことは、北方領土問題に関する我が国の立場と相容れないものと認識しており、そのような活動を行わないよう要請しています」と説明している。[53]

そもそも日本人は四島で経済活動を行うべきではないというのが、政府の一貫した立場なのだ。こうした方針のもと、政府は一九八九年以来、日本国民に対して、ロシアのビザの発給を受けて北方四島に入ることを自粛するよう、繰り返し要請してきた。例えば、私たち日本の報道関係者は、こうした政府の方針も考慮して、ロシア側からの現地入りは控えているのが現状だ。

現在、日本政府公認で日本人が四島を訪問できる例外的な仕組みが主として三つある。「元島民らによる北方領土墓参」「ビザなし交流」「元島民らによる自由訪問」だ。[54]いずれも、ロシア側との協定で、ロシア政府のビザの発行を受けることも、日本のパスポートを持つこともなく、日本人が現地を訪問することができる。

現地でロシア警察の取り締まりを受けるような事態は政府として容認できないため、日本政府関係者が同行し、不測の事態が起きないよう、参加者の行動を厳しく見守っている。

それでも時として、持ち込んだ品物がロシア当局に没収されるなどの問題が起きる。特例としてビザなしでの入域を認めているだけで、北方四島はロシアの領土であり、当然ロシア法が適用される、というのがロシア側の言い分だからだ。

日ロ間の主張のすき間を縫うような極めて危うい均衡の上で、かろうじて運営されているのが現在のビザなし訪問だ。

したがって、本格的な共同経済活動を実現するためには、日本人がロシアの法律を直接適用されることを回避できるような新しい仕組みを作り出すことが不可欠だ。ここに問題の難しさがある。

だが、ロシア側の姿勢は頑なだ。長門で大統領補佐官のウシャコフが述べたように「ロシア法が適用される」という主張から一歩も歩み寄ろうとしないのだ。

首脳会談から三カ月後の二〇一七年三月、共同経済活動をめぐる第一回の外務次官級協議が東京で開かれた。ロシア側代表の外務次官モルグロフは、報道陣に公開された会談冒頭の挨拶でさ

53——https://www.mofa.go.jp/mofaj/area/hoppo/hoppo_qa.html
54——https://www8.cao.go.jp/hoppo/henkan/10.html

っそく釘を刺した[55]。

「ロシアの法律に矛盾しないような条件に基づいて実現しなければならない」

この姿勢は、二〇二〇年に至るまで揺らいでいない。

プーチンが仕掛けた罠

日本側は、北方四島に特区のような領域を設けて、そこに日本人が常駐できるような仕組みを考えていた[56]。しかし、日本人が現地に入るための仕組み作りには、大きな障害が待ち受けていた。

その障害を、あらかじめ罠のように仕掛けていたのは、プーチンその人だった。

長門会談の翌日に東京で行った記者会見で、プーチンは会談の中で安倍に提案した内容を説明していた。

「私からは、サハリン州と北海道の住民の国境付近における自由な移動に関する制度の導入について提案した」

これを受けてロシア側は、共同経済活動を実現するための人の往来のための新しい仕組みについて、北方四島を含むサハリン州全体と北海道を対象にするよう求めるようになった。

例えば外相のラブロフは、二〇一九年五月に東京で行った日ロ外相会談後、共同経済活動の目的を以下のように定義づけた[57]。

「隣接する地域、つまりサハリン州と北海道の社会経済発展という課題に応える互恵的な枠組みに到達することだ」

これは日本側にとっては到底受け入れられない考え方だ。

言うまでもなく、日本側は北方四島は本来日本の領土だと主張している。今はロシアが実効支配しているが、そこに特別な制度を導入することで、領土交渉の手がかりにしたいというのが基本的な考え方だ。

つまり四島だけを対象に、そして日本人だけに適用される制度でなければ意味がない。例えば、現行のビザなし交流のように。

しかしプーチンは逆手に取るように、サハリン州全体を制度の対象とするように求めてきた。それを認めることは、北方四島がサハリン州の一部だというロシアの主張を日本が受け入れることを意味しかねない。いかにプーチン本人の提案だからといって、簡単に乗るわけにはいかない。むしろ、日本の主張を熟知しているプーチンは、日本が飲めないことを承知であえてこうした提案をぶつけてきた可能性さえあるだろう。

安倍は先に紹介した講演で、共同経済活動について「プーチン大統領も強い賛意を示してくれた」と語っていたが、それすら疑われるようなその後の成り行きである。

55――『朝日新聞』二〇一七年三月一八日夕刊
56――例えば二〇一六年一二月一八日に放送されたフジテレビの番組で、安倍がこうした考えを明らかにしている。
57――https://www.mid.ru/ru/foreign_policy/news/-/asset_publisher/cKNonkJE02Bw/content/id/3639995

共同経済活動を「どうやるのか」の見通しが開けない一方、「何をやるのか」については少しずつではあるが、一応の絞り込みが進んでいる。

二〇一七年九月七日、ウラジオストクで開かれた日ロ首脳会談では、海産物の増養殖、温室野菜栽培、観光ツアー開発、風力発電、ゴミ減らし対策――の五分野の実現を目指すことで合意した。

その後、安倍が一九五六年宣言に基づく二島での決着に舵を切ったこともあり、共同経済活動への政権の関心が低下した。

だがその取り組みの頓挫がはっきりした二〇一九年六月、G20サミットが開かれた大阪での首脳会談で、再び共同経済活動に焦点が当たった。観光とゴミ処理について、年内に試験事業を行う方針で合意したのだ。

ゴミ処理については、経産省などの調査団が九月に国後島を訪問した。

観光ツアーの試行は、日本人の一般客ら四四人が参加して、一〇月二七日から一一月二日までの日程で実施された。

参加者はまず、根室市を含む北海道東部の観光地をめぐり、日本人元島民らと交流。三〇日から国後島に二日間滞在し、景勝地の「ローソク岩」や日本人墓地、ロシア正教会などを訪れた。択捉島にも二日間滞在する予定だったが、天候悪化で約二時間で切り上げ、当初の予定より一日早く根室に戻った。[58]

こうして試行は終わったが、本格的な実施は難しそうだ。最大の問題は、前述の通り、日本人が現地に入るための新しい仕組みができないことだ。

試行の際には、既存の「ビザなし訪問」の枠組みが使われた。つまり、観光とは名ばかりで、実際にはビザなし訪問の拡大版という形式だったわけだ。政府関係者も同行した。商業ベースの観光旅行とはほど遠い状況だった。

さらにこの先、商業ベースの観光ツアーやゴミ処理、温室栽培などが軌道に乗ったとしても、経済活動の規模としては極めて小さいものしか実現できそうにない。

安倍が思い描いたような「日本人とロシア人が、島々で共に暮らし、共に働く」ような状況を作り出すことは、現時点では想像もつかない。

繰り返された歴史

四島での共同経済活動が日ロ間の交渉の俎上に載るのは、二〇一六年が初めてではない。ソ連崩壊後、繰り返し検討課題となってきた。

例えばエリツィン政権時代の一九九六年一一月には、当時の外相エフゲニー・プリマコフが日本の外相池田行彦に提案した。

58——『朝日新聞』二〇一九年一一月五日夕刊

当時の朝日新聞はこう伝えている。[59]

「プリマコフ外相は、北方四島での『共同経済活動』構想を提案した。主権の問題は事実上棚上げしたうえで、両国が共同で四島の基盤整備や合弁企業の設立などに取り組みたいとの考えを示したものとみられる」

プリマコフはこのとき東京で行った記者会見で「領土問題解決の代案ではなく、両国の立場を尊重し、関係を前進させる雰囲気を作り出すためのものである」と説明。一九九四年に当時のロシア第一副首相オレグ・ソスコベツが訪日した際にも同様の提案をしていたことを明かした。[60]

プリマコフの念頭にあったのは、フォークランド（マルビナス）諸島だったようだ。領有権をめぐって英国とアルゼンチンが軍事衝突にまで至ったが、一九九〇年の戦争終結後、領有権を棚上げしたまま両国共同で石油を開発するプロジェクトが進んでいた。

プリマコフの提案に対して、日本政府内には、主権の問題が棚上げにされるのではないかという慎重論もあったが、すぐに拒絶することは避けて、検討を進めた。

ところが翌一九九七年一一月、シベリア中部のクラスノヤルスクで当時の首相橋本龍太郎と会談したエリツィンが「二〇〇〇年までに平和条約を締結しよう」と突然言い出したことから、共同経済活動はいったん後景に退くこととなった。

再び共同経済活動に光が当たるのは、一九九八年一一月だった。その年の参議院選挙で自民党が惨敗した責任を取って退陣した橋本に代わり首相の座についていた小渕恵三がロシアを訪問した。このときエリツィンとの間で合意した「日露間の創造的パートナーシップ構築に関するモスクワ宣言」に基づいて、国境画定委員会と共同経済活動委員会が創設されたのだ[61]。

領土問題を最優先したい日本が求める国境画定と、ロシア側が一貫して関心を示してきた共同経済活動の双方の顔を立てる合意内容だった。

だが、このとき作られた共同経済活動委員会は、結局具体的な成果を生むことなく、その役割をひっそりと終えた。

比較的問題が少ないと見られていたウニの養殖などが検討されたが、日本側の漁業者から過当競争となることに懸念が示されたこともあり、実現に至らなかった。

一九九八年一一月の首脳会談では、エリツィンが小渕に対して、北方四島での共同経済活動を可能とするための「特別の法体制」を整備することを提案していた[62]。

これはまさに二〇一六年以降の安倍政権が実現しようとしていることだが、当時の日本政府は提案の受け入れを拒んだ。

筆者が当時、外務省幹部に取材したところによると、主権があいまいな領域を作ることを強く

59——『朝日新聞』一九九六年一一月一五日夕刊
60——『毎日新聞』一九九六年一一月一六日朝刊
61——https://www.mofa.go.jp/mofaj/kaidan/kiroku/s_obuchi/arc_98/russia98/sengen.html
62——このときのエリツィン提案の全文は『朝日新聞』一九九九年四月一九日朝刊

懸念する意見が外務省内にあったという。

長門での合意に至る過程でも、共同経済活動をめぐって、政権内で深刻な意見対立があった。経産省出身の首相秘書官今井尚哉が、先に紹介した月刊文藝春秋のインタビューの中で、外務省出身で国家安全保障局長を務めていた谷内正太郎と激論があったことを明かしている。

「谷内さんと僕が一番対立したのはむしろ北方領土での共同経済活動です。でもあのときも二人で話して、最後は分かりあってきたつもりです」

もちろん今井が推進する立場、谷内が慎重論を唱えて対立したのだろう。

谷内はときに、古巣の外務省の幹部に対して、官邸に忖度しすぎることなく、外務官僚としての筋を通すように苦言を呈することもあった。

谷内は二〇一九年九月に国家安全保障局長から退いた。後任には内閣情報官を務めていた警察庁出身の北村滋が就任した。首相官邸の中で、外務省の影はますます薄くなっている。

丸山穂高騒動

共同経済活動が本格化する見通しが立たない中、日本人が四島を訪問するための仕組みは、引き続き従来の墓参や四島交流などの「ビザなし訪問」に限られている。だが、その存続を揺るがしかねないできごとが、二〇一九年五月に起きた。

ビザなし交流団の一員として国後島を訪問していた衆議院議員の丸山穂高《ほだか》が、元島民で八九歳の訪問団長に対して「戦争でこの島を取り返すのは賛成か反対か」「ロシアが混乱しているときに、取り返すのはオーケーか」と迫った。団長が「戦争なんて言葉は使いたくない」と応じたが、「戦争しないとどうしようもなくないですか」と詰め寄った。[63]

朝日新聞の取材によると、丸山は酔った状態で「おっぱい」などと連呼。「飲みに出るぞ」と言い出し、政府関係職員らが制止すると「なぜだめなんだ」「俺は議員で不逮捕特権があるから関係ない」などと騒いだ。[64]

後に外務省と内閣府が衆議院議院運営委員会理事会に提出した調査結果によると、丸山は国後島に上陸後、ブランデーをショットグラスで一〇杯以上飲み、宿舎に戻った後で強引に外出しようとして、職員に制止された。「おっぱいもみに行きたい」とも叫んでいたという。[65]

丸山が所属していた日本維新の会は、丸山を除名処分にした。

根室市議会は五月三〇日、丸山に対して議員辞職を求める決議を全会一致で可決した。[66]「旧ソ連軍の侵攻によって強制的に島を追われ想像を絶する過酷な経験をしてきた元島民の方々に対して、あまりに思慮のない言動である」

63――『朝日新聞』二〇一九年五月一四日朝刊
64――『朝日新聞』二〇一九年五月二四日朝刊
65――『朝日新聞』二〇一九年五月三一日朝刊
66――https://www.city.nemuro.hokkaido.jp/material/files/group/27/r1ketugi1.pdf

「北方領土問題の解決にむけた環境作りを進める四島交流の意義を否定するものである」

「過去の戦争を教訓として恒久平和を誓った平和主義に反する発言をしたことは、断じて許されない」

丸山が所属する衆議院も六月六日の本会議で、丸山に対する糾弾決議を全会一致で可決した。決議は以下のように、丸山を指弾した。

「憲法の平和主義に反する発言をはじめ、議員としてあるまじき数々の暴言を繰り返し、事前の注意にも拘わらず、過剰に飲酒し泥酔の上、禁じられた外出を試みて、本件北方四島交流事業の円滑な実施を妨げる威力業務妨害とも言うべき行為を行い、我が国の国益を大きく損ない、本院の権威と品位を著しく失墜させたと言わざるを得ず、院として国会議員としての資格はないと断ぜざるを得ない」

決議に拘束力はなく、丸山はその後も議員の職にとどまった。

丸山の言動が憲法の理念に反し、著しく品性に欠けるものだったことは論を俟《ま》たない。それだけではない。旧島民をはじめとする日本人と四島をつなぐ、ただ一本の細い糸のようなつながりを、無神経に断ち切りかねない点にも、その罪深さがあった。

ロシア外務省報道官のマリア・ザハロワは、五月二三日の記者会見で強い不快感を表明した。[67]

「我々はそのレトリックに憤慨している。この出来事が取るに足らない政治家の悪ふざけにすぎないのか、日本の指導層や社会の気分を反映しているのかを理解することが重要だ」

さらにザハロワは、日本側に迫った。

「今回の出来事は、もう一つの問題を照らし出した。九〇年代初めから両国間の合意に基づいて行われている南クリル住民と日本国民のビザなし相互訪問に、日本側がどういうアプローチを取っているかについて、疑問が生じている」

「ただでさえ以前から隣国同士の現代的な交流の力強さにそぐわなくなっているこの交流を、日本側が政治化することは、隣接する住民と両国民全体の友好と信頼を強化するという、当初からの目的を達成することが事実上できなくなったという状況をもたらしている」

ビザなし交流の意義そのものにロシアとして疑念を抱いているという姿勢を示して、日本側を揺さぶってきたのだ。

言うまでもなく、ビザなしという特別な形での四島への日本人の訪問は、ロシア側の合意がないと継続できない。

実際、旧ソ連時代の一九六四年に始まった北方領土への墓参は、七一～三年はソ連側の同意が得られず中断。七四年に再開されたが、七六年にソ連側が日本側にパスポートの携行とソ連ビザの取得を求めたために、八五年まで実施できない状況が続いた。[68]

67――https://www.mid.ru/ru/foreign_policy/news/-/asset_publisher/cKNonkJE02Bw/content/id/3658436#30
68――https://www8.cao.go.jp/hoppo/henkan/12.html

ザハロワの指摘は、ロシア側がいつでも日本を揺さぶるカードとして、ビザなし訪問の中止をちらつかせることができるという現実を改めて突きつけた。

丸山が国後島で「自分には不逮捕特権がある」と叫んだことに至っては噴飯ものだ。

言うまでもなく国後島は現在ロシアが実効支配しており、ロシアの官憲が治安維持にあたっている。

酔っ払って騒ぎをおこした場合、それが日本の国会議員だろうと身柄を拘束するのに躊躇はしないだろう。呼んでも叫んでも日本の警察も弁護士も来てくれない。日本は政府としてロシアに抗議せざるを得なくなるが、ロシアとしてもその抗議を受け入れるわけにはいかない。両国関係は緊張を強いられる。

だからこそビザなし訪問団は、ロシア側の法を露骨に執行されるような機会を作らないよう、細心の注意を払って行動してきた。

国会議員という立場でありながら、そうした積み重ねを一夜にして台なしにした丸山の言動はあまりにも罪が深い。

同時に、丸山が引き起こした騒動は、安倍が思い描くような、四島で日本人とロシア人が共に暮らす共同経済活動の実現が、いかに難しいかを浮き彫りにしたとも言えるだろう。

日米地位協定への懸念

ここから先は、二〇一六年以降の交渉でロシアが示した頑なな姿勢の背後にある事情を少し詳しく検討していこう。

日本に島を引き渡したらそこが米軍の拠点となり、ウラジオストクやカムチャツカ半島を母港とするロシア軍艦船の行動が制約されるのではないか――プーチンが二〇一六年一二月に訪日した際に表明した懸念は、その後も薄れることはなかった。

長門会談から半年後の二〇一七年六月一日、プーチンはサンクトペテルブルクで開かれた国際経済フォーラムに出席した際、主要国の通信社幹部と会談した。

日本から参加した共同通信の近藤順夫《じゅんお》が、平和条約締結後に二島が日本に引き渡された場合、日米安保条約に基づいて米軍が展開する可能性があると考えているのかを質した。

プーチンの答えははっきりしていた[69]。

「いつかこれらの島が日本の主権下に置かれた場合、米軍が展開される論理的な可能性についてだが、その通り。そのような可能性は存在する」

その上でプーチンは思わせぶりなせりふを口にした。

「その可能性は、（日米の）合意によって署名された協定に基づくものだ。公表されていないが、我々はその内容を全て知っている。今は詳細に立ち入らないが、私は細部に至るまで知っている

69――http://kremlin.ru/events/president/news/54650

のだ。その領域に米軍が配備される可能性は存在する」

プーチンはいったい何のことを言っているのだろうか。

おそらくこれのことだと、日本側の交渉関係者が推測する文書がある。それは、日本外務省の内部文書「日米地位協定の考え方」だ。

日米地位協定は、一九六〇年の日米安全保障条約改定に伴い、米軍による日本の領土の使用や、駐留米軍人、軍属らの法的な取り扱いを定めた日米合意だ。

「日米地位協定の考え方」は、協定の具体的な運用のために外務省が作成した内部向けの手引き書という位置づけだ。一九七三年に作られ、八三年に増補された。

外務省は秘密指定していたが、沖縄の地元紙琉球新報が二〇〇四年に内容を特報した。

その中には、こんな記述がある[70]。

「『返還後の北方領土には（米軍の）施設・区域を設けない』との法的義務をあらかじめ日本側が負うようなことをソ連側と約することは、安保条約・地域協定上問題がある」

北方領土に将来、米軍基地を置かせないことを、日本政府が勝手にソ連に約束することはできないという趣旨が、明確に書かれている。

その内容も、秘密扱いの文書だという点も、プーチンのほのめかしと一致する。

日本側はこの後、この文書を改めて分析し、「当時の外務省職員の個人的見解を記したもの」と主張できると判断した。その上で、日本に二島が引き渡されても米軍の施設を置かせることはないという考えを、安倍自身を含む複数のルートでロシア側に伝えた。[71]

だが、プーチンは納得しなかったようだ。

その後プーチンが、北方領土に米軍が展開する可能性だけでなく、沖縄の米軍基地や、日本が米国と協力して進めるミサイル防衛（ＭＤ）、果ては日米安保体制そのものにまで懸念を表明するようになるのは、第二章で見た通りだ。

進む千島の要塞化

今後の日ロ交渉を考える上で忘れてはならないのは、ロシアの日米安保観が、プーチン政権下で大きく変わってきたという事実だ。

エリツィン政権時代の一九九七年五月、ロシアの国防相として初めて来日したイーゴリ・ロジオノフは、当時の防衛庁長官久間章生《きゅうまふみお》に対して「日米両国の密接な関係には懸念しておらず、日米関係の緊密化を歓迎している」と述べた。[72]

当時、日本が米国と進めていた日米防衛協力のための指針（ガイドライン）の見直し作業を強く批判していた中国とは、対照的な態度だった。

70――琉球新報社編『日米地位協定の考え方・増補版　外務省機密文書』高文研、二〇〇四年、三一頁
71――『朝日新聞』二〇一八年一一月一六日朝刊
72――『朝日新聞』一九九七年五月一七日朝刊

ロシアにとって、北方領土の戦略的価値も低かった。エリツィンは一九九三年に訪日した際に、四島に駐留しているロシア軍の半数をすでに撤退させ、国境軍を除いて残りの半分も必ず撤退させると表明した[73]。

だが、プーチン政権に移行後は、こうした方向性がすべて反転した観がある。

特に、ここ五年ほどの動きは急だ。

二〇一五年七月二二日、首相のメドベージェフは閣議で、北方四島を含む千島列島を国境防衛の拠点として強化する考えを表明[74]。翌月には択捉島を訪問した。

同年一二月には国防相ショイグが択捉島と国後島で軍事施設の整備を進める方針を打ち出し、三九二の施設を建設する計画を明らかにした。

長門での日ロ首脳会談を目前に控えた二〇一六年一一月には、国後島と択捉島にロシア軍の地対艦ミサイル「バル」と「バスチオン」がそれぞれ配備されたことを、ロシア海軍太平洋艦隊の機関紙が報じた[75]。

択捉島で二〇一四年に開港した民間空港は、二〇一八年一月に軍民共用化され、八月には戦闘機Ｓｕ35が飛来したことが確認されている。

国後、択捉だけではない。ロシア軍は、千島列島中部の松輪島《まつわとう》や北部のパラムシル島でも軍事拠点化に向けた調査などの動きを進めている。

ロシア軍の狙いは、オホーツク海を原子力潜水艦をはじめとするロシアの艦船が自由に航行できるような「聖域」にすることにあると、日本の防衛省は分析している。[76]

軍事専門家らは、国後島、択捉島、松輪島、パラムシル島などに、周辺を警戒するレーダー基地を設け、それを守る地対艦ミサイルや地対空ミサイルを配備する計画が進んでいる可能性が高いと見る。[77]オホーツク海を囲む鎖を作るイメージだ。

色丹島や歯舞群島には、国後島や択捉島ほどの戦略的価値はないだろう。しかし将来、米軍の施設が配備される論理的な可能性があるというだけでも、日本に引き渡すことをためらうには十分だ。

そもそも、日本に引き渡したかつての「ロシアの領土」が、万が一にも米軍に利用されるようなことになれば、プーチンのメンツは丸つぶれだ。安倍がいくら「米軍には利用させない」と約束したところで、おいそれと乗れる話ではないだろう。

米ロ関係と北方四島の軍事的価値が、九〇年代とは大きく変わっていることに留意する必要があるのだ。

73——『防衛白書』二〇〇八年版、六五頁
74——http://government.ru/news/19003/
75——https://tass.ru/armiya-i-opk/3803253
76——https://www.mod.go.jp/j/approach/surround/pdf/rus_d-act_2020_a.pdf
77——『朝日新聞』二〇一八年六月二七日朝刊

中国への配慮

もう一つ日本が対ロ外交を組み立てるときに考えなくてはいけないのは、中ロ関係の緊密化だ。近年ロシアは、対米関係の緊張を背景に、過剰なほど中国に気を遣うようになっており、そのことが日ロ関係に暗い影を落としている。

筆者がそのことを初めてはっきりと感じたのは、二〇一六年一月一二日のことだった。ロシアを訪れていた元外相で自民党副総裁の高村正彦と会談した外相のラブロフが、記者団に公開された会談冒頭の挨拶でこう述べたのだ。[78]

「北東アジアに強力なミサイル防衛システム（ＭＤ）を構築するという、根拠に欠ける米国の方針は、ロシアと中国の懸念を呼んでいる」

この言葉を聞いて、筆者は強い違和感を覚えた。

なぜ、ラブロフはわざわざ中国の意向を代弁するのだろう。中国の心配、それも安全保障分野での心配を、まるで自国の心配事のように日本に伝えるというのは、尋常ならざることのように感じられた。

だが、ラブロフはこの後も同様の発言を繰り返している。

第二章で紹介した、二〇一九年一月一四日に河野太郎と行った日ロ外相会談の後に単独で行った記者会見でもそうだった。

「今日の会談では、米国が日本の領域でグローバルなミサイル防衛システムを配備しようとしている動きについても注意を払った。米国は公式には北朝鮮の核の脅威に対抗するためとして正当化しているが、実際にはロシアと中国の安全保障にリスクをもたらしているのだ」

このときにラブロフが見せた対中配慮は、これだけにとどまらなかった。やり玉に挙げたのは、当時自民党総裁の外交特別補佐として安倍に仕えていた河井克行が、直前の一月八日に米国で行った講演だった。

河井はこの講演で、日本がロシアと平和条約交渉を進める理由として、台頭する中国の脅威に日ロが共同で対処する意味があると説明して、米国に理解を求めていた。[79]

ラブロフはこの発言に、猛然と反論した。

「河井氏の発言について言えば、ロシアと日本が平和条約を結ぶことを米国は理解するべきだというものだ。なぜなら、それは中国を封じ込めるための『ブロックを強化する』ことになるからだというのだが、これは腹立たしい言い分だ。我々は今日、そのことについて最大限はっきりと（日本側に）伝えた。日本側は、この人物は政府を代表しているわけではなく、自民党総裁の補佐官なのだと釈明した。おそらくその通りなのだろう。だが困ったことに、自民党総裁とは、安

78——https://www.mid.ru/ru/foreign_policy/news/-/asset_publisher/cKNonkJE02Bw/content/id/2010321
79——『産経新聞』二〇一九年一月一〇日朝刊

倍首相のことなのだ。我々は、そのような主張を受け入れることはできないと、極めて強く警告した」

対中牽制のために日ロ交渉を進めるというロジックをロシアが受け入れられないことは理解できる。

しかしラブロフの言い方は尋常ではなく、不快感の表明の閾《いき》を超えていた。ラブロフは怒っているというよりも、むしろ日本との交渉に中国から疑惑の目を向けられることを恐れているようにも筆者には思えた。

ラブロフが中国に気遣いを見せた場面をもう一つ紹介しよう。

ラブロフは二〇一九年五月一三日、ロシア南部ソチで中国外相の王毅《ワンイー》と会談した。

その後の記者会見で、米ロ両国に中国も加えた三カ国で核軍縮をめぐる条約交渉を進める可能性を聞かれたラブロフはこう答えた[80]。

「米国のトランプ大統領がロシアと米国の協議に中国を加えることに関心を抱いているという話は聞いている。トランプ氏によると、中国も関心を示しているということだが、中国の外相によると、そんな関心はないとのことだった。したがって、米国がそうしたいのであれば、直接中国に話をするべきだし、我々は米国にもそう伝えている」

中国の説得は米国任せ、という姿勢だ。

ラブロフは翌日同じソチで、今度は米国の国務長官ポンペオと会談した。

記者会見でポンペオは、中国を核軍縮交渉に加える重要性を強調したが、ラブロフは中国への言及を避けた[81]。

米国は二〇一九年二月、中距離核戦力（ＩＮＦ）全廃条約の破棄をロシアに通告。米ロ間に唯一残された核軍縮条約である新戦略兵器削減条約（新ＳＴＡＲＴ）も、二〇二一年二月に失効期限を迎える。

米ロの核兵器を制限する条約が消滅する危機に世界は直面しているわけだが、米国は、米ロ両国だけが軍縮条約に縛られている現状に強い不満を抱いており、中国を協議に加えるよう主張している。

こうした不満は、ロシアも共有している。

プーチン自身、二〇〇七年二月の演説で、米国とロシアだけが核軍縮義務を負う一方で、北朝鮮、韓国、インド、イラン、パキスタン、イスラエルがミサイル開発を進めている現状に不満をぶつけた[82]。

ただ、プーチンがこのとき中国に言及しなかったことは注目に値する。

ロシアにとって最も懸念すべきは、四千キロ以上の長きにわたる国境で隣接し、経済、軍事両

80――https://www.mid.ru/ru/foreign_policy/news/-/asset_publisher/cKNonkJE02Bw/content/id/3643559
81――https://www.mid.ru/ru/foreign_policy/news/-/asset_publisher/cKNonkJE02Bw/content/id/3646994
82――http://kremlin.ru/events/president/transcripts/24034

面で急成長を続ける中国のはずだが、どうにも及び腰なのだ。

ロシアと中国との連携・協力は、言葉だけではなく、内実を伴っている。

国連の場では、共に国連安全保障理事会の常任理事国である両国の連携ぶりが近年目立つ。ロシアが重視するシリア問題では中国がロシアに同調し、中国にとってより重要な北朝鮮問題ではロシアが中国と足並みをそろえるケースが半ば常態化しているのだ。

中国にコピーされることを恐れるロシアが最新鋭兵器の輸出を控えているという話も、今は昔だ。

ロシアは二〇一四年、最新鋭の超長距離防空ミサイルシステムＳ４００の輸出契約を中国と結び、二〇一八年には実際に引き渡しが始まったことが伝えられた[83]。

二〇一四年に運用が開始された新鋭戦闘機Ｓｕ35についても、その翌年には中国が二四機を購入する契約がまとまったと、ロシアメディアが報じた[84]。

軍の現場での連携と協力も急速に進んでいる。

ロシアが北大西洋条約機構（ＮＡＴＯ）と対峙するバルト海では二〇一七年七月、中ロ両国海軍による合同軍事演習が行われた。欧州の海を舞台にした合同軍事演習は初めてのことだった。

二〇一八年九月には、ロシアが行った史上最大とされる軍事演習「ボストーク２０１８」に、中国軍が参加した。原則として四年に一度の頻度で実施されるボストーク（ロシア語で「東」の意味）演習は、かつては中国が仮想敵として扱われてきた。その中国軍をロシアが「友軍」として迎えたことには、中ロ蜜月を対外的に誇示する狙いも込められていただろう[85]。

ちなみにこの演習は、プーチンが安倍に「前提条件のない平和条約を年内に結ぼう」と突然提案したウラジオストクでの東方経済フォーラムと重なる日程で行われた。

大きな衝撃を日本の防衛関係者に与えたのが、二〇一九年七月二三日にロシアと中国の爆撃機が日本海西部で行った共同飛行だった。

この日の朝、東シナ海側から中国のH6K爆撃機二機が対馬海峡を通過して日本海を北上。南下してきたロシアのTu95MS爆撃機二機と合流して、四機編隊で東シナ海に抜けた。

ロシア国防省はこれを両国の合意で実施された合同空中哨戒だったと発表した。つまり、訓練ではなく、核兵器を搭載可能な中ロ両国の爆撃機が、日本の周辺で実際の任務を行ったというのがロシア軍の説明だった[86]。

それだけでも十分深刻な事態だが、話はそれだけにとどまらなかった。

このとき四機の爆撃機に空中管制を提供したロシアのA50早期警戒管制機が、竹島付近の上空を飛び、午前九時すぎに二回にわたって領空を侵犯したのだ。言うまでもなく、竹島（韓国名独

83——https://tass.ru/armiya-i-opk/4882199
84——https://www.kommersant.ru/doc/2857265
85——https://www.spf.org/iina/articles/koizumi-russia-boctokpost.html
86——小泉悠『メールマガジン　小泉悠と読む軍事大国ロシアの世界戦略』第47号、二〇一九年七月二八日

島）については、日本と韓国が共に自国の領土だと主張している。このため、日韓両国がそれぞれロシアの領空侵犯に抗議する事態となった。

日本と韓国は共に米国の同盟国である一方、その関係は緊張含みだ。韓国大法院（最高裁）が二〇一八年秋に日本企業に対して元徴用工らへの賠償を命じる判決を出したことを機に、戦後最悪と言われるまでに悪化している。

そうしたタイミングをとらえて、竹島の領空を侵犯したロシアの狙いが、日米韓のトライアングルの最も脆弱な地点を狙ってくさびを打ち込むことにあったことは明らかだ。

つまりロシアの目には、東アジアでの日米韓三カ国の連携は、自国の安全保障にとって好ましくないと映っている。そうした安全保障観を共有する中国と連携して、隙あらば揺さぶろうとしているわけだ。

九〇年代とは様変わりしたロシアの姿勢は、当然日本との平和条約交渉にも大きく影響している。

二〇一九年一〇月、ロシアが中国との軍事面での協力にさらに踏み込んでいる事実が明らかになった。プーチンがソチで行われた国際会議で、中国が進める弾道ミサイル早期警戒システム開発に、ロシアが協力していることを、突然明らかにしたのだ[87]。

「いずれ明らかになることだが、我々は現在中国に対して、ミサイル攻撃に対する早期警戒システムの構築を助けている。これは極めて重大なことで、中国の防衛能力を根本的に、劇的に向上させる。なぜなら、現在そのようなシステムを持っているのは米国とロシアだけだからだ」

中国が早期警戒システムを手にすれば、それは米国からのミサイル攻撃だけでなく、ロシアからのミサイル発射も探知できるようになる。だが、プーチンはそうなることを気にしていない。米国からのミサイル攻撃に対する中国の防衛能力を向上させることが、ロシアにとっても望ましいというのが、プーチンの安全保障観なのだろう。

プーチンはこのとき、中国とロシアの関係について、「前例がないほどの高い水準の信頼関係と協力関係がある。多面的で戦略的なパートナーという意味での、同盟的関係だ」と形容した。一方で、同年一二月の記者会見でプーチンは「我々は中国とは軍事同盟関係ではないし、そうなろうともしていない」と述べた[88]。

確かに、中国とロシアは、日本と米国あるいはNATO加盟国のように、集団的自衛権の行使を含む軍事同盟条約を結んでいるわけではない。しかし、軍事的にも準同盟関係と言って差し支えないところまで協力関係が進んでいるということは言えるだろう。

日本には、四千キロの国境を接して隣り合う大国同士の中国とロシアが長期的には対立することが避けられないという見方が根強くある。中ロ関係は「便宜的な結婚」と形容されることも多

87――http://kremlin.ru/events/president/news/61719
88――http://kremlin.ru/events/president/news/62366

い。先に紹介した河井克行の米国での講演にも、「中ロを仲違いさせることは可能だ」という考えがにじんでいる。しかし、中ロ離間を期待したり画策したりすることは、すでに現実的とは言えない。

確かにロシアにも、米国との対話の途を閉ざし、外交面でも経済面でも中国だけに依存してしまうような現状を望ましくないと考える専門家もいる。特に、米国にトランプ政権が誕生し、中国攻撃を強めるにつれ、ロシアが米中対立に否応なく巻き込まれるのではないかという懸念が強まっている。

例えばモスクワ・カーネギー研究所の所長ドミトリー・トレーニンは「米国と中国の競争関係が激化する中で、ロシアは中国の駒となるべきではなく、独自の国益を追求するべきだ」と警告する[89]。しかし、そのトレーニンにしても、プーチンと習近平が共に在任する限り、今の中ロ関係は大きく変わることはないだろうとの見方をとっている[90]。

そして、今やプーチンと習という二人の首脳は、自身の任期制限を共に事実上撤廃してしまったのだ[91]。

中ロ関係がここ数年で大きく様変わりしたという事実から目を背けたまま、日本が対ロ外交を組み立てることはできない。

ロシアの理論武装

これまで見てきたように、ロシアにとっての北方四島の軍事的価値が高まったこと、外交面で中国との連携と協力を最重要視するようになったことは、いずれも北方領土問題で日本と折り合いをつけることを難しくしている。

さらに、第二次世界大戦での勝利を、ロシア国民の愛国心を高め、政権の求心力を強めるために最大限利用していることも、日本に譲歩しにくい大きな理由だ。

ただ、これらはいずれもロシアの国内事情にすぎない。日本側から交渉を眺めると「ロシアにはロシアの事情があるのは分かりますが、日本と約束したことは守ってください」と言いたくもなろうというものだ。

だが、ロシアは、こうした日本の主張に対しても、様々な反論を用意している。

そうしたロシア側の理論武装、領土問題で日本に譲らないために繰り出す様々な理屈を、ここで一通り確認しておきたい。

最近のロシアの主張が比較的よくまとまっているのが、二〇一六年二月一六日にロシア外務省

89——https://carnegie.ru/commentary/78990

90——https://carnegie.ru/2019/11/19/how-cozy-is-russia-and-china-s-military-relationship-pub-80363

91——中国の全国人民代表会議は二〇一八年三月、国家主席の任期を二期一〇年までとする規制を撤廃する憲法改正案を採択。ロシアでは二〇二〇年の憲法改正で、大統領任期の上限を通算二期一二年に制限する一方で、現職のプーチンのこれまでの任期はカウントされないことになった。

が発表した声明だ[92]。

　この声明は、日本外務省幹部がロシアの通信社に説明した日本政府の立場に対する反論という形をとっている。

　この幹部は、「第二次世界大戦の結果はすべて確定してはおらず、ロシアとの間で領土問題を解決する必要がある」と述べていた。これは日本政府の一貫した主張であり、何も不思議なことは言っていない。

　しかしロシア外務省はこれに徹底的に反論を加えた。「第二次世界大戦の結果はすべて確定しており、したがって日本との間に領土問題は存在しない」というのが今のロシア外務省の主張だからだ。

　以下、この声明で述べられているロシア側の論拠を順を追って見ていこう。

「想起したいのは、一九四五年九月二日に降伏文書に署名することで、日本は自身の敗北を認めただけでなく、第二次世界大戦におけるソ連など連合国に対する行動の全責任を負ったということである」

　一九四五年九月二日、東京湾に停泊していた米国の戦艦ミズーリの船上で降伏文書への署名式が行われた。日本側からは外相重光葵《しげみつまもる》、連合国側からは連合国軍最高司令官ダグラス・マッカーサーらが署名した。

　無条件降伏をしたのだから、ソ連を含む連合国が突きつけた条件はすべてのむのが日本に課せられた義務だ、というのがソ連の後継国家としてのロシアの主張の根幹をなしている。

降伏文書は、連合国が発したポツダム宣言を日本が受諾することを主な内容としている。米国、英国、中国が一九四五年七月二六日に発表し、後にソ連も加わったポツダム宣言は、その第八項で、戦後の日本の領土について、本州、北海道、九州、四国以外は「我等ノ決定スル諸小島ニ極限セラルヘシ」と規定している。[93] つまり、日本の領土の範囲を決めるのはソ連など連合国であって、日本に決定権はないというのが、ロシアの主張ということになる。

ロシア外務省の声明に示された論拠の二点目は次のようなものだ。

「戦争の結果とその領土への反映は、一九五一年九月八日のサンフランシスコ平和条約ではっきりと確定されている。その第二条によると、日本は（それまで日本領だった）サハリン南部と千島列島に対するすべての権利、権原及び請求権を放棄した。なお、ソ連がサンフランシスコ平和条約に署名しなかったことは、日本が条約上負っている義務に何の影響も及ぼさない」

日本はサンフランシスコ平和条約で千島列島を放棄したのだから、その南部である北方四島についても要求する権利を持っていない、というのがロシアの主張だ。

現在の日本は、放棄した「千島列島」には北方四島は含まれていないとの立場をとっている。

92——https://www.mid.ru/ru/foreign_policy/news/-/asset_publisher/cKNonkJE02Bw/content/id/2105539
93——https://www.ndl.go.jp/constitution/etc/j06.html

ただ、この主張が大きな弱点を抱えていることは否定しようがない事実だ。この点については、第五章で詳しく述べる。

ロシア外務省の主張の三点目。

「両国の外交関係を回復させた一九五六年のソ日共同宣言は、日本政府が戦後生じた現実を認めることに全面的に立脚している。まさにそのおかげで、日本はソ連の同意を得て国連に加盟し、国際法上の主体となることができたのだ。よく知られているように、国連に加盟することは、国連憲章を全面的に承認することを前提としており、その中には、戦争期間に行われた連合国のすべての行動が合法であることを確認した第一〇七条が含まれている」

日本はソ連のおかげで国連に加盟できた。そのときに、国連憲章すべてを認めたはずだ。第一〇七条も例外ではない――これがロシアの主張である。

国連憲章第一〇七条は、第二次世界大戦で連合国と戦った日本やドイツなど枢軸国を対象とする「旧敵国条項」の一つ。日本語訳は以下のような内容となっている。[94]

「この憲章のいかなる規定も、第二次世界大戦中にこの憲章の署名国の敵であった国に関する行動でその行動について責任を有する政府がこの戦争の結果としてとり又は許可したものを無効にし、又は排除するものではない」

非常に意味が取りにくいが、「連合国が日本を含む旧敵国に対してとった措置は、仮にそれが国連憲章の他の条項の趣旨に反するものであっても、無効にはならない」という意味合いだ。

ロシア外相のラブロフは、二〇一五年五月のインタビューで、この条項についてもっと分かりやすく端的な解釈を示している[95]。

「国連憲章第一〇七条には、連合国が行ったことはすべて神聖であり、不可侵であるということが書かれている。違う言葉が使われているが、法的にはそういう意味だ」

これは、日本からの一切の反論をはねつけることができる、無敵の論理だ。

ソ連は当時有効だった日ソ中立条約を一方的に破って対日参戦し、日本の領土を法的根拠もなく占拠したというのが日本政府の主張だが、ラブロフの論理に立てば、それも免責されるということになる。

国連大使を長く務めたラブロフは、国連憲章第一〇七条がとりわけ好みのようで、繰り返し日本側に提起してきた。

二〇一五年のインタビューでも勝ち誇ったように言っている。

「我々が彼ら（日本側）を国連憲章に引き戻すと、彼らはなにも言えなくなってしまう。そこで、我々はこう言うことができる。『日本は第二次世界大戦の結果に疑義を差し挟む唯一の国だ。他にそんなことをする国はどこにもない』と」

94——https://www.unic.or.jp/info/un/charter/text_japanese/
95——https://rg.ru/2015/05/19/lavrov-dz-site.html

以上、ロシア外務省が繰り出す主な論拠は「日本のポツダム宣言受諾と降伏文書への署名」「サンフランシスコ平和条約による千島列島放棄」「国連憲章」の三つということができる。

このほか、ロシアは一九四五年二月に米英両国がソ連の対日参戦と引き換えに千島列島を引き渡すことを約束した「ヤルタ協定」に言及することもある。

また、ラブロフは二〇一六年のインタビューで、一九五六年の国交回復時に日ソ双方が戦争の結果生じた請求権を互いに放棄したことを論拠に、領土への請求権も存在しないという解釈を示した[96]。

これらロシア側が持ち出す論拠に対して、それぞれ反論を加えることはもちろん可能だ。例えばポツダム宣言について言えば、確かに戦後の日本の領土を決めるのは連合国とされているが、ソ連一国だけの手に委ねられているわけではない。旧敵国条項については、一九九一年の日ソ共同声明が「もはやその意味を失っていることを確認」している[97]、等々。

しかし、ロシアと論戦を続けたところで水掛け論になるのがせいぜいで、理屈でねじ伏せて非を認めさせることは不可能だということも、また無視することができない現実だと言えるだろう。

96——https://www.mid.ru/ru/foreign_policy/news/-/asset_publisher/cKNonkJE02Bw/content/id/2227965
97——https://www8.cao.go.jp/hoppo/shiryou/pdf/gaikou35.pdf

第四章

葬られた東京宣言

ロシアの外交方針の変遷

ここまで見てきたように、日本との平和条約問題について、今のロシアの立場は極めて強硬だ。いわく「日本との間に領土問題は存在しない」「第二次世界大戦の結果、四島が正当にソ連領となったことを確認するのが平和条約の役割だ」「一九五六年宣言に書かれている歯舞、色丹の日本への引き渡しについて検討するのは平和条約締結後だ」「両島の主権まで日本に渡すとは限らない」「日米安保条約がある限り、引き渡しは困難だ」等々。

だが、プーチン政権は決して一貫してこうした主張をしてきたわけではない。日本との国境線が未画定だと公式に認めていた時期もあったのだ。

ロシアの現在の立場がどうやって形作られたかをたどっていくと、二〇〇四〜〇五年に大きな転機があったことが浮かび上がる。本章ではその経緯を検証していく。

まず、ロシアが外交の基本方針を数年おきにとりまとめて公表する「ロシア連邦の対外政策概念」を見てみよう。

プーチンが二〇〇〇年五月に大統領に就任後、初めてとなる対外政策概念は、その年の七月に公表された。

日本については、次のような記述がなされていた。[1]

「ロシア連邦は、日本との安定的な関係発展と、両国の国益に資する長期的な善隣関係を発展させる方針だ。ロシアは、既存の交渉メカニズムの枠組みの中で、国際的に認められる両国間の国境の画定について、双方が受け入れられる解決策の模索を続けていく」

つまり、ロシアはこの時点では、日本との間に国際的に認められている国境線がまだ存在していないという認識だったのだ。

現在のロシアの「領土問題は存在しない」という主張とはまったく異なっている。

二〇〇〇年七月の対外政策概念の作成作業は、一九九九年の大晦日に退任したエリツィン政権下で、すでに着手されていた。日本との国境が未画定だという認識も、エリツィン政権時代のものが継承されていたと言えるだろう。

ロシアが対外政策概念を更新したのは、二〇〇八年七月のことだった。

この年の五月、二期八年を上限とする当時の憲法の規定に従って大統領の座からいったん退いたプーチンに代わり、メドベージェフが大統領となっていた。しかし、二〇〇八年版の「概念」自体は、プーチン政権時代にすでにその骨格が固まっていたと思われる。

日本についての書きぶりはこうなった。[2]

「ロシア連邦は、両国国民の利益に資するような、日本との善隣関係と建設的なパートナー関係

1——http://www.ng.ru/world/2000-07-11/1_concept.html
2——http://kremlin.ru/acts/news/785

を目指す。過去から受け継がれた問題については、一般的に受け入れられる解決策についての作業が継続されるが、この道筋への障害となるべきではない」

二〇〇〇年と大きく異なり、日本との間に領土問題や国境画定問題があることを明示的には認めていない。「過去から受け継がれた問題」という一般的な書き方で、平和条約締結問題が日本との間に残されていることを示唆するにとどまっている。

さらにその問題が日本との関係発展の障害になってはいけないと位置づけている。ここには、平和条約問題を両国関係の後景に退かせようという意図がにじんでいる。

ただし、日本との交渉を続けていく方針も明記されていた。

対外政策概念はその後、二〇一三年二月と二〇一六年一一月に更新された。二〇一三年版は「未解決の問題について、双方に受け入れ可能な解決策に至る方策についての対話を続ける」と、間接的ながら日本との平和条約問題に言及していた。[3]

しかし、二〇一六年版からは、それすらも姿を消した。[4]

「ロシア連邦は、日本との間で、アジア太平洋地域の安定と安全の確保も目的として、善隣関係構築と互恵関係の実現を目指す」

非常に淡泊な記述は、対日関係の優先順位が低下したことをうかがわせる。平和条約問題など、どこかになくなってしまったかのようである。日本との対話や交渉を続けるという方針も消えてしまった。

二〇一六年版の外交政策概念が発表されたのは、プーチンが山口県長門を訪れる直前というタイミングだった。今にして思えば、その後の交渉の成り行きを予言する内容だった。

以上のように、対外政策概念の表現を見る限り、二〇〇〇年と〇八年、二〇一三年と一六年の間に、それぞれ断絶があるといえるだろう。

一九五六年宣言を認めたプーチン

プーチン本人の言葉も、この間に大きく変化してきた。

二〇一八年一一月に安倍との間で今後の交渉の基礎とすることで合意した一九五六年宣言についての過去の発言を見てみよう。

プーチンは二〇〇〇年九月三～五日の日程で東京を訪問し、当時の首相森喜朗と会談した。同年五月に大統領に就任したプーチンは、七月に沖縄で開かれたG８サミットに出席しており、大統領としての訪日はこれが二度目だった。

ちなみに大統領就任前のプーチンは、サンクトペテルブルク副市長だった一九九五年二月に、日本外務省の招待で東京、大阪、京都を訪れており、これが初めて日本に触れる機会だった。

3——http://static.kremlin.ru/media/events/files/41d447a0ce9f5a96bdc3.pdf
4——http://static.kremlin.ru/media/events/files/ru/ZIR5c3NHwMKfbxUqKvNdqKhkA4vf3aTb.pdf

二〇〇〇年九月の訪日でプーチンが一九五六年宣言に言及したのは、四日午前に行われた首脳会談でのことだった。

当時、外務省欧亜局長として交渉を担当した東郷和彦によると、このときプーチンは一九五六年宣言が有効だという考えを表明した上で、次のような見解を示した。[5]

「この場所でソ連時代のある者が一九五六年宣言の有効性を否定したことを知っているが、自分はそんなことは言わない、ただし、この問題を過度に強調することなく静かに扱い、専門家間で話し合いたい」

ソ連時代に一九五六年宣言の有効性を否定した者とは、ソ連最後の指導者ゴルバチョフのことだ。

ソ連の大統領として一九九一年四月に訪日して当時の首相海部俊樹と会談したゴルバチョフは、その後日本記者クラブで行った記者会見で、「戦争状態を終結させ、外交関係を樹立した一九五六年の文書を確認した」と述べる一方で「宣言の中で、国際法的結果を生んだものを取り入れた。実際に成立しなかったものや、チャンスを失ったものは復活させなかった」と付け加えたのだった。[6]

一九五六年宣言について、日ソ国交を回復させたという法的な効力は認めつつ、そこに明記されている歯舞、色丹の日本への引き渡し義務はすでに消滅したという趣旨の発言だった。

ソ連崩壊後のロシアを率いたエリツィンも、一九五六年宣言を積極的に認めることはなかった。

一九九三年一〇月一三日、東京で細川護熙との首脳会談を終えたエリツィンは、共同記者会見で、ロシアが旧ソ連の継承国として引き継ぐ日ソ間の条約・国際約束の中に、一九五六年宣言が含まれるかを問われて答えた。[7]

「旧ソ連が締結した条約・国際約束は履行する。実現する。もちろん、このなかには、この宣言も含まれる」

一九五六年宣言を履行するとは言っているが、歯舞、色丹の引き渡し義務に直接言及しない点では、エリツィンもゴルバチョフと大差なかった。

こうした経緯を踏まえると、プーチンが二〇〇〇年九月に一九五六年宣言が有効だと認めたこと、さらに自分はゴルバチョフとは違うという趣旨をあえて述べたことは、歯舞、色丹の引き渡しが書かれた第九項も含めて、一九五六年宣言を履行する考えがあるという意図の表明だったと言えるだろう。

東郷によると、その後の事務レベルの協議でロシア側から説明された考え方は、次のようなものだった。[8]

5――東郷和彦『北方領土交渉秘録　失われた五度の機会』新潮文庫、二〇一一年、四一三―四一四頁
6――『朝日新聞』一九九一年四月一九日朝刊
7――『朝日新聞』一九九三年一〇月一三日夕刊
8――『北方領土交渉秘録』四二一頁

「ロシアは一九五六年宣言を認めたが、直ちに二島なら実際に引き渡すという案を示したわけではない。それには新たな政治決断を必要とする。しかしその場合でも、引き渡しの対象は二島のみである」

事務レベルの協議で、ロシア側が二島引き渡しの可能性に言及するような状況は、今では想像すらできない。当時と比べると、ロシアの立場は明らかに変化したのだ。

プーチンは一九五六年宣言の履行義務を認めるにあたって、宣言の成立過程や内容を詳しく検討したと思われる。彼は宣言の第九項を暗記しており、記者会見などの機会にはメモなどを見ることなくそらんじてみせることもしばしばだ。

だが、一九五六年宣言を認めたプーチンの決断の重さを評価したのは、東郷ら日本側交渉担当者の一部にとどまった。

一九九三年にエリツィンが細川と署名した東京宣言には「択捉、国後、色丹、歯舞の帰属の問題を解決することにより平和条約を締結する」という合意が盛り込まれていた。[9]

当時日本側は、今後の交渉の対象が四島すべてとなったと受け止めた。平和条約交渉の指針としては一九五六年宣言はすでに過去のものとなったという考えが、このとき大勢となっていた。

プーチンが一九五六年宣言を認めると述べたことに対して、「日ロ間に一九九三年の東京宣言がある以上、いまさら二島しか書かれていない一九五六年宣言を持ち出されても話にならない」と受け止めた者が日本側に多かったことが、後々の交渉に影を落とすことになる。

プーチンは二〇〇〇年九月の時点で一九五六年宣言の有効性を口頭で認めたが、日本側との合意文書に明記することは拒んでいた。それが実現したのは、翌年三月、ロシアのイルクーツクで行われた日ロ首脳会談だった。

プーチンは会談を前にＮＨＫのインタビューに応じて、次のように語った[10]。

「私たちは、真摯に日本との平和条約締結を目指している。国境画定も、その不可欠な要素だ」

プーチンはここではっきりと、日本との間の国境が未画定で、それを画定させることが平和条約の役割だという認識を語っている。

現在の「日本との間に領土問題は存在しない」「第二次世界大戦の結果を日本が認めることが平和条約の主要な要素だ」という主張とはまったく異なる。

さらにプーチンは一九五六年宣言について踏み込んだ解釈を示した。

「一九五六年宣言についてだが、私の知るところでは、次のように書かれている。ソ連側は平和条約への署名を条件として、日本に二島を引き渡すことに同意する、と。この宣言はソ連最高会議によって批准承認されており、つまりそれは我々にとって義務だということだ」

ゴルバチョフのように、二島引き渡しの効力は失われたとは主張しない。エリツィンでさえ口

9――https://www8.cao.go.jp/hoppo/shiryou/pdf/gaikou46.pdf
10――http://kremlin.ru/events/president/transcripts/21211

を濁した、二島引き渡しが書かれた宣言の第九項を履行する義務を、正面から認めた発言だった。

ただプーチンはこのとき、こうも付け加えている。

「ここには、島がどのような条件で引き渡されるかは書かれていない。それはすべて交渉の対象となる」

今となってみれば、この発言に「二島の主権を日本に引き渡すかどうかも交渉の対象だ」という、プーチンが二〇〇四年以降に持ち出す主張の萌芽を見ることも可能だろう。

だが当時は、「島は引き渡すが主権は引き渡さない」などという突飛な議論が大手を振ってまかり通るようになるとは誰も想像していなかった。

プーチンがこのとき指摘した「引き渡しの条件」とは、引き渡す時期とか、現在島に住んでいるロシア人の権利の擁護とか、二島を実際に日本領とする際に起きる様々な問題の解決策のことだというのが、常識的な理解だった。

おそらくプーチンも、この時点ではそのような考えだったのではないだろうか。国境画定が平和条約の不可欠な要素だという自身の発言が、そのことを物語っている。

首脳会談後の朝日新聞は、日本側関係者の話として、プーチンから森に対して会談の中で次のような発言があったと伝えた[11]。

「今は難しいが、自分がもう一期（四年間）大統領をできれば、二島を返還できるよう全力をあげたい」

首脳会談の結果として森喜朗とプーチンが署名したイルクーツク声明には、一九五六年共同宣言が明記された[12]。一九九一年のソ連崩壊後、両国の合意文書にこの宣言の名前が記されるのは初めてのことだった。

イルクーツク声明には、今後の平和条約交渉の指針について、以下のような共通認識が書き込まれている。

一、一九五六年宣言を平和条約締結に関する交渉プロセスの出発点を設定した基本的な法的文書であることを確認

二、その上で、一九九三年の東京宣言に基づき、択捉、国後、色丹、歯舞の帰属に関する問題を解決することにより平和条約を締結し、両国間の関係を完全に正常化する

二島だけが書かれている一九五六年宣言と、四島が盛り込まれた東京宣言の関係を整理した内容だった。

森喜朗はプーチンとの首脳会談で、この声明を足がかりに、「歯舞、色丹の日本への引き渡し

11――『朝日新聞』二〇〇一年四月四日朝刊
12――https://www8.cao.go.jp/hoppo/shiryou/pdf/gaikou60.pdf

をめぐる諸条件についての交渉」と、「国後、択捉の取り扱いをめぐる交渉」を同時並行で進める、いわゆる「同時並行協議」を進めるようプーチンに働きかけた。[13]

しかしこの路線は、森がこの会談の翌月に退陣したこと、さらに森の対ロ外交を後押ししていた衆議院議員の鈴木宗男が逮捕され、東郷も更迭されたことなどから、立ち消えとなっていった。

一九五六年宣言をめぐる状況が大きく動き出すのは、この三年後、二〇〇四年のことだった。それは、日本にとっては望ましくない方向への動きだった。

最後通告?

きっかけは、二〇〇四年一一月一四日、ロシアのテレビ局HTB《エヌテーヴェー》が外相のラブロフに行ったインタビューだった。

ロシアの有力紙コメルサントは、翌日の朝刊一面トップでセンセーショナルに伝えた。記事の書き出しは次のようなものだった。[14]

「ロシアのラブロフ外相は、南クリルの二島を引き渡すことによって、ほぼ半世紀に及ぶ領土紛争に終止符を打つことを事実上、日本に提案した」

コメルサントによると、ラブロフ発言は、以下のようなものだった。

「我々は日本との関係を完全に正常化したいと考えている。そのために重要なことは平和条約に署名して、その枠組みの中で領土問題を解決しなければならないということだ」

「（一九五六年宣言について）フルシチョフの口頭での声明だったと言う者もいるようだが、そうではない。これはソ連最高会議によって批准承認された宣言であり、日本に二島を渡すことによって終止符を打つことを求めている」

「一連の原因によって、その後は進展しなかった。（ソ連の）継承国家として、我々はこの宣言を認める。しかし、その実現には両国による協議が必要だ」

ラブロフはここで、ロシアと日本の間に領土問題が存在していることをはっきりと認めている。平和条約の中でそれを解決しなければならないという見解も明快だ。また、二島の引き渡し義務に対しても、何の前提条件もつけていない。

いずれの点についても、今のラブロフなら、口が裂けても同じことは言わないだろう。

一方でラブロフは、二島引き渡しで終止符を打つ、つまり日本が求める四島返還には応じる余地がないという立場も明確にしている。

翌日、プーチンはラブロフの主張を追認する。閣僚らを集めた会議で、以下のように発言したのだ[15]。

「ところでセルゲイ・ヴィクトロヴィチ（ラブロフ）、あなたのインタビューを見た。我々の外

13――『北方領土交渉秘録』四六二頁
14――https://www.kommersant.ru/doc/524760
15――http://kremlin.ru/events/president/transcripts/22685

交政策の優先事項についての詳細な説明に感謝したい。指摘しておきたいのは、我々はもちろん、自らに課せられたすべての義務を常に履行するということだ。それが批准された文書であるならばなおさらのことだ。ただし当然ながら、その合意について相手が履行する用意がある限りにおいてのことだ。我々の知るところでは、我々が一九五六年に（共同宣言を）解釈し、今も解釈しているような理解にはまだ達することができていない。この点についてさらに話をしなくてはならない」

ラブロフは応じた。

「まだ誰も、この合意（一九五六年宣言）を実現しようとすらしていません」

プーチンの言葉は、ラブロフのインタビューでの発言が決して独断でなされたものではなく、プーチンとも打ち合わせた上で周到に行われたことを示している。

さらに、この発言からは、一九五六年宣言についてのソ連、ロシアの解釈と日本の解釈が食い違っているとプーチンが考えていることも分かる。

一九五六年宣言は二島引き渡しで領土問題に終止符を打つことを想定しているというのがソ連時代と変わらないロシアの主張であり、択捉、国後をめぐる領土問題が残されているという日本とは今も平行線のままだ、というのがこのときのプーチンの主張だ。

なぜこうした食い違いが生じたかは、第五章で取り上げる。

日本がロシアと同様に一九五六年宣言を解釈するのであれば、つまり二島引き渡しによって領土問題に終止符を打つのであれば、平和条約を締結できる。しかし、従来通り、国後、択捉を協議の対象とし続けるのであれば、協議には応じられない。これが、プーチンがここで明らかにしたロシアの立場だった。

ラブロフのインタビューとプーチンの発言は、月内に予定されているアジア太平洋経済協力会議（ＡＰＥＣ）で行われる小泉純一郎とプーチンの首脳会談の直前というタイミングだった。おそらく二島引き渡しで手を打とうという、日本に対する呼びかけだった。

今の安倍政権であれば、この誘い水に喜んで応じていただろう。

だが当時の日本は「二島ぽっきりではお話にならない」という受け止めが大勢だった。朝日新聞はプーチンの発言について「『4島』認めぬ強硬姿勢」という見出しで報じた。[16]

小泉の反応も冷ややかなものだった。[17]

「二島返還は既定の事実と受け止めている。日本はそれでいいということにはならない。四島の帰属を明確にしてからでないと、平和条約締結にはなりません」

これは日本の公式見解を反映した発言ではあるが、ゴルバチョフやエリツィンもできなかった二島引き渡しの義務を自ら認めたという、プーチンの自尊心を踏みにじるものだった。

16――『朝日新聞』二〇〇四年一一月一六日夕刊
17――『朝日新聞』二〇〇四年一一月一六日夕刊

森がプーチンと共に進めようとした「同時並行協議」に戻る考えさえ、小泉にはないことがはっきり読み取れる発言だった。

ただしロシア側も、二島で終止符を打つという提案が当時の日本にとって受け入れがたいということは十分理解していたはずだ。

ラブロフの発言を報じた前述のコメルサントの記事は「もちろん日本政府は一九五六年宣言に沿った平和条約に署名することはない」と断言。「ラブロフの発言が交渉に突破口を開くことはないだろう」と正しく予見していた。

ラブロフやプーチンの発言が、本気で平和条約交渉に決着をつけようとした日本への呼び水だったのか、それとも日本から拒否されることを承知の上での揺さぶりだったのかは不明だ。

結果的に、二島引き渡しで平和条約問題を解決できるという考えをロシア側が示唆するのは、これが最後の機会となった。その意味で、これはロシアによる実質的な最後通告だった。

小泉とプーチンは一一月二一日、ＡＰＥＣ首脳会議が開かれたチリのサンチアゴで首脳会談を行ったが具体的な結果はなにもなかった。

会談後の記者会見でプーチンは語った[18]。

「平和条約締結問題を含む未解決の問題について率直に話し合った。我々は、今の時点では残念ながら、これらの問題の解決には近づかなかった」

日本側はこの会談で、二〇〇五年初めに想定されていたプーチンの訪日時期を確定させようとしていたが、それも実現できなかった。

一方ロシア国内では、二島を日本に引き渡そうとしたとして、ラブロフやプーチンの発言に対する批判が巻き起こった。

ロシア下院の愛国主義的会派「祖国《ロージナ》」を率いるドミトリー・ロゴージンは「クリルの四島は歴史的にではないが、第二次世界大戦の勝利によって、ロシアに帰属した」と述べた。[19] これは現在のロシア政府の主張と同一だ。

ちなみにロゴージンはこの後、二〇一一年から一八年まで、ロシア副首相として政府の一員となった。

ロシア自由民主党党首のウラジーミル・ジリノフスキーは「いかなるものであれ、島の日本への引き渡しは敗北を意味する」と述べた。

当時、ラブロフの主張に同調したのは、リベラル系政治家として知られるイリーナ・ハカマダやボリス・ネムツォフだった。ネムツォフはその後プーチン批判を強め、二〇一五年二月、モスクワ中心の赤の広場近くで暗殺されることになる。

北方領土をロシア側で管轄するサハリン州の州都ユジノサハリンスクでは一一月二〇日、数千

18——http://kremlin.ru/events/president/transcripts/22702
19——https://www.rbc.ru/politics/15/11/2004/5703b6829a7947783a5a5d3c

人が参加して、日本への島の引き渡しに反対するデモが行われた。[20]

二島での決着というプーチンやラブロフの提案に対する日本からの手厳しい拒否とロシア国内での反発。これらがどこまで影響したのかは不明だが、プーチンはこの後、急速に態度を硬化させていく。

その一端が明らかになるのは、早くも小泉との首脳会談の一カ月後のことだった。

主権を渡すとは限らない

二〇〇四年一二月二三日、プーチンは内外の記者を集めて、大規模な記者会見を開いた。毎年恒例の大記者会見はこのときが四回目。近年はモスクワ市内の国際会議場で行っているが、このときはモスクワのクレムリンで開かれた。会見の時間は昨今は四時間を超えることが多いが、このときは三時間二分だった。[21] プーチン政権も五年目を迎え、次第にそのスタイルが固まりつつある時期だったと言えるだろう。

この記者会見で、共同通信モスクワ支局長の松島芳彦が、日ロ平和条約交渉についてのプーチンの見解を質した。[22]

「平和条約問題について質問したい。ラブロフ外相は一九五六年宣言に基づいて二島を引き渡すことにより領土問題を解決することを提案している。一方、日本は四島を望んでいる」

ここで会場からは笑い声が起き、プーチンも楽しそうに茶々を入れた。

「我々はもっとたくさん持っているよ」

松島は構わず続けた。

「何らかの譲歩は可能だろうか。あなたの立場はどのようなものか。そして、日本への訪問はいつになるのか。戦勝記念日の五月九日の前か後か。もしも妥協がなければ、訪日を取りやめることもあり得るのか」

プーチンはまず、日本との関係が発展しつつあるという見解を示した上で、平和条約問題についての基本認識を述べた。

「我々をひどく悲しませているのは、今に至るまで平和条約問題が解決されていないことだ。日本の国益のためにもロシアの国益のためにも、我々の関係発展を阻害している問題はできるだけ早く取り除かなければならない」

プーチンはその上で、前月のラブロフ発言についての見方を披露した。

「我々の外相が語ったことについて言えば、私も見ていたが、彼は島の引き渡しなど提案していなかった」

ここで、会場のロシア人記者らから拍手が沸いた。

20——https://sakhalin.info/politics/list247/26449
21——https://ria.ru/20151217/1341887915.html
22——http://kremlin.ru/events/president/transcripts/22757

前述のように、ラブロフの一一月のインタビューは、二島引き渡しで領土問題を最終的に決着する提案だと、ロシア国内で広く受け止められていた。それを打ち消すような発信はロシア政府からはなされなかった。逆にプーチンは追認する発言さえしていた。

それから一カ月あまり。小泉との首脳会談を経て、プーチンが態度を硬化させている兆しがこの発言に表れていた。

プーチンは続けた。

「なぜ拍手をするのかな？　彼（松島）は一九五六年宣言に言及した。私と森（喜朗）さんはこの宣言を注意深く検討したので、私はそこに書かれていることをよく覚えている。私はいつも仕事に関連する文書は自分で読むように努めているのだ」

以下の発言は、プーチン自身が一九五六年宣言を「注意深く検討した」結果たどり着いた解釈を示したもので、極めて重要だ。

プーチンはいっさい手元の資料を見ることなく語った[23]。

「一九五六年宣言は、ソ連において批准され、日本でも批准された。したがって、あなた（松島）が今言われた『我々が欲しいのは二島ではない、我々は四島を求めている』というのは、私には少し奇妙に感じられる。それならばなぜ、あのとき批准したのだろうか。ロシアはソ連の法的継承国であり、我々は当然、ソ連から引き継がれたすべての国際法的な義務を履行するよう努める。それがどんなに困難なものであってもだ。ソ連は四島を受け取った。もしくは、我々の言い方では、四島を取り戻した。なぜなら、第二次世界大戦後は、常にそれが自分たちのものだと考えていたからだ。ソ連は一九五六年宣言に署名し、それを批准した」

「その第九項に書かれているのは、二島の引き渡しを可能とする絶対的な前提条件は、平和条約への署名であり、それが領土問題の完全な解決を意味するということに疑問の余地はないということだ。日本がこの宣言に署名をしたなら、なぜ今になって再び四島の問題を持ち出すのだろうか。これが一番目の論点だ」

プーチンの口調は非常に厳しく、断固としたものだった。一九五六年宣言に書かれているのは歯舞、色丹の二島だけであり、それ以外の領土問題は存在しない――これは一九五六年宣言当時のソ連の立場と変わらない。

一方、日本側は、二島で済むのであれば一九五六年に平和条約を締結できた。まだ解決されていない領土問題、つまり国後、択捉が残っているから平和条約交渉を続けているのだ、という立場だ。

日本側は、一九九三年の東京宣言で、ロシアを自分たちの考える「四島」という同じ土俵に乗せることに成功したと考えていた。

しかし、二島以外に領土問題は存在し得ないということこの日の発言からは、プーチンがすでに東

23――https://www.youtube.com/watch?v=SJNwGeGYlTM

京宣言や、それをプーチン自身が追認した二〇〇一年のイルクーツク声明で確認した立場から離れていることを示していた。

さらに重要な発言が、この先に待っていた。

「第二に、私は法律の教育を受けた者として[24]、宣言の構成に注意を向けたい。そこに書かれているのは、ソ連が二島を引き渡す用意があるということだ。どのような条件で引き渡すのか、いつ引き渡すのか、その領域にどの国の主権が及ぶのかは書かれていない。それはすべて我々の注意深い検討と我々の相手、つまり日本の友人たちとの共同作業の対象なのだ。したがって、関係の水準を高め、友好関係を築いて初めて、過去から受け継がれたこのような複雑な問題を解決できるのだ」

「どこの国の主権が及ぶかは書かれていない」。この部分に、プーチンは特に力を込めた。歯舞、色丹を引き渡すとしても、主権まで渡すかどうか分からない。後にプーチンが頻繁に繰り返すようになるこうした見解を、プーチンが公の場で口にしたのは、この記者会見が初めてのことだった。

一九五六年宣言で約束された島の数を「二」から「ゼロ」へと引き下げるという意味で、これは決定的な発言だった。

ただこれは、一九五六年宣言の解釈としてはあまりに突飛というしかない。

一九五六年当時の交渉の経緯を見ても、ソ連は二島を平和条約締結後に日本の主権が及ぶ領土とする考えを明確にしていた。元駐日ロシア大使のアレクサンドル・パノフや、日ロ関係の専門家のドミトリー・ストレリツォフら現代ロシアを代表する日本のエキスパートたちも、当然のことながら、一九五六年宣言は主権も含めて歯舞、色丹を日本に引き渡すことを規定しているという見解だ。

日本のメディアは当時、この発言を正面から取り上げることにためらいを覚えたようだ。日本への牽制球として、あえて高い球を投げた。そんな可能性を考えたのだろう。

それに、プーチンの発言の前半は、依然として二島での決着を目指しているようにも受け取れる。一一月に表明したばかりの立場を大きく後退させたと断定するには、この記者会見だけでは材料不足だった。

例えば朝日新聞は「ロシア大統領『2島返還、軸に』『4島』要求を牽制」という見出しで、記者会見の様子を比較的短い記事で伝えている。[25] 主権をどうするかも決まっていないという発言は、その意味合いを分析することなしに、そのまま紹介している。

余談だが、ロシアに限らず政治家が突飛とも思えるような発言をした際、それが口を滑らせたり、あえて注意を引くために大げさに言ったりしたものなのか、真剣に練り上げた表現として発

24――プーチンはレニングラード大学（現サンクトペテルブルク大学）法学部卒
25――『朝日新聞』二〇〇四年一二月二四日朝刊

信されたものなのか、判然としないケースは珍しくない。

前者の例として挙げられるのが、二〇一八年一二月一七日の外相ラブロフの発言だ。ロシアのラジオ番組のインタビューに応じたラブロフは、一九五六年宣言について、とんでもない解釈を披露した。[26]

「平和条約締結後に歯舞と色丹を引き渡す用意があると書かれているが、どのように、誰に、いつ、どんな意味合いで引き渡すかについては、検討する必要がある」（傍点引用者）

「誰に」とラブロフは言うが、当然のことながら一九五六年宣言には、はっきりと「日本に」引き渡すと書かれている。口を滑らせたのかもしれないし、時にきわどい冗談を好むラブロフならではのリスナー向けサービスだったのかもしれない。

ただ一つ言えることは、日本への敬意や、真摯に日本との交渉に取り組む姿勢が見られない発言だったということだ。

話を二〇〇四年一二月に戻そう。プーチンのこのときの記者会見での主権についての発言は、決して冗談や誇張ではなく、考え抜かれた上でのものだった。後にまったく同じ内容の発言を決まり文句のように繰り返すようになったことから、そのことがわかる。

プーチンはこのとき、松島から質問された自身の訪日日程の見通しについては回答を避けた。日ロ間で、当初は二〇〇五年の早い時期の実現を目指していた訪日が実現するのは、大幅に遅れて二〇〇五年一一月のこととなる。それまでの間に、ロシアの態度が後戻りできないところまで大きく変わったことが、次第に明らかになっていく。

駐日公使の論文

二〇一八年一月に駐日ロシア大使に就任したミハイル・ガルージンは、並の日本人よりも流暢な日本語を駆使するロシア外務省きっての日本の専門家だ。エリツィン政権時代に大統領の日本語通訳を務めており、日ロ交渉の裏も表も知り尽くしている。

そのガルージンが駐日公使を務めていた二〇〇五年に発表した一本の論文が、大きな波紋を広げた。

論文が掲載されたのは、ロシア外務省が発行する月刊誌「メジュドゥナロードナヤ・ジーズニ（国際生活）」の六月号。[27]

ガルージンの立場といい、発表した媒体といい、ロシア外務省のこの時点での対日交渉方針を反映した論文と見ていいだろう。

最も注目されたのが、第二次世界大戦末期に、当時日本領だった北方領土を含む千島列島やサハリン南部をソ連が占領したことについて、日本の軍国主義による侵略行為が招いた帰結であり、

26——https://www.mid.ru/ru/foreign_policy/news/-/asset_publisher/cKNonkJE02Bw/content/id/3448023
27——『Международная Жизнь』2005(6), p.82-93

日本に責任があるという立場を明確に打ち出したことだった。

後にロシア政府が前面に押し出すようになる「第二次世界大戦の結果を日本は受け入れよ」という主張の原型が、この論文に表れていた。

ガルージンは論文の中で、以下のように主張している。

「第二次世界大戦当時、日本がナチスドイツの同盟国であり、ソ連と戦うヒトラー指導部に可能な限り協力していたことを忘れるべきではない。よく知られているように、第二次世界大戦の結果、一九四五年二月一一日のソ連、米国、英国によるヤルタ合意に基づいて、ソ連にサハリン南部が返還され、クリル諸島が引き渡された」

「指摘しなければならないのは、前記の出来事についての今日の日本の態度は、多くの面で冷戦時の古いステレオタイプの印象が刻まれており、戦争時のアジア太平洋における日本軍国主義の侵略行為を覆い隠し、日本とファシスト・ドイツによる同盟関係の反ソ的な志向を過小評価しようとする傾向が際立っており、まるで『一九四一年の日ソ中立条約を破ったソ連が侵略者』であって、日本がほとんど『罪のない犠牲者の側』であるかのように見せようとしている、ということだ」

大戦末期の一九四五年二月にソ連のスターリン、米国のルーズベルト、英国のチャーチルがクリミア半島のヤルタに集まり、ソ連の対日参戦への見返りとして、サハリン南部と千島列島をソ連に割譲することを約束した。ガルージンはこのヤルタの密約を、ソ連の北方領土占領を正当化する論拠としている。

日本は一貫して、日本の知らないところで結ばれた密約に日本は拘束されないと主張してきた。ガルージンはそれも十分承知の上で、こうした論を展開している。

ガルージンが使った「第二次世界大戦の結果」という言葉は、これまで見てきたように、現在のロシアの対日交渉方針を語る上で欠かせないキーワードだ。

当時この論文は、前年一二月のプーチンの記者会見以上に日本で注目され、国会でも取り上げられた。

二〇〇五年七月二二日の衆議院外務委員会で公明党の丸谷佳織が論文に対する政府の見解を質した際に、当時の外相町村信孝は次のように答弁した。

「ヤルタ協定が日本にも拘束力を持つかのような主張、あるいは日ソ中立条約違反のソ連の対日参戦を正当化するような主張、これらについてはとても受け入れられるものではない」

「二〇日に、我が方大使館の方から先方外務省に対して、適切ではない部分があるという点については先方にきちんと指摘を行った」

近年、外相のラブロフを筆頭に、ロシアの外交関係者から繰り返し同じような見解が示されているため、すっかり慣れっこになってしまったが、二〇〇五年当時は、ガルージンが示した見解は異例の内容だった。だからこそ、日本政府はロシア外務省に抗議したのだった。

もしも今、ロシア側からの同じような発信にいちいち抗議などしていたら際限がなくなってしまうだろう。こうした事実も、この時期にロシア政府の主張が大きく変わっていったことを物語っている。

ちなみに、このときの衆議院外務委員会の質疑では、外務省欧州局長の小松一郎が次のような答弁をしている。

「五六年の共同宣言に基づく二島の引き渡しをもってこの領土問題の最終解決をするというロシア側の主張というのは、私どもとして受け入れられるものではございません」

つまり日本政府はこの時点で、ロシアの方針が依然として二島引き渡しによる決着だと考えていたのだ。

だが実際には前述の通り、前年一二月のプーチンの記者会見の時点ですでに、歯舞、色丹の主権を日本に引き渡すかどうかは決まっていないという「ゼロ島返還」とも言える立場までロシアは後退していた。そのことに日本外務省は気付いていなかった。

さて、歴史認識をめぐる厳しさで日本を驚かせたガルージンの論文だが、近年のロシア政府の主張と比較すると、穏当な内容も含まれていた。

例えば、次のような部分だ。

「ロシアと日本の間には、今に至るまで、国際法に規定された国境線は存在していない」

「一九五六年共同宣言のほか、一九九三年の東京宣言、二〇〇三年にプーチン大統領と日本の小泉首相が合意した『行動計画』などの二国間の文書に基づいて、択捉、国後、色丹、歯舞の帰属の問題の解決を盛り込んだ平和条約を締結することによって、両国間の国境画定の問題は解決されなければならない」

駐日大使となった今のガルージンが、こうした見解を口にすることはあり得ない。北方四島はロシアに帰属しており、それは国際法によって確定しているというのが今のロシア政府の立場だからだ。

東京宣言に言及することも、択捉、国後、色丹、歯舞の四島の名前を挙げることもないだろう。ましてそこに帰属の問題があるような認識を示すことは考えられない。

こうして見ると、ガルージンの二〇〇五年六月の論文は、ロシアの立場が前年までと比べて大きく後退しつつあるものの、まだ最終的なところには行き着いていない過渡期の中で書かれたと言うことができるだろう。

日ロ交渉の分岐点

二〇〇五年七月七日、首相の小泉はG8サミットが開かれた英国のグレンイーグルズでプーチンと約三〇分会談し、日本側が待ち望んでいた大統領訪日を一一月二〇～二二日の日程とすることで合意した。

訪日を前に、プーチンが日ロ関係について語る機会が九月二七日に訪れた。プーチンがこのテーマで発言するのは、前年一二月二三日の記者会見以来のことだった。

プーチンはこの日、生放送のテレビ番組「プーチン・ホットライン」に出演。その中で、国後島出身の若者の質問に答えたのだった[28]。

質問は約三時間に及んだ番組の冒頭近くで取り上げられた。プーチンは訪日前のこの機会に、自らの立場をはっきりさせておこうと考えたのだろう。

モスクワ時間の正午に番組が始まって約五分後、モスクワとサハリン州の州都ユジノサハリンスクが、中継で結ばれた。極東のユジノサハリンスクでは、すでに夕闇が迫っていた。

司会者が、一人の若者にマイクを向けた。

「私はデニスと言います。サハリン国立大学の二年生です。（国後島の）ユジノクリリスク出身ですが、ここで学んでいます。私一人ではありません。同郷人がたくさんいて、同じ疑問を持っているのです。私たちはみな学生で、まもなく卒業して、この先の人生では、おそらくクリルに貢献することになるでしょう。そこで、こういう質問があるのです。この地域はどう発展していくのでしょうか。私たちはそこでちゃんと暮らし、働くことができるでしょうか。そして、日本の問題は結局のところどう解決されるのでしょうか」

プーチンは念を押した。

「どんな問題のことかな」

若者が答えた。

「南クリルの日本への引き渡しについてです」

プーチンはまず、極東の発展に政府を挙げて取り組んでいることを説明して、「あなたやあなたの友人たち、島を含む極東に住み、働き、学んでいる人たちのために、すべての知識や力を使えるような条件が整えられることを願っている。大いに生活し、働き、学んでほしい」と述べた。

その上で、日本との関係について答えた。

「クリルの四島についての日本との交渉プロセスについて言えば、これらの島はロシアの主権下にあり、それは国際法によって確定しており、第二次世界大戦の結果なのだ。この点について、我々はいっさいの議論に応じるつもりはない」

四島にロシアの主権が及んでいることは国際法で確定している――これは、それまでのロシアとは根本的に異なる主張だった。

ガルージンは前述の論文で「第二次世界大戦の結果」ということは言ったが、日ロ間に国際法に基づく国境線は存在しないという見解を示していた。その時点から比べても、ロシアの立場は大転換を遂げたことになる。

日ロ関係の研究者である大崎巌はこのときのプーチンの発言について、「大統領は、初めて『南クリルの問題』を『第二次大戦勝利』という政治的イデオロギーの中に明示的に位置づけ、この発言以降、同大統領の口から五六年宣言を基礎に両国が妥協し領土問題を解決しようとの具

28――http://kremlin.ru/events/president/transcripts/23190

体的呼びかけは見られなくなった」と指摘している。「日ロ交渉の分岐点」になったとの見解だ[29]。

今に至るロシアの対日交渉姿勢がこのとき初めて姿を現したと言うことができるだろう。四島にロシアの主権が及んでいることについてはいかなる議論もするつもりはないというプーチンの言葉は、その後のロシアの対日外交の基本方針として計り知れない重みを持つことになった。

ただ、ここに至っても、ロシアが対日交渉方針を根本的に変えたという理解は日本ではすぐには広まらなかった。

筆者自身、このとき朝日新聞の特派員としてモスクワに勤務していたが、「ずいぶん厳しいことを言うな」と感じたものの、それが「日ロ交渉の分岐点」だとは気づかずにいた。

当時紙面に掲載された記事も、「北方四島領有正当性強調　ロシア大統領」という見出しの比較的短いもので、一面ではなく、国際面に掲載された。プーチン発言の意味するところについては「四島をロシアが領有している現状の正当化」という評価にとどまっていた[30]。

新しい対日交渉方針

筆者がロシアの対日交渉方針がはっきりと変わったことを思い知ったのは、プーチンのテレビ出演の三日後、九月三〇日のことだった。対日関係を担当するロシア外務省高官に匿名を条件に取材した結果が、翌日の朝刊一面に掲載された。

【モスクワ＝駒木明義】一一月に予定されているプーチン大統領の訪日を前にロシア政府は、北方領土問題で、四島がロシアに帰属することを確認する平和条約を結ばなければ、五六年の日ソ共同宣言で約束した歯舞、色丹二島の日本への引き渡し交渉に応じないとの方針を固めた。ロシア外務省高官が三〇日、明らかにした。

プーチン大統領は二七日のテレビ番組で「四島はロシアの主権下に置かれている。この点について議論する用意はまったくない」と発言していた。

これについて、同高官は三〇日、朝日新聞記者に「まず四島の主権がロシアにあることを平和条約で確定させる。その後、初めて二島引き渡しの交渉を始める。これが、ロシア政府として正式に確認した方針だ」と述べた。

プーチン大統領は一一月に訪日し、小泉首相と北方領土問題も議論する見通しだ。日本への二島引き渡しで領土問題を解決するというのが従来のプーチン政権の姿勢だった。その二島引き渡しの前提となる平和条約締結の条件として、四島のロシアへの帰属の確認を求める方針が

29――大崎巌『ロシア政治における「南クリルの問題」に関する研究』二〇一五年、博士論文
30――『朝日新聞』二〇〇五年九月二八日朝刊

明らかになったのは初めて。

こうした姿勢は、平和条約で四島の日本への帰属を確認し、日ロ間の最終的な国境線を画定するという日本側の方針とかけ離れており、交渉は難航が予想される。

「平和条約では四島がロシア領であることを確定する」「歯舞、色丹二島の引き渡し交渉は、平和条約締結後に始める」——二〇一六年以降の交渉で安倍の前に壁となって立ちはだかったロシアの方針は、このとき明らかになったのだった。

筆者は国際面に書いた解説記事で次のように指摘した。

「今回明らかになった方針は、単なる二島返還による解決策よりも一層厳しいものだ。平和条約を締結した後も引き渡しを巡る交渉が続くことになるからだ」

「五六年宣言では、二島の日本への引き渡しについて、『平和条約締結後』に『日本の要望にこたえ、日本の利益を考慮して』という条件がつけられているが、それを最大限日本側に厳しく解釈した格好だ」

「日本政府は過去の交渉で、ロシアが四島を領有している現状を『合法』と認め、当面の間継続することを認める用意を表明したことはある。しかし、あくまで平和条約で四島の日本への帰属を確定することが前提であり、プーチン大統領が表明したような『四島がロシアの主権下にある』との立場を平和条約に盛り込むことを認める余地は極めて乏しいと見られる」

記事の最後の部分で指摘した、日本政府が過去の交渉で示した提案とは、一九九八年四月に訪日した当時の大統領エリツィンに首相の橋本龍太郎が示した、いわゆる「川奈提案」のことだ。

川奈提案は「日ロ間の国境が択捉島とウルップ島の間にあることを平和条約で確定させることができれば、四島をロシアが領有している現状を『合法』だと認めて、歯舞、色丹も含め、日本への引き渡しは直ちには求めない」という内容だった。

葬られた東京宣言

二〇〇五年一一月二〇～二一日の日程で、プーチンは東京を訪れた。当初の予定から一年近く遅れての訪問となった。

だが事前の交渉の段階で、平和条約問題で成果が出せないことはすでにはっきりしていた。

プーチン訪日の直前の一一月一六日、韓国の釜山で会談した外相の麻生太郎とラブロフは、首脳会談で共同声明の発表を見送る方針を確認した。「領土問題に対する双方の原則的立場が隔たっている」ことが理由とされた。[31]

最大の問題になったのが、一九九三年の東京宣言の扱いだった。四島の名前を列挙してその「帰属に関する問題」を解決することで平和条約を結ぶことで合意したこの文書は、細川護熙と

31――『朝日新聞』二〇〇五年一一月一七日朝刊

エリツィンによって署名された文書だが、プーチンも幾度となく追認してきた。ガルージンが五カ月前に発表した論文にも、遵守されるべき合意として記されていた。

にもかかわらず、プーチン訪日を前にした交渉では、ロシア側が合意文書で東京宣言を再確認することを頑なに拒んだ。このことは、ロシアがこの間に立場を根本的に変えて「四島の帰属の問題は解決済み」という主張に転じたことを物語っていた。

これ以降、ロシアは今に至るまで、一貫して東京宣言を両国の合意文書に盛り込むことを認めていない。それどころか、択捉、国後、色丹、歯舞の四島の名前を列挙することさえ拒否するようになった。

このため、第三章でも指摘したように、二〇一六年一二月にプーチンが山口県長門を訪問した際に合意した共同経済活動をめぐる声明では、日本側が発表した文書が四島の名前を列挙したのに対し、ロシア側が発表した文書では「南クリル」と表記されている。

結果的に、両国の合意文書に東京宣言や四島の名前が書き込まれたのは、二〇〇三年一月に小泉が訪ロした際に発表された「日露行動計画の採択に関する日本国総理大臣及びロシア連邦大統領の共同声明」が最後になった[32]。

二〇〇三年から〇五年にかけての対ロ外交に関与した日本側の関係者は、「日露行動計画の合意から二年も経たないうちにロシア側の態度が豹変したのは驚きだった。プーチンの指示なくしては考えられないことだった」と振り返る。

二〇〇三年の小泉訪ロから一〇年ぶりの日本首相の公式訪ロとなった二〇一三年四月の安倍訪ロの際も、ロシア側は、合意文書に東京宣言や四島の名称を書き込むことを頑なに拒んだ[33]。

結局、このとき採択された「日露パートナーシップの発展に関する共同声明」では、先述の二〇〇三年の共同声明[34]に言及するだけにとどまった。

日本側から見れば、間接的に東京宣言を確認したと、なんとか主張できる形だけは整えたという結果だ。

しかし実態を見れば、日本が長く対ロ交渉の到達点と位置づけてきた東京宣言は、二〇〇五年一一月、ロシアによって一方的に死文化されたと言うことができる。

プーチンはこのときの首脳会談後、小泉と共に共同記者会見に臨んだ。時事通信の記者が「東京宣言はまだ有効なのか」と質問した。

しかしプーチンは答えをはぐらかした[35]。

「今日の小泉首相との会談で、地域に住む人々、ロシアと日本の国民の利益にかなう解決策を見つけたいという願いがロシアにも日本にもあることが分かった」

32——https://www.mofa.go.jp/mofaj/area/russia/kyodo_0301.html
33——当時の日本側交渉関係者の証言
34——https://www.mofa.go.jp/mofaj/files/000004183.pdf
35——http://kremlin.ru/events/president/transcripts/23290

この時点で、本章の冒頭に列挙した、プーチンが二〇一八年から一九年にかけて安倍に示した強硬な主張のうち、日米安保に対する懸念以外の、すべての要素が出そろっていた。

進む開発計画

ロシアの変化は、口先だけのものではなかった。二〇〇六年八月、ロシア政府は二〇〇七年から一五年までを対象とする「クリル諸島社会経済発展計画」を策定する。[36]計画の戦略的課題は「クリル列島に永住する住民にとって好ましい生活環境を作り出し、この地域の居住地としての魅力を高める」こととされた。

それまでロシアの中でも最もインフラ整備が遅れ、取り残されていた地域となっていた北方四島の底上げが目的だった。連邦予算などから一七九億ルーブル（当時のレートで約八〇〇億円）を投じることが報じられた。

経済発展貿易相のゲルマン・グレフは、ロシアの記者から「島の日本への引き渡しの問題はロシア政府内では検討されていないということか」と質問されて、「完全にその通りだ」と断言した。[37]

これを機に北方四島は急速に変貌を遂げる。

計画が実行に移されてから三年後の二〇一〇年四月にＮＨＫ北海道が現地を取材した番組に出演した東郷和彦は、映像を見た感想を以下のように記している。[38]

「これまで最も貧しいとされていた色丹島が、携帯電話や薄型テレビ、毛皮から宝石類にあふれたお店と、見事な体育館とコンピュータ・ルームと食堂を備えた学校をもつ『豊かな』島に生まれ変わっていた。最も衝撃的だったのは、九〇年代、極貧のなかで、その八割が日本への返還を支持していたこの島のロシア人島民が『もはや返還はありえない』と語っていたことである」

歯舞、色丹の二島の日本への引き渡しを認めない立場に立つのと軌を一にして、永続的にロシア人が住み続けられる土地へと整備する動きが始まったと言えるだろう。

プーチンの怒り

なぜプーチンは二〇〇四年から〇五年にかけて、日本側の交渉担当者が戸惑うほど態度を豹変させたのだろうか。一つのヒントを、プーチン自身が明かしている。

小泉との会談から半年あまりが過ぎた二〇〇六年六月二日、プーチンは、ロシアが初めて議長国を務めるサンクトペテルブルクG8サミットを前に、参加国の主要通信社を招いて、インタビューの場を設定した。

日本からは共同通信が出席した。

36――https://digital.gov.ru/ru/documents/3376/
37――https://ria.ru/20060803/52217367.html
38――『北方領土交渉秘録』八―九頁

「一九五六年宣言は二島の引き渡しを定めているが、日本は四島を求め、平和条約はまだ締結されていない。第三の妥協策はあり得るだろうか」。こうした趣旨の質問に、プーチンは冷たく答えた。[39]

「まず言わなければならないが、ロシアはまったく、一度たりとも、どこかの島を渡さなければならないと考えたことはない」

そして、一九五六年宣言についてこう述べた。

「そこには実際、日本への二島の引き渡しが取り上げられているが、どういう条件かは書かれていないし、どの国の主権が及ぶかも書かれていない」

プーチンが「二島の主権を日本に引き渡すかどうかは決まっていない」という見解を示すのは、二〇〇四年一二月二三日の記者会見に次いで、これが二回目だった。言葉遣いもほぼ一緒で、プーチンの中で、いわば定式化された解釈となっていることがうかがえる。

プーチンは続けた。

「何年か前、日本側の働きかけで、この宣言に立ち戻ることになった。私はほとんど一言一句、日本側の一人が言ったことを再現できる。『一九五六年宣言に立ち戻ることにロシアは同意できるだろうか?』。熟慮を加え、国内での一連の協議を行った後、我々は再び日本側と会談して、答えた。『我々にはその用意がある』と。しかし、少し経ってから、日本がそれを望んでいないということを聞かされた。それならば、なぜあの宣言に戻る必要があるなどという問題を提起したのだろうか」

明らかにプーチンは日本が態度を変化させたことに対して怒っていた。

「我々は日本の求めに応じて一九五六年宣言に戻ることに同意した。しかし、後から日本は『やっぱり四島を返せ』と言い出した」——こうした日本への不信感や不快感を、プーチンはこの後も繰り返し表明する。

プーチンが言う一九五六年宣言に戻りたいと求めた「日本側の一人」が、森喜朗のことを指していることは間違いない。森が二〇〇一年三月の首脳会談で、一九五六年宣言を足がかりに、歯舞、色丹の引き渡しの問題と、国後、択捉の主権の問題を「同時並行協議」で検討していこうと提案したことは、前に述べた通りだ。

だが当時の日本は、二島だけで領土問題を最終決着させることはできないという姿勢で交渉に臨んでいたはずだ。最大限譲歩をしたとしても、二島の日本への帰属を先に確認し、残る二島は継続協議という「二島先行方式」がぎりぎり受け入れ可能な選択肢だったはずだ。

だが、プーチンは、まるで日本が二島での最終決着を求めてきたかのような口ぶりだ。プーチンはなぜそのように理解したのだろうか。

日本が二島での決着を目指そうとしていたかのような印象をあえて作りだそうとしたのか。そ

39——http://kremlin.ru/events/president/transcripts/23613

れとも、日本側がいずれかの時点でプーチンにそう思わせるような働きかけをしたのか。今後の検証に委ねられる課題だろう。

プーチンは日本からの提案に対して、国内で検討を加えた末、受け入れることを決めたと語っている。もしそれが、日本への二島引き渡しに同意するという意味だったとすれば、プーチンにとって極めて重い決断だったことは想像に難くない。その分、後になって「裏切られた」ことへの怒りが深まるのもうなずける。

「やっぱり四島を求める」と日本側がはっきり言い出したのは、森政権の後を継いだ小泉政権になってからのことだ。

森と共に同時並行協議を推し進めようとしていた衆議院議員鈴木宗男、外務省欧州局長東郷和彦、外務省主任分析官佐藤優らが、小泉政権になって失脚。彼らが進めた対ロ外交を懐疑的に見ていた外務省内の「東京宣言重視派」「四島一括決着派」が主導権を取り戻したことが、そうした変化の背景にあった。

小泉政権下の外務省が内部で検討していた新しい対ロ交渉の方針について、朝日新聞が二〇〇四年七月に報道した[40]。

「対ロシア『領土』前面に 『4島一括』めざす 政府新方針」という見出しの記事によると、新しい対ロ交渉方針は「北方領土問題に偏らず包括的に両国関係を発展させるという従来の方針を実質的に転換し、領土問題を改めて交渉の中心に据える。首脳外交をテコに四島一括で日本への帰属を確認して平和条約締結を目指す」という内容だった。

これが、プーチンの怒りを呼んだ日本側の豹変だった。

二〇〇四年から〇五年に至る交渉の経緯は、二〇一八年以降の安倍外交にも大きく影響していたと思われる。

プーチンが一度は、日本側との間で一九五六年宣言に戻ることを決断しており、日本側が「四島」と言い出したために撤回したのだとすれば、改めて一九五六年宣言に戻ることも可能ではないかと安倍が考えたとしても、決して根拠のない思い込みだったと断ずることはできない。

ただ仮にプーチンがかつて一度は一九五六年宣言に基づく決着を考えていたとしても、プーチンが再び一九五六年宣言に戻る考えがあることを十分に確認しないまま、一方的に日本の立場を後退させた二〇一八年一一月のシンガポール首脳会談以降の対ロ外交は、やはり稚拙だったとのそしりは免れないだろう。

豹変の背景

とはいえ、プーチンが二〇〇四年から〇五年にかけて見せた態度の豹変を「日本の裏切りへの怒り」という狭い物語に押し込めて見るだけでは不十分だろう。もっと幅広い文脈の中で、その

40——『朝日新聞』二〇〇四年七月一八日朝刊

理由を考える必要があるように思われる。

なぜならこの時期、ロシアは国内外で大きな環境の変化に見舞われており、外交政策の変化が見られたのは対日関係にとどまらないからだ。

まず第一に考慮に入れるべき要素は、二〇〇四年三月の大統領選でプーチンが再選されたことだ。それも得票率七割を超える圧勝だった。二〇〇〇年に初当選した時の得票率約五三％から大幅に積み増したことは、エリツィンの後継者という一期目の立場を離れて、プーチンが本来指向していた外交を展開することを可能にしたと言える。

プーチンは、二〇〇四年の大統領選の直前、エリツィン政権時代の一九九八年から外相を務めていたイーゴリ・イワノフの職を解き、ラブロフにすげ替える。このことも、外交路線を転換させる前触れとなった。

イワノフは安全保障会議書記のポストに移ったが、二〇〇七年にプーチンによって解任される。外相当時からすべての国との協力関係を重視する外交を進めたイワノフは、安全保障会議書記としても、ロシアが欧州通常戦力条約の履行停止を宣言したことに異を唱え、政権内の対欧米強硬派との対立が取り沙汰されていた。[41] 外相時代に対日融和路線をとったことへの批判的な報道も相次いでいた。

ロシア国外に目を向けると、二〇〇四年三月、北大西洋条約機構（ＮＡＴＯ）にエストニア、ラトビア、リトアニア、スロバキア、スロベニア、ブルガリア、ルーマニアの七カ国が新たに加盟した。冷戦後のＮＡＴＯの東方拡大としては、一九九九年三月のチェコ、ハンガリー、ポーランドに次ぐ第二波となった。バルト三国が加盟したことで、ＮＡＴＯ加盟国がついにロシアと国境を接することになった。

第二章で見たように、ロシアはこの経緯を、ゴルバチョフが米国に欺かれた結果だったと受け止めている。

ＫＧＢ要員として、ソ連末期に東ドイツのドレスデンで過ごしていたプーチンにとって、ＮＡＴＯは「主たる敵」という認識だった。二〇〇〇年九月に来日した際には、当時の首相森喜朗に対して、かつてソ連の影響圏にあった東欧諸国が欧州連合（ＥＵ）に加盟することには理解を示したが、ＮＡＴＯに加盟しようとすることには強い嫌悪感を示した。[42] 二〇〇四年の大規模なＮＡＴＯの東方拡大は、プーチンの欧米への警戒心を一層かき立てただろう。

プーチンは最近では二〇一九年一月のインタビューでも、「何回も表明している通り、ＮＡＴＯの拡大は冷戦の遺物であり、誤った破壊的な軍事戦略だ」と厳しく批判している。[43]

さらに、二〇〇四年から〇五年にかけて、プーチンの欧米諸国への不信感、警戒感を決定的にする出来事が起きた。「オレンジ革命」と呼ばれるウクライナでの政変だ。

41――『朝日新聞』二〇〇七年七月二〇日朝刊
42――『プーチンの実像』七三―七六頁
43――http://kremlin.ru/events/president/news/59680

二〇〇四年一一月に行われたウクライナの大統領選は、プーチンの後押しを受ける親ロシア派の首相ヤヌコビッチと、親欧米路線を訴える野党のユーシチェンコによる事実上の一騎打ちとなった。

二一日に行われた両氏による決選投票では、出口調査ではユーシチェンコがリードしていたにもかかわらず、選管がヤヌコビッチの勝利を発表。首都キエフでは野党支持者らによる大規模な抗議デモが繰り広げられた。親欧米派が多いウクライナ西部では、ユーシチェンコを大統領と認定する自治体が相次いだ。

各地で繰り広げられたゼネストで、国家機能が麻痺するまでに追い込まれた。最終的に最高会議が大統領選の無効を決議し、最高裁が選挙のやり直しを決定した。

一二月二八日に行われた再投票では、ユーシチェンコが勝利を決めた。

この経緯は、ユーシチェンコ支持者たちのシンボルカラーから「オレンジ革命」と呼ばれた。

プーチンは一一月二二日、早々にヤヌコビッチに電話をかけて「選挙戦は激しかったが、透明で公正に行われた。勝利は説得力のあるものだった」と祝意を伝えており、その後の経緯で面目が丸つぶれとなった[44]。

旧ソ連では、ジョージア（グルジア）でも二〇〇三年から〇四年にかけて「バラ革命」と呼ばれる政変で親欧米派のサアカシュビリ政権が発足。キルギスでは二〇〇五年に「チューリップ革命」と呼ばれる反政権運動で、初代大統領のアカエフが国外に追われた。

プーチンは一連の「色の革命」と呼ばれる政変を、欧米が旧ソ連圏の野党勢力を支援して親ロシア政権を転覆させた陰謀だと受け止めた。ロシアでも、同様の事態が繰り返されることを恐れた。

二〇一五年にプーチン政権が策定した「国家安全保障戦略」は、ロシアにとっての主要な脅威として、「外国の特務機関による諜報活動」「テロ組織、過激派の活動」と並んで「『色の革命』の扇動」を挙げている[45]。

欧米へのプーチンの警戒感が決定的になる一方で、中国との間ではこの時期、関係改善を象徴する画期的な出来事があった。それは、約四三〇〇キロに及ぶ国境線の最終画定だ。

このことは、将来の中ロ間の紛争の火種を取り除き、後に見られるような安全保障分野での大胆な協力を可能にする条件を整えた。

プーチンはしばしば日本に対して、中国との国境交渉が四〇年に及んだことを引き合いに出す。ソ連時代には武力衝突を引き起こしたこともある中国との国境紛争。プーチンが大統領に就任した二〇〇〇年当時、最後に残されていたのが、ロシア極東ハバロフスクに面するアムール川とウスリー川の合流点に浮かぶ大ウスリー島（中国名・黒瞎子島《こくかつしとう》）とタラバロフ島（同・銀龍島）と

44——http://kremlin.ru/events/president/news/32209
45——https://rg.ru/2015/12/31/nac-bezopasnost-site-dok.html

いう二つの島と、モンゴル東部に近い中国・内モンゴル自治区とロシアの間を流れるアルグン川に浮かぶボリショイ島（同・阿巴該図島）の帰属の問題だった。

いずれもロシア側が実効支配している島だったが、プーチンは、大ウスリー島の西部とタラバロフ島を中国に譲ることを決断。ボリショイ島についても東西に二分して、東半分を中国に譲ることで、長年の中国との国境紛争にけりをつけた。面積でいうと、島をおおむね半々にわけあったということができる。

国境画定協定が結ばれたのは二〇〇四年一〇月一四日のことだった。プーチンの中国訪問に同行した外相のラブロフと、中国外相李肇星《リーチャオシン》が署名した。

二〇〇四年三月の大統領選の後の署名となったのは、プーチンが選挙の争点となることを避けたとの見方もある[46]。

注目されるのは、ラブロフとプーチンが日本に対して二島引き渡しによる最終決着を示唆したのが、このわずか一カ月後の同年一一月だったということだ。

中国に続き、日本とも国境を画定することで、アジア太平洋方面の安全保障環境を安定させようとプーチンが考えた可能性は否定できない。

プーチン2・0？

以上見てきたように、二〇〇四年から〇五年にかけては、プーチンが欧米への不信を深める一方で、中国との協力関係を深化させる条件を整えた時期だった。プーチンの日本に対する態度の硬化は、こうした背景も踏まえて理解する必要がある。

中東に居住するあるロシアの専門家は、筆者の取材に対して、ロシアが将来の戦略的な連携相手として、米国ではなく中国を選ぶ決定をしたのがこの時期だ、という見方を示した。

欧米への大胆な接近を図ったエリツィンの後継者としての「プーチン1・0」から、米国やNATOを敵視する自身の安全保障観を前面に押し出す「プーチン2・0」へ。この時期、そんな変化があったと見ることもできるだろう。

プーチンが米国への敵意をむき出しにして世界を驚かせたのが、二〇〇七年二月一〇日にミュンヘンで行った演説だった。安全保障に関する国際会議の席上で行ったこの演説は、後に「ミュンヘン演説」として知られるようになる。

プーチンはこの中で、米国の一極支配による世界秩序を厳しく批判した[47]。

「一国による、しばしば不法な行動は、いかなる問題も解決しなかった。逆に、多くの人道的悲劇を引き起こし、紛争の火種をまいた」

「紛争で苦しむ人々が減るどころか、以前よりも多くの人々が死んでいる。ずっとずっと多くの

46――井出敬二『〈中露国境〉交渉史　国境紛争はいかに決着したのか？』作品社、二〇一七年、一九二―二〇〇頁
47――http://kremlin.ru/events/president/transcripts/24034

人たちが！」

プーチン2・0の総仕上げとも言える演説だった。

日本では二〇〇六年九月に小泉が退陣して以降、安倍晋三、福田康夫、麻生太郎、鳩山由紀夫、菅直人、野田佳彦と、首相が毎年のようにめまぐるしく変わった。ロシアでもプーチンは二〇〇八年から四年間、大統領の座をメドベージェフに譲った。こうした双方の指導者の交代は、日本がロシアの変化に正面から向き合い、理解することを難しくしただろう。

プーチンは二〇一二年、四年ぶりに大統領に復帰した。

一度豹変したプーチンは、また豹変することもあり得るのではないか。今度は日本にとって好ましい方に。筆者がそんなことを考えたのは、二〇一二年三月一日、大統領選を三日後に控えたプーチンが主要国の新聞の編集幹部を招いて行ったインタビューでのことだった。

日本からは朝日新聞主筆の若宮啓文《よしぶみ》が参加した。プーチンはこのとき、日本との平和条約問題を「引き分け」で解決する必要があるという考えを表明した。[48] 一国の指導者が、自国が抱える領土問題について「引き分け」を提案するのは極めて異例だ。

プーチンは一九五六年宣言については、「島がどんな条件で、どの国の主権下で引き渡されるかは書かれていない」という二〇〇四年一一月に表明した見解を繰り返した。「引き渡す可能性があるのは二島のみであり、それ以上の日本からの領土要求はあり得ない」という考えも強調した。

しかし、少なくとも二〇〇四年秋の時点に戻り、再び日本との交渉を活性化させる意欲は持っていたのではないだろうか。

二〇一二年五月七日、プーチンが大統領就任演説で述べた言葉も、期待を抱かせるものだった。[49]

「信頼され、開かれ、誠実で予見可能なパートナーとして、世界で尊敬されるロシアに我々は住むことを欲するし、また住むことになるだろう」

だがプーチンのこの約束は、二〇一四年のクリミア半島併合とその後のウクライナ東部への介入で、絵に描いた餅となってしまうのだった。

48――http://archive.government.ru/docs/18323/
49――http://kremlin.ru/events/president/news/15224

第五章

神話の始まり

三木文書の発見

安倍が北方領土問題を打開する鍵にしようと思い定めた一九五六年の日ソ共同宣言。その成立過程をめぐって、これまでの常識を覆す文書の存在が明らかになった。朝日新聞が二〇二〇年一月に報じた。[1]

第二次世界大戦後の日ソ国交正常化交渉の最終局面を迎えていた一九五六年一〇月、当時の首相鳩山一郎と腹心の農相河野一郎がモスクワに乗り込み、ソ連の最高指導者フルシチョフを相手に領土問題をめぐって渡り合った。これまで知られていた交渉の概要は、以下のようなものだった。

ソ連側は一九五五年の時点で、歯舞、色丹の二島を日本に引き渡して平和条約を締結することを日本に提案。日本側は四島返還を要求してこれを拒否した。翌年、両国は平和条約締結は断念し、領土問題を棚上げして国交正常化だけを実現するための日ソ共同宣言を採択する方針で合意した。交渉の最終局面で、日本側は共同宣言採択後も択捉、国後をめぐる領土問題の交渉が継続されることを共同声明に明記させようと、ソ連側に強く働きかけた。ソ連はいったんは日本側の主張通り、「領土問題を含む平和条約の締結に関する交渉」が継続されることを確認する共同宣言の案文を日本側に示した。日本側は喜んで同意したが、最後の瞬間にフルシチョフが「領土問題を含む」という部分を削ると言い出した。日本側は、やむを得ず受け入れを決めた——。

　だが、朝日新聞が今回入手した当時の交渉記録によると、日本側は一九五六年一〇月に行われた交渉の早い段階で「領土問題の交渉継続」が明記されていない案文をロシア側に示していた。つまり、「領土問題」を最初に削ったのはソ連側ではなく、日本側だったのだ。

　最終的な共同宣言にも、「領土問題」という言葉が書かれることはなかった。日本側が早々に諦めていたのだから、無理もないことだったかもしれない。

　問題の文書は、外務省でソ連を担当していた欧亜局第三課が作成した「日ソ交渉会談録」だ。当時自民党の要職にあった三木武夫元首相が保管し、没後に母校の明治大学に寄贈された膨大な文書の中に含まれているのを、朝日新聞編集委員の藤田直央《なおたか》が発見した（以下、この文書を「三木文書」と表記）。

　外務省は日ソ共同宣言に至る交渉の公式記録を今も明らかにしておらず、その意味でも第一級の資料だと言えるだろう。

1——『朝日新聞』二〇二〇年一月二三日朝刊

松本とマリク

今回の発見で明らかになった日本側の秘密提案の場面を再現する前に、一九五六年一〇月に最終局面を迎えるまでの交渉の経緯を簡単に振り返っておこう。

第二次世界大戦後の日本は、一九五一年のサンフランシスコ平和条約で、米国などとの戦争状態を終わらせた。条約には日本と四八カ国が署名した。

しかしソ連が署名を拒否したため、ソ連との戦争状態を正式に終わらせることができなかった。このため、日本は独立を回復し、終戦以来の連合国軍による占領も終わらせたが、国連に加盟することができない状態が続いた。

約六〇万人ともいわれるシベリア抑留者のうち、二千人あまりが帰国のめどが立たないまま取り残されていたことも、日ソ国交正常化が待たれる大きな要因となっていた。[2]

ソ連との国交回復に政治生命を賭したのが、一九五四年一二月に首相の座に就いた鳩山一郎だ。サンフランシスコ平和条約の締結による「単独講和」を実現した吉田茂の後任にして、長年にわたる政治的ライバルである。

親米の吉田とは対照的な対米自主路線を掲げる鳩山にとって、憲法改正による自衛軍創出と、ソ連との関係改善が重要課題だった。

一方のソ連では、独裁者スターリンの死後の一九五三年、フルシチョフが最高指導者となった。フルシチョフは後にスターリン批判に踏み切り、西側との平和共存策を打ち出すことになる。

鳩山、フルシチョフという二人の指導者の組み合わせが、日ソ国交正常化に向けた動きを後押しすることになった。

ソ連側からの働きかけで始まった交渉の最初の舞台となったのは、ロンドンだった。交渉を担当したのは、日本側の全権代表松本俊一とソ連の駐英大使ヤコフ・マリクだった。マリクは第二次世界大戦中から終戦にかけて駐日大使を務めており、終戦をめぐる交渉を担った経験を持つ日本通だ。

外務省が交渉に臨む松本に示した基本方針として知られるのが「訓令第一六号」だ。

外務省は今もその内容を公表していないが、当時日ソ交渉を取材した産経新聞の久保田正明が著書で明らかにしている。[3]

訓令第一六号は、交渉の目的を「日ソ関係を正常化するための日ソ平和条約の締結」と位置づけた上で、解決すべき懸案として次のような課題を列挙していた。

イ、わが国の国連加入にたいする拒否権不行使

2——若宮啓文『ドキュメント北方領土問題の内幕 クレムリン・東京・ワシントン』(以下、『北方領土問題の内幕』) 筑摩選書、二〇一六年、八八頁

3——久保田正明『クレムリンへの使節 北方領土交渉1955——1983』文藝春秋、一九八三年、三二一—三四、七四—七五頁

ロ、戦犯を含む抑留邦人全部の釈放・送還
ハ、領土問題
（一）ハボマイ、シコタンの返還
（二）千島、南樺太の返還
ニ、漁業問題
ホ、通商問題

さらに交渉の重点問題として「とくに抑留邦人の釈放・送還及びハボマイ、シコタンの返還については、あくまでその貫徹を期せられたい」と特記されていた。

つまり当時の日本にとって譲れない一線は「ハボマイ、シコタンの返還」だった。

久保田の記録によれば、この訓令には国後、択捉の名は記されていない。両島を含む「千島」全体が、南樺太（サハリン島南部）と共に、優先順位の点で歯舞、色丹より一段下に位置づけられていたことが読み取れる。

当時の政府が、サンフランシスコ平和条約で日本が放棄した「千島列島」に国後、択捉が含まれていると考えていたことを、このことは物語っている。

後に詳しく触れるが、「国後、択捉が千島列島に含まれない」という今に至る日本政府の主張が、いかに後付けであったか、この一事からも分かるだろう。

松本とマリクのロンドンでの交渉は一九五五年六月に始まった。領土問題をめぐって大きな転機が訪れたのは八月五日だった。

日本大使館で行われた交渉後、芝生の上で松本とお茶を飲んでいたマリクが、歯舞、色丹を日本に引き渡してもよいと匂わせる。さらに八月九日の交渉では、正式に歯舞、色丹を日本に譲る考えを示したのだった。[4]

これは、日本との交渉を一気に打開することを狙ったフルシチョフの鶴の一声による提案だった。

松本はすぐに日本の外務省に報告したが、ソ連との交渉に懐疑的だった外相の重光葵は、この内容を首相の鳩山にも報告せずに握りつぶした。

ソ連による電撃的な二島返還提案をめぐる日本側の対応は極めて興味深く、また不明な点も多く残っているが、吉田茂の薫陶を受けた外務省内の親米派が巻き返しに動いたことは間違いない。米国自身の意向も働いていたようだ。

結局八月二七日、外務省はソ連の提案に対する対処方針を示した追加の訓令を松本に発した。領土問題については、以下のように命じていた。[5]

4――松本俊一『日ソ国交回復秘録　北方領土交渉の真実』朝日新聞出版、二〇一二年、四〇―四二頁　※『日ソ国交回復秘録』は、一九六六年に朝日新聞社から出版された松本俊一の回想録『モスクワにかける虹』を復刊したもの。

（a）能う限り国後、択捉の返還並びに歯舞、色丹の無条件返還
（b）北千島、南樺太は関係国の国際会議によってその所属を決定するという了解を取り付けること

ここで、日本は「四島返還」に大きく舵を切ることとなった。

松本は四島返還を盛り込んだ平和条約案をマリクに示した。これに対してマリクは、南樺太と千島列島の問題は解決済みだということはソ連側の動かすことのできない見解であること、歯舞と色丹については日本に譲渡する用意があることを繰り返し主張。交渉は暗礁に乗り上げた。松本はやむなくいったん帰国し、ここで交渉の「第一幕」が終わることとなる。

この年の一〇月、右派社会党と左派社会党が統一。一一月には鳩山が総裁を務める日本民主党と吉田が長く率いた自由党が合同して自由民主党が誕生した。「五五年体制」のはじまりである。

自由民主党は発足にあたり、対ソ連関係では四島返還を求める方針を決めた。

ちなみに社会党はサンフランシスコ平和条約を認めない立場をとり、歯舞、色丹、全千島列島とサハリン島南部の返還要求を政策大綱に盛り込んだ。

政権党である自由民主党が四島返還を党議としたことで、二島引き渡し以上の譲歩はあり得ないという立場のソ連との間で、領土問題を解決して平和条約を締結することは極めて困難な状況

となった。

河野とブルガーニン

ソ連との交渉の「第二幕」は、一九五六年四月に始まった。日本側の主役は農相の河野一郎だった。

河野は、ソ連がオホーツク海とカムチャツカ半島東方のベーリング海から日本漁船を閉め出す措置をとったことを受けて、打開策を協議するためにモスクワを訪問したのだった。

鳩山の側近だった河野は、この機会を捉えて、中断していた国交正常化交渉を動かそうとする。ソ連漁業相イシコフとの漁業交渉に行き詰まった河野は五月九日、首相のブルガーニンとの直談判に及び、暫定的な漁業協定の合意にこぎ着けるが、その協定の発効には「平和条約締結か国交回復」という条件がつけられた。さらに、そのための国交正常化交渉を七月三一日までに開始することでも合意した。

河野は、ブルガーニンとの会談に、日本側の通訳も連れず、単身乗り込んだ。このことが後に、河野が国後、択捉の要求を取り下げる密約を結んだのではないかという憶測を呼ぶこととなる。

実際のところ河野は、国後と択捉は解決済みだというブルガーニンの主張に理解は示したもの

5――『日ソ国交回復秘録』四八頁

の、密約と言えるようなはっきりしたやりとりはなかったようだ。

ただこの会談には、隠されていた秘密があった。それは、国交正常化を漁業協定発効の条件とするという、一見日本側にとって厳しい提案をしたのが、実はソ連側ではなく、河野だったという事実だ。[6]

河野は、国交正常化を進めなければ漁業も再開できないとソ連が主張していると国内に説明することによって、暗礁に乗り上げていたソ連との交渉を再び動かすことができると考えたのだろう。鳩山の悲願を実現させるために河野が編み出した苦肉の策だったと思われる。

もう一つ重要な点は、ブルガーニンがこのとき、日本が国交正常化を望むのであれば、前年にソ連が提案した二島返還による平和条約締結か、領土問題を棚上げして国交正常化を優先する、いわゆる「アデナウアー方式」のいずれかの方法によるしかないという考えを河野に伝えたことだった。[7]

ブルガーニンの示唆が、平和条約締結を後回しにする日ソ共同宣言へとつながっていく。

重光の豹変とダレスの恫喝

河野とブルガーニンの合意を受けて再開された国交正常化交渉を担ったのが外相の重光葵だった。

重光は一九四五年九月二日、東京湾に浮かぶ米軍艦ミズーリ号で、外相として降伏文書に署名している。その後は戦犯として刑に服した後、一九五四年の鳩山内閣発足と共に外相に返り咲いていた。

重光はソ連外相シェピーロフを相手に七月三一日から会談を重ね、四島返還を要求したが、まったく受け入れられなかった。八月一〇日にはソ連共産党第一書記フルシチョフや首相のブルガーニンとの会談に及ぶが、事態は変わらなかった。

重光は翌八月一一日、シェピーロフに、歯舞、色丹二島の引き渡しと、他の領土問題の棚上げを譲歩案として提案するが、シェピーロフは「ソ連側の意図は、歯舞、色丹の引き渡しで領土問題を解決する」ことにあり、将来に疑問の余地を残すことはできないと拒絶した。

これを受けて重光はソ連案の受け入れ、つまり歯舞、色丹の二島引き渡しによる平和条約締結を決断する。

対ソ強硬論者として知られていた重光の「豹変」として知られる有名なエピソードだ。

重光は日本政府全権代表として独断で署名に臨もうとしたが、同行していた松本俊一の説得で政府の判断を仰ぐことにしぶしぶ同意した。

首相の鳩山はと言えば、前年であれば二島での決着に踏み切ることもできたかもしれないが、

6――『北方領土問題の内幕』一九〇―一九五頁
7――『日ソ国交回復秘録』一〇四―一〇五頁

四島返還を党是とする自民党が保守合同で発足した今となっては、重光の豹変を受け入れる余地はなかった。

八月一三日に臨時閣議が開かれたが、二島での妥結に賛成する閣僚はいなかった。

鳩山と河野はこのときすでに、ブルガーニンから示唆されていた、領土問題を棚上げして国交正常化を優先させる「アデナウアー方式」でいこうと、腹を固めていた。

「アデナウアー方式」は、西ドイツの首相コンラート・アデナウアーが一九五五年、東西ドイツの分裂状態の処理などの重要な課題を棚上げにしたまま、ソ連と国交を結んだことに由来する。

交渉中断を命じられた重光は、スエズ運河をめぐる国際会議に出席するため、モスクワからロンドンに向かう。

重光はそこで面会した米国務長官ダレスから、「日本が国後、択捉をソ連領として認めるのであれば、沖縄を永久に米国領とする」という強い警告を受ける。ソ連への四島返還要求を続けるよう日本に圧力をかけた「ダレスの恫喝」として知られるエピソードだ。

第三章で述べたように、プーチンはこのエピソードについて、二〇一六年一二月に訪日した際の記者会見でわざわざ言及している。プーチンにとっては、日本が米国の言いなりになるしかないという実態を裏付ける証左が「ダレスの恫喝」なのだ。

松本グロムイコ書簡

重光の交渉決裂を受けて、鳩山はアデナウアー方式でソ連との国交を回復することを最終的に決意する。

鳩山は九月一一日付のブルガーニン宛て親書で、「領土問題に関する交渉は後日継続して行う」ことを条件に、国交正常化の交渉に入る用意があることを表明した。

この書簡には、交渉入りにあたって日本が求める五項目が列挙されていた。[8]

一、両国間の戦争状態終了
二、大使館の相互設置
三、抑留者の即時送還
四、漁業条約の発効
五、日本の国連加盟に対するソ連の支持

提案が受け入れられるのであれば、鳩山自らモスクワを訪問して交渉に当たる考えだった。

これに対してブルガーニンは九月一三日付の返書で、交渉入りに応じることを表明した。

返書には、日本側が求めた五条件がそのまま列挙されていた。しかし、日本側の目から見て、

8――茂田宏、末澤昌二編著『日ソ基本文書・資料集』世界の動き社、一九八八年、一四八―一四九頁

重大な不備があった。

ブルガーニンは「平和条約を締結することなしに、ソ日関係の正常化に関する交渉をモスクワにおいて再開する」ことには同意していたが、肝心の「領土問題に関する交渉を後日継続して行う」という点になんの言及もしていなかったのだ。

自民党内には、鳩山訪ソと日ソ国交正常化に対する強い反対論が渦巻いていた。そうした声を鎮めるためにも、国交正常化後に領土交渉が継続されるという約束を事前にソ連側から取り付ける必要に鳩山は迫られていた。

その任に当たったのが、交渉の第一幕でマリクと共に主役を演じた松本俊一だった。

松本は九月二五日にモスクワに入り、外務次官フェドレンコと会談。日ソ国交正常化後も領土問題についての交渉が継続されることを、日本とソ連が共に書簡の形で確認するよう提案した。

ソ連側がこれに同意した結果、九月二九日付で交わされたのが、松本とソ連外務省第一外務次官グロムイコの往復書簡だった。これは後に「松本グロムイコ書簡」として知られるようになる。

松本からグロムイコ宛の書簡には、以下のような一文が盛り込まれた。[9]

「日本国政府は、領土問題を含む平和条約締結に関する交渉は両国間の正常な外交関係の再開後に継続せられるものと了解するものであります」

これに対するグロムイコから松本宛への返書にはこう書かれていた。

「ソヴィエト政府は（中略）両国間の正常な外交関係が再開された後、領土問題をも含む平和条約締結に関する交渉を継続することに同意することを言明します」

こうして松本は、国交正常化後に領土問題の交渉を継続するという確約をソ連から取り付け、鳩山訪ソの条件を整えるという大役を果たしたのだった。

ここで注意しておきたいのは、「松本グロムイコ書簡」が交わされた時点では、日本もソ連も、領土問題を完全に棚上げにして、日ソ共同宣言が採択されると考えていたことだ。実際の共同宣言に歯舞、色丹の二島が書かれることになるとは、まったく考えていなかった。

ソ連にとっては、松本グロムイコ書簡に書かれた「領土問題」が意味するのは、歯舞、色丹をめぐる問題に他ならなかった。

ソ連は一九五五年以降の国交正常化交渉で、一度たりとも国後、択捉をめぐる領土問題が存在することを認めておらず、そのことを再三日本側に伝えていた。

だが日本側は後になって、「松本グロムイコ書簡」について、あたかもソ連が国後、択捉についての交渉継続を約束したものであるかのように国内に向けて説明することになる。

実際の交渉の経緯を踏まえると、こうした主張は、著しく事実と乖離した詭弁であると言わざるを得ない。

9――『日ソ基本文書・資料集』一四九―一五〇頁

土壇場の新党議

松本グロムイコ書簡を取り付けたことで、アデナウアー方式による日ソ国交正常化の準備が完了したと松本は考えた。だが最後にもう一波乱が待っていた。松本がモスクワに向かった九月二〇日、自民党は緊急総務会を開いて、新しい日ソ交渉方針を決定。それが新党議となった。

領土問題については、以下のような内容が盛り込まれた[10]。

一、歯舞、色丹は即時返還させる
二、国後、択捉は両国間で引き続き交渉する

新党議は、いかに鳩山の対ソ外交に対する不満と疑念が自民党内で渦巻いていたかを物語っている。

新党議が採択された結果、鳩山ブルガーニン書簡と松本グロムイコ書簡で合意されていたアデナウアー方式、つまり領土問題の棚上げでは不十分という状況になってしまった。鳩山と河野はソ連を相手に、共同宣言に「歯舞、色丹の日本への帰属確認」と「国交正常化後の国後、択捉をめぐる領土問題の交渉継続」という二点を盛り込ませる交渉を行わなければならないという、極めて困難な立場に追い込まれたのだった。

鳩山訪ソ

それでも鳩山は、ソ連へと旅立つことになった。先行きの見通せない交渉が、モスクワで待っていた。

交渉の核心部分となる領土問題を一手に引き受けたのが、鳩山に同行して訪ソした農相の河野だった。

一九五六年一〇月七日、鳩山は羽田空港から旅立つ前に決意の言葉を述べた。首相秘書官としてソ連に同行した若宮小太郎が、日記に書き残している。[11]

「これからモスクワへ向かって出発します。皆さま多数の見送りをいただいて感謝にたえません。至誠は天に通ずるものと私は確信しております。必ずや成功して帰って参るつもりでおります。どうも今晩は多数おいでくださり、誠に心より御礼申し上げます。では、さようなら、みなさん」

鳩山、河野らを乗せた飛行機はマニラ、バンコク、カラチ、アバダン、アテネ、ローマ、チューリッヒを経て、ストックホルムに到着した。

10――『日ソ国交回復秘録』一四九頁
11――若宮小太郎『二つの日記　日ソ交渉とアメリカ旅行』私家版、二〇〇七年、二一二頁そこからソ連政府が用意した特別機に乗り換えて、一行が最終目的地のモスクワに着いたのは出発から五日後の一〇月一二日であった。

以下の交渉内容は、特に注記した部分以外は「三木文書」の「日ソ交渉会談録」に基づく。

到着翌日の一三日、鳩山、河野らは早速クレムリンを訪れ、首相のブルガーニンと会談した。この日は報道陣による写真撮影と交渉団名簿の提出などだけで、本格的な交渉は一五日から始めることで合意した。

河野はこの日、四、五月の漁業交渉で旧知の仲となった漁業相イシコフと会い、「私の率直な意見」を書いたというブルガーニン宛ての書簡を手渡した。文面は明らかになっていないが、自民党の新党議を受けて、歯舞、色丹の返還と国後、択捉の継続交渉を求める内容だった[12]。

河野はイシコフに対して口頭で、次のように述べている。

「私はブルガーニン首相が言われたとおり国後、択捉は後回しとし、歯舞、色丹は今直ちに返すということで国内をまとめて来たのだから、この点ブルガーニン首相にも承知していただきたい。そうすれば明日にでも調印できる」

ここで河野は「ブルガーニン首相が言われたとおり」と言っているが、ブルガーニンは実際にはそんなことは言っていない。二島引き渡しで平和条約を結ぶか、すべてを棚上げして国交正常化を先行させるか、という選択肢を示したのだ。

河野は、新党議を受けた日本の方針転換を、あたかもソ連側の主張に合わせたものであるかのように説明することで、相手から前向きな姿勢を引き出そうとしたのだろう。

河野はイシコフに重ねて要請した。

「今度は日本側もなるべくソ連の意見に賛成するようにぜひ話をまとめたいと考えているのであるから、ブルガーニン首相にも歯舞、色丹の問題だけはぜひご承認ありたいとお伝えいただきたい」[12]

歯舞、色丹だけはなんとしても共同宣言に明記させたいというのが、河野の立場だった。そうすれば自民党内を収めることができると考えたのだろう。

翌一四日には、日本側代表団の作戦会議が開かれた。若宮が日記に日本側の置かれた状況を書き残している。

「こちらは何としてもハボマイ、シコタンを貰った上、残る領土は継続審議ということに持ち込みたいところ（中略）外務省はほとんどあきらめた形だが、われらはまだ決してあきらめない」[13]

一五日に行われた第一回会談に、初めてソ連側から最高実力者の共産党第一書記フルシチョフが姿を見せる。鳩山も河野も、フルシチョフと会うのは初めてだった。

交渉開始にあたり、両政府を代表してブルガーニンと鳩山が基調演説を行った。その後、ブル

12――『二つの日記』四七頁
13――『二つの日記』四七頁

ガーニンが、ソ連側の共同宣言案を鳩山に手渡した。領土問題については、その第一〇項に書かれていた。

双方は、ソ連邦と日本国との間に正常な外交関係が再開された後、領土問題を含む平和条約締結に関する交渉を継続することに合意する

日本側が強く望んでいた歯舞、色丹への言及はなかった。事前の日ソ間の了解は、領土問題を完全に棚上げする「アデナウアー方式」だったのだから、無理もないことだった。

翌一六日、鳩山から領土に関する交渉を全面的に任された河野は、フルシチョフと最初の会談に臨んだ。

河野は、新党議で日本の立場が変わったことについて説明し、理解を求めた。

「新たに歯舞、色丹はこの際日本側にお譲り願い、他のことはあとまわしにするという趣旨で党議を決定せねばならなかった。ついてはあとから提案が変わったようでまことに済まないことではあるが、日本の国内情勢をもご理解くださされ、この鳩山及び私のお願いに協力していただきたい」

低姿勢での交渉を余儀なくされた日本側の立場が浮き彫りになる河野の言葉だった。

フルシチョフの反応は冷ややかだった。

「平和条約を締結しないで歯舞、色丹のことを記入し、その上、その後も何とかの継続審議などと提議しておられるが、ソ連としてはこんなことはどうしても受け入れられない」

「われわれは将来平和条約を締結するときには歯舞、色丹の問題に触れるが、他の領土その他今まで話し合わなかった問題は一切取り合わぬ」

こうして最初の話し合いは平行線に終わった。

一方、河野フルシチョフ会談と並行して開かれていた松本とグロムイコらによる協議で、日本側は自国の共同宣言案をロシア側に示した。前日にブルガーニンから渡されたソ連案への対案という位置づけだ。

領土問題については以下のように書かれていた。


ソ連邦は、日本国の要望にこたえかつ日本国の利益を考慮して、歯舞群島及び色丹島を日本国に引き渡すものとする。日本国とソ連邦は、両国の間に正常な外交関係が回復された後、領土問題の処理を含む平和条約の締結に関する交渉を継続することに合意する

「歯舞、色丹の引き渡し」と「領土問題の継続協議」という、日本側が求める二つの要素が盛り込まれている。

この日、河野からフルシチョフの強硬姿勢を聞かされた若宮は日記に記した。[14]

「それにしても日本のいままでの態度は、たしかに、次々と強く変って来たので、先方がいぶかるのも或いは無理のない所かもしれない」

河野も若宮も、日本の国内事情で主張を変えた日本側に、ロシアが強硬姿勢で応じることを無理もないと感じていたのだ。

こうした日本側の負い目とも言えるような感情が、翌日の河野提案の背景にあった。

河野の譲歩案

一〇月一七日午前一〇時、河野はフルシチョフと二回目の会談に臨んだ。河野は、こう切り出した。

「私は理屈はいわぬつもりである。また今日の話は他には話さないから、そのおつもりに願いたい」

自民党の新党議をめぐってひとしきりフルシチョフとやりとりをした後に、河野は「では私の方の案をごらんください」と、日本側案文をフルシチョフに手渡した。

その内容はこうだ。

　ソ連邦は、日本国の要望にこたえかつ日本国の利益を考慮して、歯舞群島及び色丹島を日本国へ引き渡すものとする。

> 日本国及びソ連邦とは、両国の間に正常な外交関係が回復された後も、平和条約の締結に関する交渉を継続することとし、両国の間に戦争状態が存在した結果として生じた諸問題について全面的な処理を図るものとする。（傍点引用者）

一見、前日に松本がグロムイコに渡した日本側の共同宣言案とよく似ている。しかし、重大な違いが一点あった。

前日の案にあった「領土問題」という言葉が消されている。その代わりに「両国の間に戦争状態が存在した結果として生じた諸問題」という言葉が盛り込まれていた。

これが、河野が編み出した乾坤一擲の譲歩案だったのだろう。

フルシチョフとの前日のやりとりで、河野は領土問題の継続交渉をソ連が受け入れないということは痛いほど思い知らされていた。しかし、新党議がある手前、ソ連案のように歯舞と色丹の名前を削ってしまうわけにはいかない。

そこで、ソ連側には「二島以外の領土問題には言及しない」と説明し、日本国内向けには「領土問題の継続協議の約束を取り付けた」と説明できるような玉虫色の解決策として、「両国の間に戦争状態が存在した結果として生じた諸問題」という表現を考え出したのだろう。

14――『二つの日記』五三頁

この河野提案こそ、三木文書の発見で明らかになった新事実だった。

前述のように、モスクワでの公式の交渉記録を日本外務省はまだ公開していない。

河野の提案について、これまで知られている主な証言は二つある。一つは、これまでも引用してきた松本俊一の回想録「日ソ国交回復秘録」。もう一つは、日本側通訳として交渉に同席した外務省の野口芳雄が残した「野口メモ」である。

野口は自ら作成した会談録を河野一郎に渡していた。それを河野の秘書だった石川達男が保管していた。石川が二〇〇五年に公表したことから、その存在が明らかになった。

二つの記録のうち、松本が回想録に書き残した河野提案の内容は以下のようなものだった[15]。

> 日本国とソ連邦とは、両国の間に正常な外交関係が回復された後も、領土問題の処理を含む平和条約の締結に関する交渉を継続することとし、両国の間に戦争状態が存在した結果として生じた諸問題について、全面的な処理をはかるものとする。（傍点引用者）

この記述には事実とまったく異なる点がある。実際にはなかった「領土問題の処理を含む」という言葉が書き加えられているのだ。

これでは、前日に日本側が示した案と本質的な違いがなく、河野が秘密裏にフルシチョフに提案するほどの内容ではない。河野がもったいぶって、「今日の話は他には話さないから、そのおつもりに願いたい」と切り出した理由も分からない。
日本国内の政治状況を考えれば禁じ手とも言える「領土問題」が書かれていない案を自ら持ち出すことで河野が事態を打開しようとしたという真相を知れば、こうした疑問はすべて氷解する。なぜ、松本が事実と異なる案文を回想録に記したのだろうか。あまりに大胆な譲歩案なので、そのまま公表するのはまずいと思ったのか。それとも河野から事実を知らされていなかったのか。真相は藪の中だ。

さて、当時のもう一つの記録、野口メモはどうだろうか。
河野提案についての記述はこうなっている。[16]

河野　よく分かりました。では、私たちの案を見ていただきましょう。（日本文を渡す。野口はロシア訳文を読み、フェドレンコこれを書き取る。フルシチョフは注意深く聞き取る）
［ソ連邦は、日本国の要望に応え、かつ日本国の利益を考慮して歯舞群島及び色丹島を日本国に引き渡すものとする］
フルシチョフ　（ここで「待った」という格好をする）その第一段のところの表現はいけない。

15——『日ソ国交回復秘録』一五五—一五六頁
16——堀徹男『さようなら、みなさん！　鳩山日ソ交渉五十年目の真相』木本書店、二〇〇七年、一三八—一三九頁要するに河野提案については全文を掲げておらず、問題の個所にさしかかる前に記述を打ち切っているのだ。松本とは違い、事実に反する記述ではない。ただ、肝心の部分は隠していたということになる。

ここにも謎が残る。野口のメモは、公表を前提に書かれたものではない。提案をした本人である河野のために作ったものだ。肝心な部分を隠す必要は何もなかったはずだ。その理由の真相は分からない。

一方、ソ連側にも会談の記録が残っていた。これはソ連崩壊後の一九九五年に明らかになっている。[17]

実はそこには、河野提案の正しい内容、つまり「領土問題」への言及がない文案が記されていた。しかし、ソ連側の記録ということもあり、松本の回想録や野口メモとの食い違いに注目されることがこれまでなかったのだ。

話を河野とフルシチョフの一騎打ちに戻そう。

河野は秘密提案を提示した後、フルシチョフに「わが方の文案を直していただきたい。訂正して返していただきたい」「今日のうちにでも返していただきたい」と、対案を示すように求めた。

フルシチョフは答えた。

「外務省に今日にでもそうするように伝える。いつでもいらっしゃい。いつでもお会いしましょう」

こうして、河野とフルシチョフの二回目の会談は終わった。

鳩山と河野はこの日の午後、クレムリンでブルガーニンとの会談に臨んだ。鳩山は改めて新党議を突きつけられた苦しい国内事情を説明したが、ブルガーニンは「領土問題でこれ以上の譲歩については御話しできません。これは最終的なゆるぎないものであります」と、極めて硬い姿勢に終始した。

大どんでん返し

この日の夜、フルシチョフの約束通り、外務次官フェドレンコが河野提案に対するソ連側対案を携えて、河野を訪れた。「ここにフルシチョフの委任により、共同宣言に記入されるべき領土問題にたいするソ連の案をお持ちしました」と言って渡した文案は、以下のような内容だった。

日本国及びソヴィエト社会主義共和国連邦は、両国間に正常な外交関係が回復された後、領土問題を含む平和条約の締結に関する交渉を継続することに同意する。

ソヴィエト社会主義共和国連邦は、日本国の要望にこたえかつ日本国の利益を考慮して、歯

17――『Источник』1995, No.4

舞群島及び色丹島を日本国に引き渡すことに同意する。ただし、これらの諸島は、日本国とソヴィエト社会主義共和国連邦との間の平和条約が締結された（かつアメリカ合衆国の管理下にある沖縄及びその他の日本国所属の島しょが日本国に返還された）後に現実に引き渡されるものとする。（傍点引用者）

さらにフェドレンコは、将来日ソ間に平和条約が締結されれば、米国が沖縄を日本に返還しなくても歯舞、色丹を日本に引き渡すという「紳士協定案」も示した。

モスクワでの交渉では、ソ連は繰り返し沖縄返還と二島の引き渡しを関連づけようとしていた。国交回復をテコに、日米関係を揺さぶろうという狙いがあったことは間違いない。ただ、日本側が応じなかったため、最終的な共同宣言では沖縄に触れられることはなかった。

さて、フェドレンコがもたらしたソ連案は、日本にとって嬉しい驚きだった。「領土問題の継続交渉」と「歯舞、色丹の引き渡し」という日本側が求めていた二点が共にはっきりと書かれていたからだ。河野がこの日フルシチョフに示した案よりもずっと日本にとって望ましい内容だった。

若宮小太郎の日記からは、日本側の喜びよう、興奮ぶりが伝わってくる[18]。

「直ちに会議を開き、ハボマイ、シコタンに対する但書のうち、米国云々を除けばこれでよしという結論に達する。松本氏はじめ外ム省の連中、全くこの成果に驚いていた。全然初めから彼らは投げていたのだから……。これでは文句をつける方がおかしい。無理に文句をいうなら、『即時』ということがなくなったということだけ。しかし、これはソ連側から考えれば当然のことのようだ。しかし、ソ連はよくもここまで譲ったものだ」

ところが翌日、大どんでん返しが待っていた。

河野とフルシチョフは午後四時から三回目の会談に臨んだ。河野は、前日にフェドレンコから受け取ったソ連案から、米国と沖縄について書かれた部分を取り除いた文案を示して「これで妥結することにいたしたい」と表明した。

フルシチョフは一読して「この案なら受諾できる」と述べた後、フェドレンコと何事か言葉を交わした後、こう付け加えた。

「ただわれわれは前段の最後の四語を削除することとしたい」

驚いた河野が口を挟もうとしたが、フルシチョフは構わず続けた。

「『領土問題を含む』を削除するだけで後はそのままで結構である。そうでないと歯舞、色丹のほかにまだ何か領土問題があるようにとられるおそれがある。この方がよい。すっきりしている」

驚いた河野は「いただいた文案をそのまま取り入れたものでありますから、御同意いただきた

18――『二つの日記』五五頁

い」と抵抗するが、フルシチョフは取り合わない。最後にはこう言い放った。

「鳩山さんにお話しください。受諾していただけることと思います」

とって返した河野は、松本と相談して、フルシチョフの要求を受け入れる代わりに、松本グロムイコ書簡を公表することを求める方針を決め、鳩山の同意を得た。

同日午後六時、河野は再びフルシチョフを訪れて、受諾の意向を伝えたのだった。

こうして決まった一九五六年日ソ共同宣言の領土問題についての第九項は、最終的に以下のような文面となった。

日本国及びソビエト社会主義共和国連邦は、両国間に正常な外交関係が回復された後、平和条約の締結に関する交渉を継続することに同意する。

ソビエト社会主義共和国連邦は、日本国の要望にこたえかつ日本国の利益を考慮して、歯舞群島及び色丹島を日本国に引き渡すことに同意する。ただし、これらの諸島は、日本国とソビエト社会主義共和国連邦との間の平和条約が締結された後に現実に引き渡されるものとする。

歯舞、色丹二島の名前は記入された。しかし「領土問題の継続交渉」は記入されなかった。それどころか、河野がそれに代えて入れようとした「両国の間に戦争状態が存在した結果として生じた諸問題」という言葉も消えてなくなってしまった。

それというのも、フェドレンコがいったん持ってきた「満額回答」から、フルシチョフが土壇場で「領土問題」を削ってしまったからだ。河野に復活折衝をする余裕は残されていなかった。日ソ共同宣言への署名は、翌一〇月一九日に行われた。河野は署名式を前に、漁業交渉以来、なにかと頼ってきた漁業相のイシコフと会談。率直な感想を漏らした。

「お陰で調印までこぎ着けた。あまり良い協定ではないけれども……」

この言葉も、三木文書で明らかになった新事実である。

領土問題も、それに代わる言葉もなくなってしまった理由は、ひとえに一〇月一七日にフェドレンコが持参したソ連案に、領土問題の継続協議が明記されていたからだ。日本側は即座に受け入れを決めるが、フルシチョフから土壇場で削除を求められ、受け入れを余儀なくされた。

なぜこんなことになったのか。以下は、筆者の推測である。

ソ連側は最初から、最後には削るつもりで、つまりは日本側を油断させるために、わざと「領土問題の継続協議」を書き込んでいたのではないか。つまりこれは、巧妙に仕組まれた罠だったのではないか。

さらに想像をたくましくすれば、ソ連側は日本側代表団の内輪の会話をすべて盗聴しており、鳩山をはじめとする日本側が「領土問題の継続協議」は勝ち取れなくても仕方がないと考えていたことを知っていた。その上で一芝居を打ったのではないだろうか。

盗聴について言うと、若宮は日記にこう書き残している。一七日夕、フルシチョフから大どんでん返しにあったことを河野から聞かされたときの記述だ。[19]

「河野氏はこちらの話を全部聞かれているという」

河野は、フルシチョフの言葉の端々から、自分たちの会話を盗聴されていることを感じ取っていたのだろう。

ただ、若宮はその上で、こうも書いている。

「そういうこともあるかも知れないが、本当は先方は、これを承知した方がおかしいので、昨夜はビックリした程なのだ。きっと気付いたに違いない。これではハッキリとクナシリ、エトロフも継続審議ということになってしまう」

さすがのソ連も、歯舞、色丹の引き渡しを約束した上で、領土問題の継続協議を記せば、国後、択捉の交渉に同意したことになってしまうということに気付かないはずはない。そんな案文をソ連側が作ったのがそもそもおかしかった、というのが若宮の感想だ。

この感想も、すべてはソ連が仕組んだ罠だったのではないかという推測を補強する。

いずれにしても、落ち着くところに落ち着いたということかもしれない。

仮に河野が秘密提案で求めたように、「両国の間に戦争状態が存在した結果として生じた諸問題」という言葉が、領土交渉の継続の代わりに盛り込まれていたとしても、その後の状況に大きな変化があったとは思えない。

プーチンは今と同じように「共同宣言に書かれているのは二島だけで、国後と択捉を持ち出せば話が違ってくる」「二島を引き渡すとは書いてあるが主権をどうするかは書いていない」と主張していただろう。

盗聴があってもなくても、河野が一七日に、自ら「領土問題の継続審議」を明記しない文案をフルシチョフに提示した時点で、この問題の勝負は決まっていたのだ。

詭弁の始まり

日ソ共同宣言は一一月二七日の衆議院本会議、一二月五日の参議院本会議で批准承認される。ここでは、当時の外務省が作成した内部文書「日ソ共同宣言関連擬問擬答」を取り上げる。[20] 批准承認国会での審議に備えて外務省が作った応答要領集だ。そこには、日ソ共同宣言の弱点や、日本の詭弁がすべて出そろっている。

想定問答からいくつか見ていこう。

問：当初ソ連側提案中に「領土問題を含む」の字句があったと報ぜられたが、この文言が削除されたのは、なにゆえか。国後、択捉両島の継続審議を放棄したものではないか。

19――『二つの日記』五七頁
20――当該文書の写しを、情報公開制度で入手した。

答：わざわざその旨を書かなくても、平和条約交渉といえば当然領土問題を含むものと解すべきである。松本全権に対するグロムイコ次官の書簡には明瞭に「領土問題をも含む平和条約締結に関する交渉を継続することに同意することを言明します」と記されており、共同宣言中に重ねてこれが明記されなくとも反対の解釈が生ずる余地はない。

この回答は明らかな詭弁である。先に述べたように、松本グロムイコ書簡は、共同宣言に領土問題がいっさい書かれないという前提で交わされた双方の見解だ。だからこそ、ソ連は領土問題の協議継続に合意したのだ。

ソ連にとって松本グロムイコ書簡に書かれた「領土問題」は歯舞、色丹のことであり、国後、択捉をめぐる協議を継続することには同意していなかったことは明らかだ。

問：歯舞、色丹の引き渡しのみを規定したのでは、それ以外の領土に対する発言権を失ったように見える。むしろ第二項を削除しても第一項に「領土問題を含む」と入れた方が得策ではなかったか。

答：否、お示しのようなフォーミュラは不得策である。なんとなればその場合わが方の得る保障は単に領土に関する交渉を継続することだけになってしまう。歯舞、色丹すら返還される保障がないことになり、したがって将来交渉を再開する場合は始めからやり直さなければならないことになる。

この質問は本質を突いている。鳩山とブルガーニンは当初、国交回復のための共同宣言として「アデナウアー方式」を想定していた。もし鳩山が土壇場の新党議に縛られることなく、共同宣言に歯舞、色丹を盛り込まず、単に領土問題の継続審議だけを約束していたとすれば、択捉、国後をめぐる日本の立場が今ほど弱まることもなかったのではないかという指摘は、一定の説得力がある。

問：歯舞、色丹の引き渡しは「平和条約が締結された後」となっているが「平和条約締結の時」とすべきではなかったか。平和条約締結の後どれほど経ったら現実に引き渡されるか明瞭ではないではないか。

答：平和条約の発効と同時に現実の引き渡しを行うことは困難なことがありうるので、一応「平和条約締結の後」と規定したものである。具体的な手続き問題は平和条約締結交渉の際討議して、引き渡しの時期も条約発効後三カ月とか六カ月とかいうようにハッキリ規定されることとなろう。

この回答からは、当時の日本政府が、平和条約締結後せいぜい半年で歯舞、色丹が実際に日本に引き渡されると考えていたことが分かる。「引き渡しについて交渉するのは平和条約締結後。いつ引き渡すのか、主権まで渡すのかについても、そのときに協議する」などと、後になってロシア側が言い出すとは夢にも考えていなかった。

また、当時のソ連もそうしたことは想定していなかった。一九五五年の交渉で日本側が歯舞、色丹の引き渡しによる平和条約締結に同意していれば、その後まもなく二島は実際に日本に引き渡されていただろう。

さて、日ソ共同宣言は、ソ連でも一二月八日、最高会議幹部会が批准。一二月一二日、東京で外相の重光葵とソ連外務次官フェドレンコによって批准書の交換が行われ、正式に発効した。

一二月一八日には日本の国連加盟が実現する。

スピーディーだった交渉

これは、一九五五年六月に松本とマリクが交渉を開始して、わずか一年半後のことであった。この間の経緯を振り返ると、非常にスピーディに交渉が進んだことが分かる。

交渉のそれぞれの局面で話し合われたこと、双方が目指したゴールやその結果得られた結果も、具体的で明瞭だった。

つまり、ソ連による二島返還による平和条約締結案の提示→日本の拒否→ソ連からのアデナウアー方式の示唆→日本の受け入れ→日本からの歯舞、色丹の記載と領土交渉の継続要求→ソ連による二島記載のみの受け入れ――という流れだ。

これは、二〇一六年以降、四年以上をかけながらも実質的には何も進んでいない安倍の対ロ外交と、著しい対照をなしている。

一九五五～五六年の交渉では「新しいアプローチ」や「真摯な決意」や「自らの手で解決するという強い意志」といった、中身がはっきりしない漠然とした言葉遊びのような要素が前面に出てくる余地はなかった。

もちろん、一九五六年日ソ共同宣言に至る日本の交渉はベストだったとは言えないだろう。河野自身が「あまり良い協定ではないけれども」と漏らした通りだ。

しかし、少なくとも何が得られて、何が得られなかったのかは、はっきりしている。具体的に分析し、評価し、批判することができる実体がそこにはあった。

逆説的に言えば、中身が空っぽな外交は、その中身を批判することもできないのだ。

実体がないように見える現在の日ロ交渉の責任はもちろん、安倍だけにあるわけではない。

もしも今のロシアが一九五五～五六年当時のソ連のように、対日関係の打開を本気で欲していたのであれば、自ずと交渉の焦点は絞り込まれていっただろう。

安倍外交の大きな問題は、ロシア側の真意を見誤って、独り相撲の交渉にのめり込んでいったことにある。

もしかすると安倍とその周辺は、ある時点からは二島すら返すつもりはないというロシア側の意図を十分理解した上で、国内向けに交渉が進んでいるように見せているだけなのかもしれない。

いずれにしても、罪深い外交姿勢だといわねばならない。

「北方領土」問題の始まり

日ソ共同宣言に至る日ソ交渉を振り返ると、当時の日本にとって「四島返還」が決して金科玉条ではなかったことが分かる。松本俊一はマリクから二島返還による平和条約締結の提案を受けて、交渉妥結を確信した。

その際には松本からの報告を握りつぶした重光葵も、自ら全権代表の任にあたると「豹変」して二島での決着を主張した。

「日本固有の領土である四島返還は国民の悲願」という言説、それと一体不可分の「国後、択捉は千島列島ではない」という主張は、決して戦後一貫して存在したものではなかった。

おそらく安倍もそうした経緯を改めて精査した上で、二島による決着で国内の理解を得られると考えたのだろう。

では、四島を対象にした「北方領土」問題とはどのように生まれたのだろうか。今後の日ロ交渉を考える上でも避けて通れないこの問題を、ここで簡単に整理しておきたい。

前述したように、日本は一九五一年のサンフランシスコ平和条約で独立を回復した。条約の第二条の（c）として、以下のような規定がある。

日本国は、千島列島並びに日本国が千九百五年九月五日のポーツマス条約の結果として主権を獲得した樺太の一部及びこれに近接する諸島に対するすべての権利、権原及び請求権を放棄する。

つまり日本はこのとき、戦前まで日本の領土だった千島列島とサハリン島南部を放棄したわけだ。

北方領土を考えるときに問題になるのは、ここに書かれている「千島列島」がどの範囲を指すのかということだ。

現在の政府の立場は、外務省の公式ページに記載されている。[21]

「そもそも北方四島は千島列島の中に含まれません」

この主張には大きな欺瞞があると言わざるを得ない。

当時の日本政府がどう考えていたかは、一九五一年九月七日、日本の首相吉田茂がサンフランシスコ講和会議の最終局面で行った講和受諾演説から知ることができる。[22]

21――https://www.mofa.go.jp/mofaj/area/hoppo/hoppo_keii.html
22――『日ソ基本文書・資料集』一一〇―一一五頁

「千島列島及び南樺太の地域は日本が侵略によって奪取したものだとのソ連全権の主張に対しては抗議いたします。日本開国の当時、千島南部の二島、択捉、国後両島が日本領であることについては、帝政ロシアも何ら異議を挿さまなかったのであります」（傍点引用者）

ここで吉田は明確に択捉、国後両島が千島列島に含まれるという見解を示している。

さらに歯舞、色丹については、択捉、国後とはまったく別のものだという認識を示していた。

「日本の本土たる北海道の一部を構成する色丹島及び歯舞諸島も終戦当時たまたま日本兵営が存在したためにソ連軍に占領されたままであります」

つまり、吉田は四島を「北方領土」という一体のものとして捉えてはいなかった。千島列島南部の国後、択捉と北海道の一部の歯舞、色丹と、分けて考えていたのだ。

サンフランシスコ平和条約の批准承認案を審議した国会では、放棄した千島列島の範囲が議論となった。ここで登場するのが、有名な西村条約局長答弁である。

一九五一年一〇月一九日の衆議院平和条約及び日米安全保障条約特別委員会で、北海道出身の高倉定助が質問した。

「条約の原文にはクリル・アイランド、いわゆるクリル群島と明記されておるように思いますが、このクリル・アイランドとは一体どこをさすのか、これを一応お聞きしたいと思います」

答弁に立った首相の吉田は、「子細のことは政府委員から答弁いたさせます」と応じ、外務省条約局長西村熊雄に委ねた。西村は、吉田に随行してサンフランシスコでの条約交渉を担った一人である。

西村の答弁は明快だった。

「条約にある千島列島の範囲については、北千島と南千島の両者を含むと考えております。しかし南千島と北千島は、歴史的に見てまったくその立場が違うことは、すでに（吉田茂）全権がサンフランシスコ会議の演説において明らかにされた通りでございます」

明確に南千島、すなわち国後島と択捉島を、条約に書かれた「千島列島」の一部として日本が放棄したことを確認した答弁だった。

その場にいた吉田も、何も口を挟まなかった。あまりに当然の答弁だったため、翌日の新聞ではニュースとして取り上げられなかった。[23]

今の日本政府は、一八七五年の樺太・千島交換条約でロシアから譲渡された「千島列島」が、ウルップ島以北の島々だった（択捉、国後はもともと日本領だったので、交換の対象に含まれなかった）ことから、「千島列島」とはウルップ島以北のことだと主張している。[24]

23——和田春樹『北方領土問題　歴史と未来』一九九九年、朝日選書、二二六頁
24——例えば、二〇〇六年二月二四日に閣議決定された衆議院議員鈴木宗男の質問主意書に対する政府の答弁書は「千島列島とは、我が国がロシアとの間に結んだ千八百五十五年の日魯通好条約及び千八百七十五年の樺太・千島交換条約からも明らかなように、ウルップ島以北の島々を指すものであり、択捉島、国後島、色丹島及び歯舞群島は含まれていない」と主張している。

この点についても、一九五一年のサンフランシスコ平和条約をめぐる国会審議ではまったく異なる解釈が政府から示されていた。

高倉は、樺太・千島交換条約についての政府の見解を質した。

「交換条約によりますと（中略）第二条には、『クリル群島、すなわちウルツプ島から占守島に至る十八の島』（中略）こういうふうになつておる」

択捉、国後は千島には入らないのではないか、という趣旨の質問だった。

これに対する西村の答弁も明快だった。

「（サンフランシスコ）平和条約は一九五一年九月に調印いたされたものであります。従ってこの条約にいう千島がいずれの地域をさすかという判定は、現在に立って判定すべきだと考えます。従って先刻申し上げましたように、この条約に千島とあるのは、北千島及び南千島を含む意味であると解釈しております」

まったく誤解を生む余地のない当時の政府の解釈がここに示されていた。

国後、択捉を放棄したと、当時の日本政府は考えていたのだ。

神話の誕生

政府が、一九五一年の西村答弁で示された有名な見解を覆したのは、それから四年あまり後、日ソ共同宣言に至る交渉が行われているさなかの一九五六年二月一一日のことだった。

この前年にはマリクによる二島返還による平和条約締結という提案を日本が拒否したことで、交渉は暗礁に乗り上げていた。保守合同で誕生した自由民主党は、四島返還を求める方針を党議で決めていた。西村はすでに外務省条約局長から駐仏大使へと転出していた。

この日の衆議院外務委員会の審議で、自民党の池田正之輔《まさのすけ》が質問に立った。南千島の返還を日本が求める根拠を理解していない国民が多くいると池田が指摘したのに対して、外務政務次官の森下國雄が、新しい政府の統一見解を示した。

「それでは今の南千島の問題のそういう誤解を解くために、ここにはっきりと一つ声明をいたします。この南千島、すなわち国後、択捉の両島は常に日本の領土であったもので、この点についてかつていささかも疑念を差しはさまれたことがなく、返還は当然であること。（中略）サンフランシスコ平和条約はソ連が参加しているものではないが、右平和条約にいう千島列島の中にも両島は含まれていないというのが政府の見解であります」

ここに、西村答弁は公式に否定された。そして、この内容が、今に至るまで日本政府の公式見解となっている。

この答弁には、二つの異なる論点が盛り込まれている。

一点目。「国後、択捉の両島は常に日本の領土であった」。これは、一八五五年に日露通好条約が結ばれて以来、一度も両島がロシア、ソ連領になったことがないという意味で、その通りだ。

だが二点目の「サンフランシスコ平和条約にいう千島列島の中に両島は含まれていない」とい

うのは、これまで見てきたように事実と異なる。

この二点はまったく別の問題であるにもかかわらず、「国後、択捉は一度も外国領となったことがないのだから、サンフランシスコ平和条約で放棄していない」という論理構成を取っているところに、詭弁の本質がある。

外務省在任時に日ロ交渉に深く関わった経験を持つ作家の佐藤優は「ここで森下外務政務次官が述べた政府統一見解が、サンフランシスコ平和条約で日本は、国後島と択捉島を放棄していないという新しい物語なのである」「北方四島が、わが国固有の北方領土であるという物語を日本国民は信じ、五六年が経過した。そして、この物語は、当初から日本政府が四島返還を要求していたという神話に転化した」と、二〇一二年に指摘している。[25]

一九五六年二月の公式見解は、サンフランシスコ平和条約で国後、択捉を放棄していなかったという、歴史的事実とは異なる主張を初めて公然と打ち出したという意味で、北方領土をめぐる「神話」が誕生した瞬間と言えるかもしれない。

米国も、日本のこうした転換を後押しした。

国務長官ダレスは一九五六年九月七日、駐米大使の谷正之に対して「日ソ交渉に対する米国覚書」を渡す。

この文書には、この直前にダレスが、国後、択捉をソ連領と認めないよう重光を「恫喝」したことと、一九五一年のサンフランシスコ平和条約で日本が千島列島を放棄したこととの論理的整合性を図る意味合いが込められていたと言えるだろう。

そこには以下のような内容が記されていた。[26]

「サン・フランシスコ平和条約——この条約はソ連邦が署名を拒否したから同国に対してなんらの権利を付与するものではないが——は、日本によって放棄された領土の主権帰属を決定しておらず、この問題は、サン・フランシスコ会議で米国代表が述べたとおり、同条約とは別個の国際的解決手段に付せられるべきものとして残されている」

「いずれにしても日本は、同条約で放棄した領土に対する主権を他に引き渡す権利を持っていないのである」

「米国は、歴史上の事実を注意深く検討した結果、択捉、国後両島は（北海道の一部たる歯舞群島及び色丹島とともに）常に固有の日本領土の一部をなしてきたものであり、かつ、正当に日本国の主権下にあるものとして認められなければならないものであるとの結論に到達した」

こうして米国は、第二次世界大戦末期のヤルタ会談でのソ連への約束を撤回し、国後、択捉の日本への帰属を公約として打ち出したのだった。その背景に、先鋭化する冷戦があったことは言うまでもない。

25——『日ソ国交回復秘録』二七四頁
26——『日ソ基本文書・資料集』一四七—一四八頁

米国がこの覚書で示した見解は、「北方四島は日本固有の領土であり、日本に返還されるべきだ」という日本の主張を米国が支持している証拠として、政府が国会審議などで度々引用するようになる。

ただ、この覚書は、日本政府が二月の統一見解で示したような「『千島列島』に択捉、国後は含まれない」という立場に立っているわけではない点には、注意が必要だ。

むしろ話は逆だ。日本は国後、択捉を放棄したのだから、ソ連に勝手に引き渡すような権利は持っていない。両島を含む千島列島やサハリン島南部の帰属を決めるのは日本でもソ連でもなく、別途開かれる国際会議に委ねられるべきだ。その際には米国は、両島が日本に返還されるべきだと主張する——というのが、この覚書の論理構成となっている。

日本が主張するように、サンフランシスコ平和条約で日本が放棄した千島列島に択捉、国後が含まれていないという解釈に立つと、この覚書は意味不明となってしまう。

この覚書は日本に対して「二島返還でソ連と平和条約を結ぶことを米国は認めない。択捉、国後をソ連に引き渡す権利など日本にはないのだ」と、強く牽制する意味合いの方が強かったと言えるだろう。

「北方領土」の誕生

この時点で「神話」はまだ完成形には至っていない。

大きくわけてあと二つの段階が残されていた。一つは、択捉、国後を歯舞、色丹と合わせて、四島ひとまとまりの「北方領土」として位置づけるという段階。もう一つは、国後と択捉を「南千島」と呼ぶことをやめるという段階だ。

一九五六年二月に示された政府統一見解では、「北方領土」という言葉は使われていなかった。用語として成立していなかったからだ。

また、国後、択捉両島を「南千島」と呼んでいた。これもまた、当時としては当然のことだった。

国会で初めて「北方領土」という言葉が使われたのは、一九五六年三月一〇日、衆議院外務委員会での外務省条約局長下田武三の答弁だった。

外交官から社会党の衆議院議員に転じた森島守人《もりと》が「サンフランシスコの講和会議のときには、日本は確かに南千島をも含んで千島、南樺太等を放棄したのだということを国会においてはっきり申されておる。（中略）全く百八十度の転換をした主張をすることが、日本の国際的信用を維持する上に、また外交の統一性、継続性を維持する上において有利であるとお考えになるか、不利とお考えになるか」と迫った。

外相重光葵の答弁には苦しさがにじんでいる。

「サンフランシスコ条約において、今あなたの言われるように、これが日本がはっきり放棄したものであると仮定しても（中略）ロシヤに対して放棄したものでないということははっきりいたしております」

今の外務省の公式ページには「そもそも北方四島は千島列島には含まれていません」とさも当たり前のように書かれている。

だが、第二次世界大戦の降伏文書に署名し、サンフランシスコ平和条約締結後に公職追放を解除され、その後ソ連との交渉にもあたった重光の答弁は、さすがに歴史的事実を踏まえたものだった。

四島を指して「北方領土」という言葉を使ったのは、重光に続いて答弁に立った下田だった。

「御承知のように（サンフランシスコの）講話会議では、日本政府の希望するような北方領土の定義は下されませんでした。（中略）日本の希望する定義は下されないとすれば、少くとも将来に対する足がかりだけは、残しておこうということで吉田総理は発言されたわけであります」

この答弁の前にも、日本で北方領土という言葉がまったく使われていなかったわけではない。だが、日本とソ連の間に横たわる領土問題という一般的な意味合いで使われていた。

その意味で、下田の国会答弁は転機となった。

下斗米伸夫は「それまでの北方領域とか北方領土という表現は漠とした北の紛争地域程度の含意であったが、今や下田によって北方領土＝固有の四島という政治的定義がなされたのである」と指摘している。[27]

第二次世界大戦後、国会で繰り返されてきたソ連、ロシアとの領土問題解決を求める決議を見ても、戦後しばらくの間は「北方領土」という概念が存在しなかったことが分かる。[28]

サンフランシスコ講和会議前の一九五一年三月三一日に衆議院本会議で可決された決議は「歯舞諸島返還懇請に関する決議」と題されていた。

提案者を代表して本会議で趣旨を説明した北海道選出の冨永格五郎は、決議にいう「歯舞諸島」について「根室国花咲半島の延長線上わずかに三マイルを隔てた水晶島を初めとし、それより東北に延びる秋勇留島、勇留島、志発島、多楽島及び色丹島の六つの島々」と説明していた。つまり、決議は今で言うところの歯舞群島と色丹島の返還を求める内容だった。

サンフランシスコ平和条約発効後の一九五二年七月三一日に衆議院本会議で可決された「領土に関する決議」も、歯舞、色丹についてのみ「当然わが国の主権に属する」として、引き渡しを求めている。

一九五三年七月七日と一一月七日の「領土に関する決議」は「歯舞及び色丹等」の復帰を求めている。決議提出者を代表して提案理由を説明した衆議院外務委員長の上塚司の言葉からは、この決議における「等」が国後と択捉を意味していたことが分かるが、決議の本文には両島の名前は明記されていなかった。

27——下斗米伸夫『日本冷戦史　帝国の崩壊から55年体制へ』岩波書店、二〇一一年、三〇四頁

28——決議の一覧は、外務省『2019年版　われらの北方領土　資料編』八頁

衆議院の決議で初めて「北方領土」という言葉が使われたのは、一九六二年三月九日の「日本固有の北方領土回復に関する決議」だ。決議本文に「北方領土」がどこを指すのかは明記されていないが、本会議の討論では「わが国固有の領土である歯舞、色丹、国後、択捉などの北方領土」として、四島に言及されていた。

一九七三年九月二〇日の「北方領土の返還に関する決議」以降、いくつかの例外はあるが、決議の文中でも「わが国固有の領土である歯舞、色丹および国後、択捉等の北方領土」という表現がほぼ定着することになる。

つまり、国会決議の中で「北方領土」が択捉、国後、歯舞、色丹の四島の同義語として定着するのは、一九六〇年代以降ということになる。

消された南千島

では、「神話」完成に向けたもう一つのステップである「南千島」の否定は、いつ踏み出されたのだろうか。

それは、一九六一年一〇月三日の衆議院予算委員会だった。

首相の池田勇人はこの日の答弁で、一九五一年の西村条約局長答弁について、「私の考えでは、その政府委員の発言は間違いと考えております」と断言。その後、質問に立った北海道選出で社会党の横路節雄から、「条約局長の答弁が間違っておるというような、そういう言い方は一国の総理としては正しくない」と詰め寄られて、以下のように答えた。

「吉田（茂）さんが（サンフランシスコで）言っておられるように、千島のうちには択捉、国後は入らないというお気持がはっきりそのときあったのです。だから、ダレスにそういうことを言われたわけです。南千島とか北千島ではないのです。択捉、国後は、歯舞、色丹と同じように、日本の固有の領土であるということをはっきり口頭で言われております」

だが吉田がサンフランシスコで、択捉、国後をはっきり「千島南部の二島」と言っていたのは、先に見た通りだ。池田自身、講和会議に全権委員として参加しており、そのことを知らなかったはずはない。

それでも池田は、さらにダメ押しとも言える答弁をした。

「千島というものは、クーリル・アイランズというものは、今の（ウルップ島以北の）十八の島を言われておるのでございます。だから、南千島というのはどこから出たことか知りませんが、あれは、私の考えでは千島のうちに中千島、北千島、南千島があろうはずはありません、条約上からも歴史からも」

「（西村）条約局長の言うのが事実に反しておる。間違いという言葉が悪ければ取りかえますけれども、私の考えからいうと違っております」

これは無理がある答弁だろう。池田自身、この日の答弁ではここに至るまで何度も国後、択捉を指して「南千島」という言葉を使っていたのだ。

和田春樹は「このような強引な論理は通常の国家間関係ではとても持ち出せない論理であり、冷戦の論理、ソ連との対決からくる論理である」と批判している[29]。「南千島」にとどめを刺すことになるのが、一九六四年六月一七日の外務省事務次官通達だ。以下に全文を示そう[30]。

昭和三十九年六月十七日付、外務省事務次官通達

北方領土問題に関連して、国後、択捉両島を指すものとして南千島という用語が使用されている場合が散見されるところ、このようなことは左記の理由から一切避けることが適切であり、また地図等においても国後、択捉両島（止むを得ない場合を除き漢字表示とする）が千島列島とは明確に区別されていることが望ましいので、関係機関に対して、しかるべく御指導方御配慮を煩わしたい。

記

わが国は、サンフランシスコ平和条約によって「Kurile Islands」（日本語訳千島列島）を放棄したが、わが国固有の領土である国後、択捉両島は、同条約で放棄した「Kurile Islands」の範囲の中に含まれていないとの立場をとっている。

上記の立場からして、国後、択捉両島を呼ぶことは、これら両島があたかもサンフランシスコ条約によりわが国の放棄した「Kurile Islands」の一部であるがごとき印象を与え、無用の誤

解を招くおそれがあり、北方領土に関するわが方の立場上好ましくない。

政府の主張に合わせて、長年使われてきた「南千島」という言葉自体を世の中から消してしまおうというわけだ。これは歴史の書き換えと言ってもよい。

さらに、地図上でも、国後、択捉とウルップ島以北の千島列島を区別するよう求めている。念頭にあるのは、違う色で塗るというような対応だろう。

国会の会議録を検索すると、終戦後この外務次官通達が出るまでの一九年間に、その時々の首相が国会で「南千島」という言葉を使った例が六五回確認できる。

一方で、通達が出されてから二〇一九年末までの五五年あまりの間では、わずか五回と激減する。

首相として最後に「南千島」を国会の場で使ったのは、中曽根康弘だった。一九八六年一月三〇日の衆議院本会議で、共産党委員長の不破哲三が「南千島は千島にあらずというのは、他国を納得させ得る道理と説得力を持たない」と質したのに対する答弁だった。

「千島は、南千島は、歴史的に日本領であったということは、あなたが御指摘のとおりでありま

29——『北方領土問題』二七四頁
30——浦野起央『日本の国境【分析・資料・文献】』三和書籍、二〇一三年、一七四頁

す。特に、吉田全権がサンフランシスコ会議におきましても、南千島については注意を喚起したところであり、アメリカも中国も、今非常に強く我々を支持してくれておる状態であります。第一、ソ連は、サンフランシスコ条約には加入していないということも、ぜひ御認識願いたいと思うのでございます」

この答弁から三〇年以上が経つが、どの首相も「南千島」という言葉を口にしていない。国後、択捉は千島ではないのだから南千島という用語は不適切。両島は歯舞、色丹と同じ「日本固有の領土」であり、サンフランシスコ平和条約でも放棄していなかった。したがって四島を合わせて「北方領土」と呼ぶ——これが「神話」の完成形である。

史実を直視できるか

二〇一八年一一月。一九五六年の日ソ国交回復から六二年を経て、安倍はプーチンと日ソ共同宣言に基づいて交渉を加速させることで合意した。

第一章で紹介したように、合意の直前に日本記者クラブで行われた記者会見で、安倍は思わせぶりな発言をしている。

「私も日ロ交渉を始めるにあたって、一九五五年に松本さんがマリクと交渉を始めますね。その後、重光さん、河野一郎、ずっと会談記録、秘密交渉の部分についても読んできた。これは、ほとんど表に出てきていません。その上においてて、ずっと会談を行ってきた。さまざまなことを話しています」

この言葉は、一九六〇年代に完成し、政権与党が国民に定着させてきた「神話」にはとらわれない外交を進めるという決意の表明にも見える。

実際、安倍政権は、「神話」からの脱却とも見える動きを進めている。例えば、北方四島を「固有の領土」と呼ぶことをやめた点だ。

二〇一九年二月、参議院議員小西洋之が提出した質問主意書[31]で「安倍内閣は、北方四島を日本固有の領土と考えているのか」と問われた安倍内閣は、以下のような答弁書を閣議決定した[32]。

「ロシア連邦政府との今後の交渉に支障を来すおそれがあることから、お答えすることは差し控えたい」

これは、これまでの政府の立場からの明らかな転換である。安倍内閣は同じ小西の三年前の質問主意書に対しては従来通りの見解を答弁書で閣議決定していたのだから[33]。

「政府としては、ロシア連邦との間で我が国固有の領土である北方四島の帰属の問題を解決して平和条約を締結するという基本方針の下、引き続き同国との間で交渉していく考えである」

問題は、こうした根本的な転換をいつ行ったのか、なぜ行ったのかについて、国民にも国会に

31——https://www.sangiin.go.jp/japanese/joho1/kousei/syuisyo/198/syuh/s198005.htm
32——https://www.sangiin.go.jp/japanese/joho1/kousei/syuisyo/198/touh/t198005.htm
33——https://www.sangiin.go.jp/japanese/joho1/kousei/syuisyo/192/touh/t192081.htm

もまったく説明をしていないことだ。理由を「ロシア政府との今後の交渉に支障を来すおそれがある」と、交渉のせいにしているのは、ご都合主義としか言えない。

安倍は「秘密交渉の部分についても読んできた」と誇らしげに語った。

もしその結果として、今までの政府の主張に無理があったという結論に達したのであれば、率直にそうした認識を国民や国会に説明するのが筋だろう。

少なくとも、これまで秘密にしてきた過去の交渉内容を、政府として明らかにする必要があるのではないか。

この章で振り返ってきた日ソ国交正常化交渉の経緯は今のところ、当事者が残した回想録やメモに加えて、今回明らかになった「三木文書」などで推し量るしかない。

日本外務省は、当時の記録を今も非公開としているだけでなく、これらの文書に書かれた内容の真偽を確認することさえ拒んでいる。

しかし、当然のことだが、ロシア側はこれまでの交渉の実態や、日本の主張の弱点を熟知している。この章で見てきたように、一九五六年一〇月一七日の河野提案は、ロシア側で公開された記録には、正しい内容が記されていた。

つまり、日本側が当時の記録を公開できない理由として、「交渉相手のロシア側に手の内を明かせない」という説明は成り立たないのだ。

日本の一般国民だけが、日本政府もロシア政府も知っている交渉の経緯を知ることができず、蚊帳の外に置かれているということだ。これは民主主義国家が進める外交として健全な姿とは言えない。

二島だけを交渉対象にするという、二〇一八年一一月以来の安倍政権の対ロ交渉は、すでに行き詰まっている。

だがこの機会に、過去に先達が作った神話の呪縛を解き、国民が史実と正面から向き合う条件を整えられるのであれば、大きな意味があるのではないだろうか。

終章

平和条約交渉の今後を考える

歯舞、色丹と択捉、国後

安倍政権の二〇一六年以降の対ロ外交は、決して前向きに評価できるものではなかった。プーチンの真意を見誤って展望のない交渉にのめり込み、実質のない合意を成果として国内向けに宣伝し、政府の長年の主張を何の説明もなく一方的に後退させた。

もちろん、マイナスばかりではない。エネルギー分野などでロシアとの経済協力が進んだこと、首脳間の意思疎通のチャンネルがかつてないほど密になったことは、日本の外交の幅を広げる意義があった。

しかし、安倍が日ロ関係の最重要課題として掲げた平和条約交渉は、進展の兆しすら見えない。安倍が進めてきた対ロ外交の最大の問題は、何が行われているのかについて、国民にも国会にも何の説明もしていないことだ。

外交交渉の機微をいちいち明らかにできないことは、当然だ。しかし、領土交渉の対象を二島だけに絞るといった基本的な方針転換さえ説明しないのは、例えば一九五五年に始まった日ソ国交正常化交渉と比べても、異常な秘密主義だ。

それは、民主主義の原則を揺るがしかねない大きな問題をはらんでいる。

ただし筆者は、安倍が進めようとした歯舞、色丹二島引き渡しによる平和条約締結という解決策を全否定する立場は取らない。

確かに、北方四島は平和的な話し合いによって結ばれた一八五五年の日露通好条約以来、一貫して日本の領土であり、一度も他国の領土となったことはない。

一九四五年八月に日本が受諾を表明したポツダム宣言で引用されたカイロ宣言（一九四三年一一月）は、日本が「暴力と貪欲により奪い取った地域」から駆逐されるべきだと主張している。しかし、択捉、国後両島はこうした地域には該当しない。

日本が「ダレスの恫喝」に象徴される米国の圧力に屈して四島返還を要求するようになったというプーチンの示唆も誤りだ。

終戦時、択捉、国後両島には一万人以上の日本人が住んでおり、ソ連軍による侵攻と占領によって強制的に故郷を追われた。元島民には故郷に帰りたい、故郷を取り戻したいという強い願望がある。この点で、定住者がほとんどいなかったウルップ以北の島々とはまったく状況が異なる。四島返還という願いは、自然かつ当然の感情だ。

一方で、サンフランシスコ平和条約で日本が放棄した「千島列島」に択捉、国後両島が含まれないという日本政府の主張は、国際的な説得力を持ち得ない。

これら二島がかつて一度も外国の領土になったことがないという事実と、サンフランシスコ平和条約で日本政府が放棄を表明したという事実は、分けて考えるべきだ。

サンフランシスコでの条約交渉にあたった当時の外務省条約局長が、受諾演説を行った首相吉田茂の目の前で、日本が放棄した「千島列島」に択捉、国後が含まれると答弁した事実は重い。

前述の通り、択捉、国後は日本が「暴力と貪欲」によって奪い取った領土ではない。だがそれは、千島列島のうち択捉島の北に位置する島々にも当てはまる。これらウルップ島から占守島《しむしゅとう》までの一八島は、一八七五年の樺太・千島交換条約で平和的に日本がロシアから受け取った。「暴力と貪欲」で奪い取った領土ではないのだから返還を求めるという考え方に立つと、全千島の返還を求めないと、論理的整合性がとれない。

日露戦争の結果、一九〇五年に結ばれたポーツマス条約で日本に割譲されたサハリン島南部についても、様々な考え方があり得る。

ただ、一九四五年二月の米英ソ三カ国首脳によるヤルタ会談で、対日参戦の見返りとしてソ連に約束された領土として、南サハリンについては「返還」、千島列島については「引き渡し」という、違う言葉が使われていたことは指摘しておきたい。千島列島が平和的に日本の領土となったという関係国の認識が、ここでの言葉の選択に反映されていたのだろう。

一九五六年の日ソ共同宣言について言えば、現在プーチンが主張している「歯舞、色丹の主権を日本に引き渡すかどうかは書かれていない」という主張は明らかに詭弁であり、政治的にはともかく、法的には通用しない。

一方で、当時の日本が望んだ択捉、国後をめぐる領土交渉の継続という合意は、ソ連から得られないまま終わっていた。松本グロムイコ書簡で今後交渉を継続するとされた「領土問題」は、ソ連にとっては歯舞、色丹を指すものだった。

以上のように考えると、将来日本とロシアとの間で平和条約が締結された際に日本への引き渡しが法的に確約されていると言えるのは歯舞、色丹の二島のみということになる。

専門家たちの評価

ゴルバチョフ政権時代のソ連が、日ソ共同宣言を分析した興味深い資料がある。

ゴルバチョフは一九九一年四月の日本訪問を前に、北方四島の法的地位について客観的な分析をするよう、ソ連科学アカデミーの国家と法研究所を中心とする専門家グループに指示。その結果とりまとめられた報告書を、朝日新聞の大野正美が二〇一三年に入手した[1]。

ソ連の一級の法律専門家らが手がけたこの文書は、「択捉、国後、色丹、歯舞の諸島領有の法的根拠について」と題されている。

この報告書は、歯舞、色丹については「クリル諸島に入らず、日ソ共同宣言でソ連が負った歯舞、色丹の引き渡し義務は有効」として、将来日本に引き渡されることが決まっていると明確に結論づけている。当然、主権を引き渡さない選択肢などは想定されていない。

一方、択捉、国後については「日本がサンフランシスコ平和条約でクリル諸島を放棄したこと

1——大野正美「旧ソ連・ゴルバチョフ政権の北方領土問題検討文書について」（『海外事情』二〇一三年一一月号）六四—八二頁

などでソ連の法的立場はより有力となっている。だが、領有の法的手続きは完了していない」と評価していた。

専門家による興味深い取り組みをもう一つ挙げよう。日ロ双方で直接交渉に携わった経験を持つ外交官が、二〇一三年七月に共同で発表した論文だ。ロシアの有力紙「ニザヴィーシマヤ・ガゼータ（独立新聞）」に概要が掲載された。朝日新聞もデジタル版に全文を掲載した。

論文の共同筆者は、日本外務省の条約局長や欧州局長を歴任し、二〇〇一年まで対ロ交渉を直接担当した東郷和彦と、一九九六年から二〇〇三年まで駐日ロシア大使を務めたアレクサンドル・パノフだ。パノフはソ連時代から外務省きっての日本専門家で、日本についての著書も多数ある。

二人は、プーチンと森喜朗による二〇〇一年三月の「イルクーツク声明」作成にも直接関わった。付言すれば、二人とも相手国に融和的に過ぎるとして、自国内で批判されることも多かった外交官でもある。

すでに外交の一線から去っている二人は、二〇一三年四月の安倍訪ロを受けて、その先の平和条約交渉の方向性を話し合った。いわば外交官ＯＢが、交渉をシミュレーションする試みだったと言えるだろう。

両氏の検討の結果、具体的な平和条約の条文案についての合意には至らなかったが、今後の交渉が進むべき「一つの方向性」については意見の一致をみた。それは、以下のようなものだった。

一、一九五六年の日ソ共同宣言に従って、歯舞、色丹二島を日本に引き渡すための条件を検討する

二、それと並行して、国後、択捉二島について、双方にとって受け入れられる法的な地位をもつ特別共同経済特区を創るための交渉を進める

歯舞、色丹二島の日本への引き渡しの具体化を進める一方で、択捉、国後二島については共同経済活動を進めることで、日ロ双方が一致点を見つけるための条件を整えよう、という案だ。

パノフは当時の筆者のインタビューに対して、「かつてロシア政府と日本政府を代表した二人が、これほど困難な問題であっても合意できるのだという可能性を示したかった」と語った。

日ロ間の領土問題については「ざっくりと言えば、この問題は『2プラス2』という構図だ。歯舞、色丹については、一九五六年宣言に書かれている。一方、国後、択捉の運命についても何らかの話し合いをしなければならない。具体的なことはすべて交渉の結果決まる」と語った。

この言葉からも分かるように、パノフは、歯舞、色丹二島は主権も含めて、将来日本に引き渡されることが決まっているという立場に立っている。

一方の東郷も、「四島一括での日本への帰属の確認」という従来の日本の主張から離れて、国後、択捉の扱いを一時的に棚上げするのはやむを得ないという結論に達した。

当時のインタビューで東郷は、「双方にとって一〇〇点でも〇点でもない案を考えて、重要性が増す東アジアの諸問題に日ロ両国が手を携えて対処するのがお互いの国益ではないだろうか」と語っている。

第二次世界大戦後の史実に虚心に向き合えば、歯舞、色丹二島と択捉、国後二島がまったく異なる扱いを受けていたことは否定できない。

もちろん日本にとって択捉、国後が歴史的、心情的に特別な地域であることは前述の通りだ。日本人、中でも元島民とその関係者が、自由にそこを訪れ、活動できるようにするために、日本政府が力を尽くすことは当然だ。

だが、最終的な法的な位置づけが、歯舞、色丹二島と異なるものになったとしても、やむを得ない側面があるのではないだろうか。

そう考えると、安倍が二〇一八年一一月に、一九五六年宣言を交渉の基礎に据えたこと自体は、理由がないことではない。

だが問題は、現在のプーチン政権が、歯舞、色丹二島についてさえ、将来日本に引き渡されるべき領域だとは考えていないことだ。

ソ連末期に客観的な検討を加えた法律の専門家たちとも、ロシアで最も日本に通じた元外交官とも、まったく異なる見解を今のプーチンはとっているのだ。

本書で見てきたように、プーチンは二〇〇四年から〇五年ごろにかけて、こうした考えに到達し、一二年に大統領に復帰して以降も維持してきたと思われる。二〇一六年以降の安倍とプーチンの交渉がまったくかみ合わないまま頓挫した理由が、そこにある。

端的に言えば、プーチンの今の立場は、「ゼロ島返還」なのだ。そうした状況の中、いくら「二島＋アルファ」の解決策を模索したところで展望は開けないだろう。

沖縄に目を向けたプーチン

プーチンは、平和条約締結による日本との安定した関係を望んでいないどころか、平和条約交渉を日米関係にくさびを打ち込む道具として利用しようとしている節さえある。

筆者が特に衝撃を受けたのは、二〇一八年一二月の記者会見で、沖縄の米軍基地問題を正面から持ち出したことだ。

ロシアが日本の不安定化を自国の利益と考え、揺さぶろうと考えるならば、沖縄の米軍基地をめぐる状況に注目しないわけがない――。以前からのそうした筆者の懸念が裏付けられたのがプーチンの発言だった。

第二章で取り上げたプーチンの発言のポイントは次のようなものだった。

「沖縄県知事は基地の強化や拡大に反対している。しかし、この件については、何もすることができない」

「沖縄に住む人々も、あらゆる世論調査の結果も、基地の増強に反対しているが、計画は進んでいく」

プーチンは直接的には、日本の米軍基地がロシアにとって安全保障上の懸念材料であることと、日本が米国の言いなりだということを、この発言の中で強調している。

しかし筆者はそれだけにとどまらない、より警戒すべきニュアンスを感じた。それは、米軍基地をめぐる日本の政府と沖縄県の対立を利用して、日本国内を混乱させたり日米関係を揺さぶったりすることを考えているのではないかという、嫌な予感である。

米国が持つ同盟関係をロシアが弱体化させようとする試みは、枚挙にいとまがない。

ロシア軍の早期警戒管制機が二〇一九年七月、中ロ両軍による合同空中哨戒を支援している最中に、竹島の領空を侵犯した事件もその一つだ。東アジアにおける日米韓三カ国の協力関係という鎖の中で「最も弱い環」が竹島だと見切った上で、そこを狙って揺さぶってきたのだろう。

米国とその同盟国を敵視するロシアの安全保障観から日米関係を眺めると、米軍基地問題をめぐって政府と対立している沖縄が「最も弱い環」に見えることに疑いはない。

沖縄県の琉球新報は二〇一九年九月、当時プーチンの顧問を務めていたセルゲイ・グラジエフにインタビューを行い、「日本はワシントンが作り出した反ロシア路線から脱却する必要がある」という見解を紹介した。[2]

さらに、このインタビューを踏まえて「米軍基地と日ロ関係　対米自立に転換すべきだ」と題する社説を掲げ、以下のように主張した。[3]

「米国が中距離核戦力（ＩＮＦ）廃棄条約の破棄を表明して以降、ロシアは日ロの平和条約交渉で『日米同盟は脅威で、日ロ関係改善の障害だ』と態度を硬化させた」

「沖縄の人々は、新基地建設や日米地位協定などの問題を巡り、日本政府の対米従属姿勢に何度も直面してきた。姿勢を改めなかったつけが北方領土問題にも及んでいる」

「南の米軍基地問題が北の領土問題に影響を及ぼす事態は、日本の対米従属からの脱却が全国的な重要課題であることを国民に突き付けている。対米自立へと転換すべきだ」

日本政府が米国の意向に沿うことを優先するあまり、自立した外交を行う余地が極めて限られていること、そしてそのことが、極度に米軍基地が集中する沖縄の人々に大きな負担をもたらしていることについては、筆者も同意する。これは、安倍政権にとどまらず、戦後の日本が抱えてきた大きな問題だ。

一方で、「日ロ関係を改善するために、日本は対米自立するべきだ」というロジックを無批判に受け入れることは、日米関係の弱体化を望むロシアの思惑に乗る危険がある点に十分留意する必要があると、筆者は考える。

ロシアはこれまで、二〇一六年の米大統領選や、二〇一七年にスペインのカタルーニャ州で行

2――『琉球新報』二〇一九年一〇月七日朝刊
3――『琉球新報』二〇一九年一〇月八日朝刊

われた独立の是非をめぐる住民投票などに介入してきたとして批判されてきた。フェイクニュースなどの情報を武器に、欧米各地の社会に内在する分断や対立をあおることで、民主主義体制の信頼性を傷つけることがロシアの狙いだとも指摘されている。[4]

工作の実態や、実際にどの程度対象国の世論に影響を及ぼしているかについては、未解明の点も多い。

だが、「反政権運動や分離独立運動の背後にロシアによる工作があるのではないか」という疑心暗鬼が広がること自体、その国の社会を揺さぶるという意味で、すでに大きな効果を挙げていると言えるだろう。

例えば米国では、トランプ米大統領をめぐる一連の「ロシア疑惑」が引き起こした政治的な混乱と党派対立は、ロシアによる大統領選への介入そのもの以上に、米国社会を揺るがし、民主主義への信頼を傷つけている。

こうした状況を見ると、プーチンが沖縄に注目したことを、日本政府はもっと深刻に受け止め、より本格的な介入の標的になる可能性があるという現実を直視すべきだと、筆者は考える。

安倍政権が日本の安全保障環境の改善を考えるのなら、まず注力すべきは、日米安保がロシアに向けられたものではないと説明してプーチンを安心させようなどという無駄な努力をすることではなく、歴代自民党政権の中でも際立つ沖縄への冷淡な姿勢を改めて、外部からの標的になりかねない「弱い環」の強化を図ることではないだろうか。

エストニアの教訓

ロシアが関係する領土問題としてよく知られているのは、最後に残された島をほぼ面積二等分することで決着を図った中ロ国境の例だ。だが日本にとってより示唆に富むのは、バルト三国の最北に位置し、先進的な電子政府の取り組みでも知られるエストニアが抱えてきたロシアとの領土問題だろう。

ソ連の独裁者スターリンが第二次世界大戦終結時に問題の原因をつくったという点でも、この大戦をめぐる現在のロシアの歴史観が交渉に影を落としているという経緯も、北方領土問題と似通った面がある。

帝政ロシアの一部だったエストニアは、ロシア革命直後の一九一八年に独立を宣言した。一九二〇年には、ソビエト政権と「タルトゥ平和条約」を結び、国境を画定させた。

エストニアの運命を大きく変えたのが、スターリン率いるソ連が、ヒトラーのドイツと一九三九年に結んだ独ソ不可侵条約だった。条約と同時に両国外相のモロトフとリッベントロップが署名した秘密議定書で、エストニアを含むバルト三国やポーランドの東部がソ連の勢力圏とされた。ヒトラーはこの密約に基づいて、自国の勢力圏とされたポーランド西部に侵攻。第二次世界大

4――例えば、二〇一七年一一月一三日に英国首相テリーザ・メイが行った演説。

戦の幕が切って落とされることになる。

スターリンも続いてポーランド東部に侵攻。さらに翌年、武力で圧力をかけて、エストニアを含むバルト三国をソ連に併合した。エストニアにとっては、ソ連による占領という苦難の時代の始まりだった。

一九四一年、エストニアはソ連を電撃的に攻撃したナチスドイツの支配下に置かれた。反撃に転じたソ連は一九四四年五月、全土をドイツ軍から「解放」する。しかしエストニアにとってそれは、ソ連による二度目の占領の始まりにすぎなかった。

さらにスターリンは一九四五年の第二次世界大戦終結直後、ロシアとエストニアの国境を大きく西側に移動させ、東京都に匹敵する約二三〇〇平方キロの領土をロシアに編入してしまった。これが、ロシアとエストニアの領土問題の起源となった。

一九九一年九月、ソ連崩壊よりも一足早く独立を回復したエストニアは、ロシアに対して領土の返還を求めた。

エストニア憲法には「エストニア国境は(一九二〇年の)タルトゥ平和条約で定められている」という条文が盛り込まれた。つまり、奪われた領土はエストニアにとっての「固有の領土」という位置づけとなったわけだ。

だがエストニアは結局、この領土の返還を断念して、スターリンが決めたのとほぼ同じ国境をロシアとの間で確定させる決断を下す。ロシアが頑なに領土返還を拒んだためだ。二〇〇五年、国境条約に両国外相が署名した。

しかし話はそれで終わらなかった。エストニア議会が条約の批准を承認する際に、タルトゥ平和条約がそれまで有効だったと宣言する決議を採択。ロシア議会はそれに反発して、批准の承認を拒否したのだ。

ロシアは「領土をソ連に不法に奪われた」という主張をエストニアが続けるかぎり、たとえ自国に最大限有利な内容の国境条約であっても、締結を拒否する姿勢を示した。これは今後の北方領土交渉を考えるときに、無視できない経緯だろう。

二〇〇五年の失敗を踏まえて、エストニアとロシアは二〇一三年、修正を加えた国境条約に署名し直した。国境の位置は二〇〇五年と同じく、現状追認。ただ、新たに二つの項目を追加した。

一点目は「両国は今後、新たな領土要求を一切提起しない」という声明。二点目は「この条約は純粋に国境を決めることだけを目的とする」ということを明確にする内容だった。

これもまた、日本にとって興味深い経緯だ。一点目には、「将来この問題を蒸し返されたくない」「後腐れのない最終決着にしたい」というロシアの考えが反映されている。二点目には、エストニアの「領土返還は断念するが、ソ連による占領が正しかったことを認めるわけではない」という気持ちが込められていると言えるだろう。

ただし、二〇一三年の新条約も、二〇二〇年現在、批准されることなく再び宙ぶらりんの状態となっている。二〇一四年のロシアによるクリミア併合を機にエストニアが対ロ制裁に踏み切ったことにロシア側が反発したためだ。

領土で全面的に譲り、歴史認識の問題にも目をつぶって条約に署名しても、批准の段階でさらにロシアが揺さぶってくる可能性があることを、日本は覚えておかなくてはならない。

エストニアはなぜ、憲法にまで盛り込まれた「固有の領土」の返還を断念したのか。二〇一三年、筆者のインタビューに対して、当時の外相ウルマス・パエトの説明は明快だった。

「もちろん『もう少し待ってみるべきだ。もしかしたら将来、もっと良い合意ができるかもしれない』と言う人もいるだろう。だが、ロシアとの国境を法的に最終的に解決することの重要性を、エストニア国民の多くが理解していると私は思う。それは安全保障の問題でもあるのだ」

つまり、ロシアと友好的な関係をつくるために国境を画定するのではない。むしろロシアが警戒すべき相手だからこそ、国境が未画定な状況は安全保障上の弱点となり得る。将来の紛争や介入の芽を摘んでおかなくてはならない。そのことを国民も理解している――というのがエストニア指導部の判断だった。こうした理解は当時、与野党を問わず広く共有されていた。

この時のエストニアでの取材で忘れられない言葉がある。首都タリンで会ったある大学教授が、取材後の雑談の中で、日本の北方領土問題についての考えを話してくれたのだった。

「もちろん私は、ロシアが日本に四島を返還して平和条約が結ばれることがベストだと考える。だが、それが難しいのなら、次善の策は、今のまま国境を画定してしまうことだ。一番よくないのは、現状をいつまでも続けることだ。ロシアのような国との間で国境線を曖昧にしておくことは安全保障上、望ましくない」

筆者はこの見解には同意しない。日本には、一九五六年宣言などの歴史的経緯もある。海ではっきりとロシアと隔てられている日本と、陸上に長い国境線を持つエストニアでは事情も違う。ロシア系住民を多く抱えていることも、エストニアがロシアの脅威により敏感にならざるを得ない理由で、日本とは異なる点だ。

ただ、安全保障という観点からロシアと厳しく対峙しているエストニアの冷徹な考え方を知ることは、「二島」「四島」「面積二分」といった言葉だけがふわふわと飛び交っている日本にとって、意味があることではないだろうか。

プーチンの歴史認識

プーチンが近年、第二次世界大戦をめぐるソ連の振る舞いを正当化する姿勢を強めていることも、大きな懸念材料だ。

ソ連によるエストニア併合だけにとどまらず、第二次世界大戦そのものの引き金を引いたのが、独ソ不可侵条約とモロトフ・リッベントロップの秘密議定書だった。プーチンは二〇一九年以降、このソ連時代の負の歴史さえ、あからさまに擁護するようになった。

きっかけとなったのは、欧州議会が第二次世界大戦開戦八〇年の節目に採択した決議だ。決議は、独ソ不可侵条約が第二次世界大戦の原因となったと指摘した。[5]

「八〇年前の一九三九年八月二三日、ソ連とナチスドイツがモロトフ・リッベントロップ協定として知られる不可侵条約に署名した。その秘密議定書は、欧州と独立国の領土を二つの全体主義国家の間で分け合い、それぞれの勢力圏とすることで、第二次世界大戦への道を開いた」

プーチンはこれに猛然と反論した。

代表的な例として、二〇一九年一二月一九日に行った「大記者会見」での発言がある。[6]

プーチンは全体主義自体については、「そこに何もよいことはない」「全体主義の最初の犠牲となったのが我々だ」と非難する姿勢を示した。

だがその一方で、「ソ連とナチスドイツを同一視するのは恥知らず以下だ」と語気を強め、第二次世界大戦開戦の原因をソ連が作ったという見方については受け入れられないという立場を明確にした。

確かに、第二次世界大戦でナチスドイツを破ったことは、人類史に刻まれるソ連の偉業だ。そこに目を向けずに責任だけを負わせることにプーチンが不満を抱くことは理解できなくもない。

ただ看過できないのは、ドイツに続いてソ連がポーランド東部に侵攻したことさえ擁護する考えをプーチンが示したことだ。

「確かに（モロトフ・リッベントロップの）議定書に従って、ソ連軍はポーランドに入った。だが、当時どういう状況だったかについて、皆さんの注意を喚起したい。ソ連軍は確かに入るには入ったのだが、ポーランド政府が自国軍の統制を失い、領土をコントロールできなくなってからのことだったのだ」

まるで、隣国が混乱しているならば、それに乗じてその領土を奪い取っても構わないと言わんばかりだ。

ウクライナが反政府運動に揺さぶられた二〇一四年、大統領のヤヌコビッチが首都から姿を消した混乱に乗じてロシアがクリミア半島を併合した振る舞いにも通じる考え方だと言えるだろう。

モロトフ・リッベントロップ秘密議定書について、ソ連は長くその存在を否定していた。だが冷戦が終結した一九八九年に、その存在を認めた。ソ連で初めて行われた自由な選挙で選ばれた人民代議員たちは、この年の一二月、秘密議定書について「第三国の主権と独立に反する内容で、署名した時点ですでに無効だった」と断ずる決議を採択した。

プーチンの言葉は、こうした歩みを忘れ、歴史観がペレストロイカ以前のソ連に戻ってしまったことを示している。

ソ連がポーランドに侵攻し、エストニアなどバルト三国を併合したことを正当化するプーチンが、同じスターリンによる千島列島占領の非を認めることは考えにくい。ましてラブロフ外相らロシア側の政府高官が度々強調するように、日本は当時ナチスドイツの同盟国だったという歴史

5——https://www.europarl.europa.eu/doceo/document/B-9-2019-0098_EN.html
6——http://kremlin.ru/events/president/news/62366

的事実もある。

日ロ平和条約交渉を進める上で、こうしたプーチンの姿勢から目を背けることはできない。

島が還ればハッピーか

これまで見てきたように、現在のロシアには、歯舞、色丹の二島であっても、日本に引き渡す姿勢は見られない。

いつの日か日ロ平和条約が結ばれて、いくつかの島が実際に日本に引き渡されたとしても、それが日本にとって喜ばしい状況につながらない可能性があることも、本章の最後に指摘しておきたい。

日本に引き渡された後、そこはどういう地域になるだろうか。

日本政府はソ連時代の末期に、四島即時一括返還の方針を取り下げ、四島の主権が日本にあることが確認されれば、実際の返還の時期と態様については柔軟に対応するという方針に転換した。

現在、北方四島に住んでいるロシア人については、日本に返還された後も、「人権、利益、及び希望を十分に尊重していく」というのが基本的な考え方だ。[7]

平たく言えば、日本に島が引き渡された場合でも、現在住んでいるロシア人に立ち退きを求めるようなことはせず、引き続き居住権を認めるということになる。

ある意味でこれは当然だろう。スターリンさながらの強制移住など、現代の国際社会に受け入れられるはずもない。北方四島にロシア人が住むようになってすでに七〇年あまり。強制的に故郷を追われた北方四島の日本人住民がなめた辛酸を、今住んでいるロシア人に繰り返させるなどということは、そもそも平和条約の趣旨にも反する。

するると、何が起きるか。旧島民やその家族、あるいはそれ以外の日本人が、どれだけ返還後の島への帰還や移住を希望するかを予測するのは難しいが、おそらくロシア人住民が日本人住民を大きく上回る領域が日本の中に出現することになる。

日本国内でありながら、そこでは日本人が少数民族だ。こうした領域を平和的に維持、運営していくことがいかに難しいかは想像に難くない。一つ間違えば民族間の反目や対立などの不幸や悲劇を引き起こしかねないことを教えてくれる諸外国の例は、枚挙にいとまがない。

そうした地域を日本国内に維持していく能力や覚悟を持っているか――日本政府だけでなく、日本社会全体が問われることになるだろう。

ここから先は、少し想像力をたくましくして思い描いてみよう。

二〇××年。島に住んでいるロシア系住民たちが次々に不満の声を上げた。ロシア系住民が日本政府から差別的な扱いを受けている、というのだ。ロシア語を使う権利も十分に保障されてい

7――https://www.mofa.go.jp/mofaj/area/hoppo/mondai_qa.html#q8

ない。日本からやってきた住民との経済格差は広がる一方だ。

そのうち、主要な広場や、行政庁舎の周辺で、日本に対する抗議デモが繰り返されるようになる。その人数は次第に膨れ上がり、どこからやって来たのか、もともとの住民ではないと思われる目つきの鋭い、屈強なロシア人たちの姿が目立つようになる。

少数派の日本人住民は気勢を上げるロシア人たちを遠巻きに眺めることしかできない。

そのうち、行政庁舎に突入しようとする者が現れ、日本の警察官と衝突して、けが人が出る。ロシア政府は、日本政府を厳しく批判する声明を出し、ロシア系住民の保護に乗り出す構えを見せる。

デモ隊はついに警官隊の防御線を突破して行政庁舎を占拠し、日の丸を降ろし、代わりにロシア国旗を掲げる。

日本政府が阻止するのも構わず、ロシア系住民は日本からの独立とロシアへの編入の是非を問う住民投票を強行し、圧倒的多数が賛成したと発表する。

日本政府は住民投票は不法に行われたとして結果を受け入れないが、ロシアは「住民の意思が尊重されるべきだ」と主張。「南クリル人民共和国」の独立を承認し、ロシアへの編入に乗り出す。

失われた領土を取り戻そうとするロシア大統領の支持率はうなぎ登りだ。

日本政府は米国に支援を要請するが、ロシアから島が引き渡される際に日米安保条約の適用対象外にする方針を日本政府が表明していたことを理由に、冷たく断られる。国連安全保障理事会も、常任理事国のロシアと中国が拒否権を行使し、身動きがとれない――。

こうしたシナリオは、決して夢物語ではない。二〇一四年にウクライナ南部のクリミア半島やウクライナ東部で、実際に似たようなことが起きた。クリミアはロシアに編入され、ウクライナ東部には「ドネツク人民共和国」と「ルガンスク人民共和国」という自称独立国家が生まれた。いずれもウクライナ政府の統制が及んでいない。

自国領土内にこのような地域を抱えたことが、ウクライナにもたらしている損害は計り知れない。人的、財政的な負担だけではない。ロシアとの紛争を抱えていることが障害となって、念願の北大西洋条約機構（NATO）加入のめども立たない状況だ。政治的にも、安全保障政策上の大きな制約となっているのだ。

ロシアが近隣国内にある「未承認国家」と呼ばれる疑似独立国を支援して、相手国を揺さぶる手段として活用しているのは、ウクライナだけではない。ジョージア（グルジア）では、「アブハジア共和国」と「南オセチア共和国」がそれにあたる。南オセチアをめぐっては、二〇〇八年にジョージアとロシアの軍事衝突に発展した。

モルドバでも、ドニエストル川東岸に「沿ドニエストル共和国」と呼ばれる、中央政府の統制が及ばない未承認国家がある。ロシアはそこにロシア軍兵士を駐留させ、全面的に支援している。

もちろん、これらの旧ソ連諸国で起きたことがそのまま日本で起きるとは考えにくい。だが、プーチンが沖縄に注目し、揺さぶる構えを見せていることを考えると、将来日本に島が引き渡された場合、そこが日本にとって安全保障上の弱点となってしまう可能性は十分考えられる。

ロシアは、ソ連崩壊後、自国内のチェチェンやタタールスタンなどで巻き起こった分離独立運動に大いに悩まされた。特にチェチェン紛争では、ロシアという国そのものが瓦解しかねないという恐怖さえ味わった。そうした体験も、近隣国の分離独立勢力を支援する背景になっているのだろう。

いかにそれが中央政府を疲弊させ、ときにはその存続すら危ぶませるかをロシアは身をもって知っている。だからこそ、周辺国が抱える弱点を的確につくのが、常套手段となっている。

独立国としての自国の存立が脅かされる可能性などほとんど考えたことのない日本を揺さぶることなど、ロシアがその気になれば赤子の手をひねるようなものかもしれない。

安倍は四島での共同経済活動について、「日本人とロシア人が共に暮らし、共に発展する、ウィンウィンの未来像を、共に描いていく」と、牧歌的とも言えるような将来像を語っている。[8]だが、ロシアが経済協力問題で見せる優しい顔と、安全保障問題で見せる強面は、まったく別物だ。はっきりと分けて考える必要がある。

外務事務次官を務めた後、二〇一九年九月まで初代国家安全保障局長として首相官邸の対ロシア外交に深く関わった谷内正太郎は、二〇二〇年一月二四日に放映されたＢＳフジの報道番組

「プライムニュース」で次のように語っている。

「プーチン大統領は、力を信奉する現実主義者だと思う。日本は経済力とか科学技術力、文化スポーツという面でも優れた国だけど、力という点からいうと、カウントされるに値しない。プーチン大統領自身は直接は言わないが、大統領以下のハイレベルの人たちの意識というのは、核のない日本という国について、明らかに上から目線で見ている」

第三章で紹介したように、谷内は対ロ平和条約交渉の路線をめぐって、首相秘書官の今井尚哉と鋭く対立した。谷内は番組内ではその経緯には触れなかったが、ロシア側の姿勢については、次のように非常に厳しい見方を語った。[9]

「まず領土について何も書いていない平和条約を結んで、その上で領土問題を議論しようという二段階論だ」

谷内はロシアが第二次世界大戦の結果として北方領土が正当にロシア領となったと認めるよう要求していることと、日本に駐留するすべての外国軍隊の撤退を求めていることを明らかにした上で、こう結論づけた。

「なかなか展望は開けない。何らかの前進を見るためにほかにやることがあるのかというと、な

8——http://www.kantei.go.jp/jp/97_abe/statement/2016/1220naigai.html
9——https://www.sankei.com/politics/news/200124/plt2001240047-n1.html

い」

つまりプーチンの主張は、本書の冒頭で紹介した二〇一八年九月のウラジオストクで突如表明した「前提条件なしの平和条約締結」から、何一つ動いていないということになる。

安倍はこうした案について、その日のうちに受け入れられないとプーチンに伝えたはずだ。その後も二人だけの会談を何度も重ねてきた。なのに何も変わっていないのだとすれば、それは交渉の体をなしていない。

日本の安全保障政策の根幹である日米安保条約の破棄という内政干渉とも言えるような要求をされて、毅然と反論できないような姿勢を続けることは、今後の日ロ関係を考えても、決して日本のためにならない。

日本にとってロシアが重要な隣国であり、幅広い関係を深めていくことが重要なことは論を俟たない。

だが将来結ばれる日ロ平和条約は、当然のことながら日本と地域の平和と安定を強化するものでなくてはならない。

交渉が頓挫した今、改めてその原点から考える必要がある。あせって交渉を動かそうとする必要はない。いったん立ち止まり、今後の交渉の進め方をゼロから組み立てる時期に来ているのではないだろうか。

主要参考文献

朝日新聞国際報道部、駒木明義、吉田美智子、梅原季哉『プーチンの実像　孤高の「皇帝《ツァーリ》」の知られざる真実』（朝日文庫、二〇一九年）
五百旗頭真、下斗米伸夫、A・V・トルクノフ、D・V・ストレリツォフ編『日ロ関係史　パラレル・ヒストリーの挑戦』（東京大学出版会、二〇一五年）
井出敬二『〈中露国境〉交渉史　国境紛争はいかに決着したのか?』（作品社、二〇一七年）
岩下明裕『北方領土問題　4でも0でも、2でもなく』（中公新書、二〇〇五年）
浦野起央『日本の国境【分析・資料・文献】』（三和書籍、二〇一三年）
久保田正明『クレムリンへの使節　北方領土交渉1955―1983』（文藝春秋、一九八三年）
斎藤元秀『ロシアの対日政策（上・下）』（慶應義塾大学出版会、二〇一八年）
佐藤和雄、駒木明義『検証　日露首脳交渉　冷戦後の模索』（岩波書店、二〇〇三年）
茂田宏、末澤昌二編著『日ソ基本文書・資料集』（世界の動き社、一九八八年）
下斗米伸夫『日本冷戦史　帝国の崩壊から55年体制へ』（岩波書店、二〇一一年）
東郷和彦『北方領土交渉秘録　失われた五度の機会』（新潮文庫、二〇一一年）
原貴美恵『新幀版　サンフランシスコ平和条約の盲点　―アジア太平洋地域の冷戦と「戦後未解決の諸問題」―』（溪水社、二〇一二年）
堀徹男『さようなら、みなさん！　鳩山日ソ交渉五十年目の真相』（木本書店、二〇〇七年）
本田良一『証言　北方領土交渉』（中央公論新社、二〇一六年）

松本俊一『日ソ国交回復秘録　北方領土交渉の真実』（朝日選書、二〇一二年）
琉球新報社編『日米地位協定の考え方・増補版　外務省機密文書』（高文研、二〇〇四年）
若宮小太郎『二つの日記　日ソ交渉とアメリカ旅行』（私家版、二〇〇七年）
若宮啓文『ドキュメント　北方領土問題の内幕　クレムリン・東京・ワシントン』（筑摩選書、二〇一六年）
和田春樹『北方領土問題　歴史と未来』（朝日選書、一九九九年）

あとがき

ロシアでは二〇二〇年六月二五日から七月一日にかけて、プーチンが提案した憲法改正の是非を問う国民投票が実施され、八割近い賛成率で承認された。

七月四日に施行された新憲法では大統領の任期の上限が二期一二年に制限される一方で、プーチンのこれまでの任期はいったん「リセット」されることになった。つまりプーチンは、現在の任期が終わる二〇二四年からさらに一二年間、大統領を務めることが可能となった。二〇三六年にはプーチンは八三歳になっている。実際にあと二回立候補するかどうかはまだ分からないとはいえ、事実上の終身大統領への道を開いたと言えるだろう。

もう一つ今後の日ロ平和条約交渉に影響しそうなのが、第六七条に追加された新たな項目だ。

ロシア連邦は自国の主権と領土の一体性の擁護を保障する。（隣接する国家とロシア連邦の国境についての境界画定や再画定を例外として）ロシア連邦の領土の一部の割譲に向けた行動や、そうした行動を求めることは認められない。

国後島には、この条文を刻んだ記念碑が建てられた。

プーチンは、こうした動きを歓迎して述べた。

「このテーマが特別な意味を持つ地域（国後島）の住民は、この条項の提案者である俳優のウラジーミル・マシコフ氏が、今回の改正は鉄筋コンクリートのように確固たるものでなければならないと述べた言葉を文字通りに受け取って、鉄筋コンクリート製の記念碑を設置した」

本書に度々登場している外務次官のモルグロフは語った。

「我々は日本と島の問題について協議しているのではない。平和、友好、善隣、協力についての平和条約を結ぶために協議しているのだ。そのような交渉は、今や憲法に規定されたロシア国境の不可侵性について理解した上で、継続することができる」

新憲法には、憲法の規定を条約や国際機関の決定よりも上位に置く規定も盛り込まれた。

本書で累次述べてきた日本との平和条約交渉をめぐるロシアの強硬姿勢は、今やロシア憲法に明記された国家の原則となってしまったと言えるだろう。


筆者が筑摩書房の石島裕之氏に本書の構想について相談したのは、二〇二〇年一月下旬のことだった。

この直前にプーチンが示した改憲草案には、自身の任期延長や領土割譲禁止をめぐる条項は、まだ影も形もなかった。

それでも石島氏が、今の時点で安倍とプーチンの交渉を振り返る意義を認めてくださったのは、ありがたいことだった。石島氏からはその後、出版にこぎ着けるまで、有益な助言や提言を数多く頂いた。お礼を申し上げる。

本書の執筆を進めている間に、ロシアの改憲案には、次々に本質的な改変が加えられていった。その多くは、北方領土問題を抱える日本にとって望ましい方向性のものではなかった。だが結果的には、安倍政権が進めた対ロ交渉が残した教訓を検証する今日的な意味合いが、いっそう増したと言えるのではないだろうか。

筆者が朝日新聞の政治記者として、初めて日ロ交渉を取材したのは、一九九七年。橋本龍太郎とボリス・エリツィンによる交渉が佳境を迎えていたときのことだった。以来二〇年余、日ロ双方からこの問題を取材する機会を持てたのは幸運なことだった。この間に取材や意見交換の機会を得た交渉の当事者、専門家、同僚、友人のみなさんからいただいた様々な示唆がなければ、本書を書くことはできなかった。ここにお名前を挙げられない非礼をお詫びしつつ、深くお礼申し上げたい。

二〇二〇年七月七日

駒木明義

北方領土をめぐる主な文書

※は著者による注記

カイロ宣言（抜粋）　一九四三年一一月二七日

※ルーズベルト米大統領、チャーチル英首相、蔣介石中国国民政府主席の会談を受けて発表

日本国ハ又暴力及貪欲ニ依リ日本国ガ略取シタル他ノ一切ノ地域ヨリ駆逐セラルベシ

ヤルタ協定（抜粋）　一九四五年二月一一日

※スターリン・ソ連書記長、ルーズベルト米大統領、チャーチル英首相が署名

2　千九百四年の日本国の背信的攻撃により侵害されたロシアの旧権利が次のとおり回復されること。

（a）樺太の南部及びこれに隣接するすべての諸島がソヴィエト連邦に返還されること。

3　千島列島がソヴィエト連邦に引き渡されること。

ポツダム宣言（抜粋）　一九四五年七月二六日

※チャーチル英首相、蔣介石中国国民政府主席、トルーマン米大統領の合意で発表。ソ連は八月の対日宣戦布告の際に参加

八、「カイロ」宣言ノ条項ハ履行セラルベク又日本国ノ主権ハ本州、北海道、九州及四国並ニ吾等ノ決定スル諸小島ニ局限セラルベシ

日本の降伏文書（抜粋）　一九四五年九月二日署名

下名ハ茲ニ合衆国、中華民国及「グレート、ブリテン」国ノ政府ノ首班カ千九百四十五年七月二十六日「ポツダム」ニ於テ発シ後ニ「ソヴィエト」社会主義共和国聯邦カ参加シタル宣言ノ条項ヲ日本国天皇、日本国政府及日本帝国大本営ノ命ニ依リ且之ニ代リ受諾ス

サンフランシスコ平和条約（抜粋）　一九五一年九月八日署名

第二条

(c)日本国は、千島列島並びに日本国が千九百五年九月五日のポーツマス条約の結果として主権を獲得した樺太の一部及びこれに近接する諸島に対するすべての権利、権原及び請求権を放棄する。

日ソ共同宣言（抜粋）　一九五六年一〇月一九日署名

9　日本国及びソヴィエト社会主義共和国連邦は、両国間に正常な外交関係が回復された後、平和条約の締結に関する交渉を継続することに同意する。

ソヴィエト社会主義共和国連邦は、日本国の要望にこたえかつ日本国の利益を考慮して、歯舞群島及び色丹島を日本国に引き渡すことに同意する。ただし、これらの諸島は、日本国とソヴィエト社会主義共和国連邦との間の平和条約が締結された後に現実に引き渡されるものとする。

ソ連政府の日本政府に対する覚書（抜粋）　一九六〇年一月二七日

ソ連邦は、極東における平和機構を阻害し、ソ日関係の発展にとって支障となる新らしい軍事条約

が日本によって締結せられるような措置を黙過することはもちろんできない。この条約が事実上日本の独立を失わしめ、日本の降服の結果日本に駐屯している外国軍隊が日本領土に駐屯を続けることに関連して、歯舞、および色丹諸島を日本に引き渡すというソ連政府の約束の実現を不可能とする新らしい情勢がつくり出されている。

平和条約調印後、日本に対し右諸島を引き渡すことを承諾したのは、ソ連政府が日本の希望に応じ、ソ日交渉当時日本政府によって表明せられた日本国の国民的利益と平和愛好の意図を考慮したがためである。

しかし、ソ連政府は、日本政府によって調印せられた新条約がソ連邦と中華人民共和国に向けられたものであることを考慮し、これらの諸島を日本に引き渡すことによって外国軍隊によって使用せられる領土が拡大せられるがごときことを促進することはできない。

よって、ソ連政府は、日本領土からの全外国軍隊の撤退およびソ日間平和条約の調印を条件としてのみ歯舞および色丹が一九五六年十月十九日付ソ日共同宣言によって規定されたとおり、日本に引き渡されるだろうということを声明することを必要と考える。

日露関係に関する東京宣言（抜粋）　一九九三年一〇月一三日

※細川護熙首相とエリツィン大統領が署名

2　日本国総理大臣及びロシア連邦大統領は、両国関係における困難な過去の遺産は克服されなければならないとの認識を共有し、択捉島、国後島、色丹島及び歯舞群島の帰属に関する問題について真剣な交渉を行った。双方は、この問題を歴史的・法的事実に立脚し、両国の間で合意の上作成された諸文書及び法と正義の原則を基礎として解決することにより平和条約を早期に締結するよう交渉を継続し、もって両国間の関係を完全に正常化すべきことに合意する。

平和条約問題に関する交渉の今後の継続に関するイルクーツク声明（抜粋） 二〇〇一年三月二五日

※森喜朗首相とプーチン大統領が署名

一九五六年の日本国とソヴィエト社会主義共和国連邦との共同宣言が、両国間の外交関係の回復後の平和条約締結に関する交渉プロセスの出発点を設定した基本的な法的文書であることを確認した。

その上で、一九九三年の日露関係に関する東京宣言に基づき、択捉島、国後島、色丹島及び歯舞群島の帰属に関する問題を解決することにより、平和条約を締結し、もって両国間の関係を完全に正常化するため、今後の交渉を促進することで合意した。

日露行動計画の採択に関する共同声明（抜粋） 二〇〇三年一月一〇日

※小泉純一郎首相とプーチン大統領が署名

これまでに達成された諸合意に基づき、精力的な交渉を通じて、択捉島、国後島、色丹島及び歯舞群島の帰属に関する問題を解決することにより平和条約を可能な限り早期に締結し、もって両国間の関係を完全に正常化すべきであるとの決意を確認

日露パートナーシップの発展に関する共同声明（抜粋） 二〇一三年四月二九日

※安倍晋三首相とプーチン大統領が発表

両首脳は、第二次世界大戦後六七年を経て日露間で平和条約が締結されていない状態は異常であることで一致した。両首脳は、両国間の関係の更なる発展及び二一世紀における広範な日露パートナーシップの構築を目的として、交渉において存在する双方の立場の隔たりを克服して、二〇〇三年の日露行動計画の採択に関する日本国総理大臣及びロシア連邦大統領の共同声明及び日露行動計画においても解決すべきことが確認されたその問題を、双方に受入れ可能な形で、最終的に解決することにより、平和条約を締結するとの決意を表明した。

関連年表

西暦	月日	日ソ、日ロ関係をめぐる動き	その他の出来事
1855	2・7	日露通好条約。千島の択捉以南が日本領。サハリン島は混住の地に	
1875	5・7	樺太千島交換条約。サハリンがロシア領、千島列島が日本領に	
1904	2・8	日露戦争勃発	
1905	9・5	ポーツマス条約。サハリン南部を日本に割譲	
1914	7・28		第1次世界大戦開戦
1917	3・15		ロシア二月革命で最後の皇帝ニコライ2世退位
	11・7		ロシア一〇月革命でソビエト政権誕生
1918	8・2	日本がシベリア出兵宣言（22年10月まで）	
1922	4・3		ヨシフ・スターリンが書記長就任
1924	1・21		ウラジーミル・レーニン死去
1925	1・20	日ソ国交樹立	
1939	8・23		独ソ不可侵条約
	9・1		ドイツがポーランド侵攻。第2次世界大戦開戦
1940	9・27		日独伊三国同盟
1941	4・13	日ソ中立条約	
	6・22		ドイツ軍ソ連侵攻
1945	2・11	米英ソ首脳によるヤルタ協定	
	5・8		ナチスドイツが降伏
	7・26		米英中三国がポツダム宣言を発出。後にソ連も参加
	8・6		米軍が広島市に原子爆弾を投下
	8・8	ソ連が対日宣戦布告。9日午前零時に戦闘開始	
	8・9		米軍が長崎市に原子爆弾を投下
	8・14		日本政府、ポツダム宣言受諾。15日に玉音放送で国民に発表
	8・18	ソ連軍が千島列島最北の占守島上陸	

西暦	月日	日ソ、日ロ関係をめぐる動き	その他の出来事
	9・2		外相重光葵が米戦艦ミズーリで降伏文書に署名
	9・5	この日までにソ連軍が択捉、国後、色丹、歯舞を占領	
1946	3・5		チャーチルが「鉄のカーテン」演説
1949	4・4		北大西洋条約機構（NATO）設立
1950	6・25		朝鮮戦争勃発
1951	9・8	サンフランシスコ平和条約	
	10・19	条約局長西村熊雄がサンフランシスコ平和条約で放棄した千島列島に択捉、国後が含まれると答弁	
1952	10・7		ウラジーミル・プーチン誕生
1953	3・5		スターリンが死去
	9・7		ニキータ・フルシチョフが第一書記に就任
1954	9・21		安倍晋三誕生
	12・10		鳩山一郎が首相に就任
1955	1・25	駐日ソ連代表部のドムニツキーが鳩山に日ソ国交正常化交渉を申し入れ	
	6・1	ロンドンで、松本俊一とマリクによる交渉開始	
	8・5	マリクが歯舞、色丹の日本への引き渡しを示唆	
	8・9	マリクが歯舞、色丹の引き渡しを提案	
	8・27	外務省が松本に四島返還を求めるよう追加訓令	
	9・22	交渉決裂で松本がロンドンを離れる	
	11・15	保守合同で自由民主党が発足。四島返還要求が党議に	
1956	2・11	外務政務次官森下國雄がサンフランシスコ平和条約で日本が放棄した千島列島に国後、択捉両島は含まれないという政府の統一見解を表明	

西暦	月日	日ソ、日ロ関係をめぐる動き	その他の出来事
	2・25		フルシチョフが第20回党大会でスターリン批判
	3・10	外務省条約局長下田武三が国会ではじめて「北方領土」という言葉を使う	
	5・9	漁業交渉で訪ソした農相河野一郎がソ連首相ブルガーニンと国交正常化交渉再開で合意	
	8・12	7月31日からモスクワで交渉にあたっていた外相の重光葵が、二島引き渡しによる平和条約締結とのソ連案受け入れを表明（重光の豹変）	
	8・13	臨時閣議でソ連案を却下	
	8・19	ロンドンで米国務長官ダレスが択捉、国後をソ連領と認めるなら沖縄は米国領とすると重光に通告（ダレスの恫喝）	
	9・7	ダレスが駐米大使谷正之に手交した覚書で、国後、択捉両島は日本に帰属すべきだという米国の見解を伝える	
	9・11	鳩山からブルガーニン宛に領土問題を棚上げにして国交正常化を実現することを書簡で提案	
	9・13	ブルガーニンが鳩山への返書で提案受け入れを表明。ただし領土交渉の継続は確約せず	
	9・20	自民党が歯舞、色丹の返還と国後、択捉をめぐる交渉継続を求める新党議を決定	
	9・29	訪ソした松本と第一外務次官グロムイコが国交回復後の領土交渉継続を確認する書簡を交換（松本グロムイコ書簡）	
	10・7	鳩山、河野らが羽田空港からモスクワに向け出発	
	10・15	初回の交渉でブルガーニンがソ連側共同宣言案を示す	

西暦	月日	日ソ、日ロ関係をめぐる動き	その他の出来事
	10・16	河野フルシチョフ第一回会談。別途、松本がグロムイコとの会談で日本側共同宣言案を示す	
	10・17	河野、フルシチョフとの第二回会談で、領土問題の交渉継続に言及しない案を示す。夕刻、外務次官フェドレンコが河野案への対案を持参	
	10・18	河野フルシチョフ第三回会談。フルシチョフがフェドレンコ案から「領土問題を含む」の削除を要求。日本側は受け入れを決断	
	10・19	日ソ共同宣言に署名	
	12・12	日ソ共同宣言が発効	
	12・18		日本が国連に加盟
	12・23		鳩山内閣が総辞職
1960	1・19		ワシントンで首相岸信介と米国務長官ハーターが改定日米安全保障条約に署名
	1・27	日米安保に反発したソ連が、歯舞、色丹を日本に引き渡す条件として日本からの全外国軍隊の撤退を要求	
1961	4・12		ガガーリンが世界初の宇宙飛行
	8・13		ベルリンの壁着工
	10・3	首相の池田勇人が国会で南千島は千島に入らないという考えを表明	
1964	6・17	南千島という用語を避けるよう求める外務事務次官通達	
	10・14		レオニード・ブレジネフが第一書記に（後に書記長）
1965	6・22		日韓基本条約
1969	3・2		中ソ国境珍宝島（ダマンスキー島）で武力衝突（15日にも）
1972	5・15		沖縄返還
	9・29		日中国交正常化
1973	10・7	首相田中角栄訪ソ。10日に日ソ共同声明	

西暦	月日	日ソ、日ロ関係をめぐる動き	その他の出来事
1976	9・6	MiG25戦闘機が函館空港に。ベレンコ中尉亡命	
1979	12・27		ソ連軍がアフガニスタン侵攻
1980	7・19		モスクワ五輪。日米などボイコット
1981	1・6	日本政府が2月7日を「北方領土の日」に	
1982	11・12		ユーリ・アンドロポフが書記長に
1983	9・1		ソ連軍機が大韓航空機を撃墜
1984	2・13		コンスタンチン・チェルネンコが書記長に
1985	3・11		ミハイル・ゴルバチョフが書記長に
1986	4・26		チェルノブイリ原発事故
1987	12・8		中距離核戦力（INF）全廃条約
1989	11・9		ベルリンの壁崩壊
	12・2		マルタで米ソ首脳会談（3日まで）。冷戦終結を宣言
1990	5・29		ボリス・エリツィンがロシア最高会議議長就任
1991	4・16	ゴルバチョフ訪日。日ソ共同声明（18日）	
	6・12		ロシア大統領選でエリツィンが勝利
	8・19		ソ連で保守派がクーデター未遂
	12・25		ソ連崩壊
1993	10・11	エリツィン大統領訪日。13日に東京宣言	
1996	7・3		エリツィンが大統領再選
1997	11・1	クラスノヤルスクで首相橋本龍太郎がエリツィンと会談（2日まで）。2000年までの平和条約締結を目指す合意	
1998	4・18	エリツィン訪日（19日まで）。橋本が国境線を択捉の北に引けばただちに返還は求めないとする「川奈提案」	

西暦	月日	日ソ、日ロ関係をめぐる動き	その他の出来事
	11・11	首相小渕恵三訪ロ（13日まで）。エリツィンが川奈提案への対案	
1999	8・16		プーチン首相就任
	12・31		エリツィン大統領辞任。プーチンが代行に
2000	3・26		プーチンが大統領選で初当選
	9・3	プーチン訪日（5日まで）	
2001	3・25	イルクーツクで首相の森喜朗がプーチンと首脳会談。イルクーツク声明	
	7・16		中ロ善隣友好条約
	9・11		米国同時多発テロ
2003	1・10	モスクワで首相の小泉純一郎がプーチンと首脳会談。日露行動計画の採択に関する共同声明	
	11・23		ジョージア（グルジア）大統領のシェワルナゼが議会選不正への抗議行動を受けて辞任（バラ革命）
2004	3・9		セルゲイ・ラブロフがイーゴリ・イワノフの後任の外相に就任
	3・14		ロシア大統領選でプーチンが7割を超える得票で再選
	3・29		バルト三国など7カ国がNATOに加盟
	10・14		中ロ国境画定協定に署名
	11・14	ラブロフが歯舞、色丹二島の引き渡しによる平和条約締結案を示唆	
	11・21	サンチアゴAPECサミットで日ロ首脳会談。平和条約問題は決裂	
	11・21		ウクライナ大統領選。選管が親ロ派ヤヌコビッチの勝利を発表、大規模な抗議デモ
	12・23	プーチンが記者会見で、1956年宣言について、歯舞、色丹が将来日本に引き渡されても、どの国の主権が及ぶかは決まっていないとの見解を表明	

西暦	月日	日ソ、日ロ関係をめぐる動き	その他の出来事
	12・26		ウクライナ大統領選のやりなおし投票で親欧米派ユーシチェンコが当選（オレンジ革命）
2005	3・24		キルギス議会選後の抗議行動を受けて大統領アカエフが国外亡命（チューリップ革命）
	5・9	モスクワで対ナチスドイツ戦勝六〇周年記念式典。小泉が出席	
	6	ガルージン駐日公使が北方四島は第2次世界大戦の結果ロシア領となったと主張する論文を発表	
	9・27	プーチンがテレビ番組で、北方四島が第2次世界大戦の結果ロシア領となったことについて、一切の議論に応じる考えがないと発言	
	11・21	東京で日ロ首脳会談。平和条約交渉をめぐる共同声明は採択できず	
2006	6・2	プーチンが共同通信の質問にロシアは一度たりとも島を渡さねばならないと考えたことはないと発言	
	7・15	サンクトペテルブルクG8サミットで日ロ首脳会談	
	8・3	ロシア政府が07－15年対象のクリル諸島社会経済発展計画を承認	
	9・26		小泉が首相退任
2007	2・10		プーチンがミュンヘンで米国批判演説
2008	3・2		ドミトリー・メドベージェフが大統領当選
	11・4		米大統領選でバラク・オバマが当選
2009	4・5		オバマがプラハで「核なき世界」演説
2010	4・8		メドベージェフとオバマが新STARTに署名
	11・1	メドベージェフが国後島訪問	
2012	3・1	プーチンが平和条約で「引き分け」に言及	

西暦	月日	日ソ、日ロ関係をめぐる動き	その他の出来事
	3・4		プーチン大統領選で4年ぶりの復帰を決める
	12・26		安倍晋三、5年ぶりに首相に復帰
2013	4・28	安倍が日本首相として10年ぶりの公式訪ロ（30日まで）。プーチンと日露パートナーシップの発展に関する共同声明を採択	
	6・17	英ロックアーンG8サミットで日ロ首脳会談	
	9・5	ロシア・サンクトペテルブルクG20サミットで日ロ首脳会談	
	10・7	インドネシア・バリAPEC首脳会議で日ロ首脳会談	
	11・2	4月の首脳間合意に基づく第1回日露外相・防衛相会談（2プラス2）	
2014	2・7	安倍がソチ冬季五輪開会式に出席	
	2・8	ソチで日ロ首脳会談	
	3・18		ロシアがウクライナ南部のクリミア半島を併合
	10・17	伊ミラノASEM首脳会議で日ロ首脳会談	
	11・9	北京APEC首脳会議で日ロ首脳会談	
2015	9・28	ニューヨークの国連総会で日ロ首脳会談	
	9・30		ロシア軍がシリアでの空爆開始
	11・8	トルコ・アンタルヤG20サミットで日ロ首脳会談	
2016	1・26	ラブロフ、記者会見で日ロ平和条約締結と領土問題解決は同義語ではないと明言	
	5・6	ソチで日ロ首脳会談。安倍が「新しいアプローチ」を提案	
	9・2	ロシア極東ウラジオストクの東方経済フォーラムで日ロ首脳会談	
	11・8		米大統領選でドナルド・トランプが当選
	11・19	リマAPEC首脳会議で日ロ首脳会談	

西暦	月日	日ソ、日ロ関係をめぐる動き	その他の出来事
	12・7	プーチンがモスクワで日本テレビと読売新聞インタビューに応じ、領土問題の存在を否定。日本の同盟関係に懸念表明	
	12・15〜16	山口県長門市と東京で日ロ首脳会談。北方四島での共同経済活動について「プレス向け声明」を発表	
2017	4・27	モスクワで日ロ首脳会談	
	6・1	プーチンが共同通信に、日本に島を引き渡せば米軍が展開する可能性があるとの見解を示す	
	7・7	独ハンブルクG20サミットで日ロ首脳会談	
	9・7	ウラジオストク東方経済フォーラムで日ロ首脳会談	
	11・10	ベトナム・ダナンAPEC首脳会議で日ロ首脳会談	
2018	3・18		ロシア大統領選でプーチンが4選
	5・25	安倍がサンクトペテルブルク国際経済フォーラム出席	
	5・26	モスクワで日ロ首脳会談。ボリショイ劇場で「ロシアにおける日本年」「日本におけるロシア年」開会式	
	9・10	ウラジオストクで日ロ首脳会談	
	9・11		ロシア極東などを舞台に軍事演習「ボストーク2018」開始（17日まで）。中国軍が初参加
	9・12	東方経済フォーラム全体会合でプーチンが「前提条件のない平和条約の年内締結」を提案	
	10・18	プーチンがソチで開かれた「バルダイクラブ」で、提案の真意を説明	
	11・14	シンガポールASEAN関連首脳会議で日ロ首脳会談。1956年宣言を基礎に平和条約交渉を加速させることで合意	

西暦	月日	日ソ、日ロ関係をめぐる動き	その他の出来事
	12・1	ブエノスアイレスG20サミットで日ロ首脳会談。河野、ラブロフ両外相を平和条約交渉の責任者とすることで合意	
	12・20	プーチンが「大記者会見」で沖縄の米軍基地やイージス・アショア計画への懸念を表明	
2019	1・9	モルグロフ外務次官が年明けの安倍の発言などで駐ロ大使上月豊久に抗議	
	1・14	モスクワで日ロ外相会談。前年12月の首脳間合意に基づく第1回平和条約交渉。終了後、両外相が別々に記者会見	
	1・22	モスクワで日ロ首脳会談	
	2・1		米国がINF全廃条約からの離脱をロシアに通告（8月に失効）
	2・11	ロシア政府系調査機関が北方四島で、日本への引き渡しの是非を聞く大規模な世論調査（17日まで）	
	2・16	独ミュンヘンで日ロ外相会談。第2回平和条約交渉	
	3・14	プーチンが日本との交渉について「テンポは失われた」と発言。日米安保条約からの離脱を求める（翌日、ロシア紙が報道）	
	5・10	モスクワで日ロ外相会談	
	5・31	東京で日ロ外相会談	
	6・29	大阪G20サミットで日ロ首脳会談。日本側が「首脳会談に関するプレス発表」を配布	
	7・23		中ロの爆撃機が日本海と東シナ海で合同空中哨戒を実施。ロシア軍の早期警戒管制機が竹島領空を侵犯
	9・5	ウラジオストク東方経済フォーラムで日ロ首脳会談	
2020	7・1		ロシアで改憲を問う国民投票。プーチンが2036年まで続投可能に

駒木明義 こまき・あきよし
一九六六年、東京都出身。一九九〇年、東京大学教養学部基礎科学科を卒業し、朝日新聞社入社。和歌山支局、長野支局、政治部、国際報道部などで勤務。一九九四―九五年モスクワに、二〇〇二―〇三年、イタリア・ボローニャに研修派遣。二〇〇五―〇八年モスクワ支局員、二〇一三―一七年モスクワ支局長。帰国後は論説委員として国際分野の社説を担当。共著に『検証　日露首脳交渉　冷戦後の模索』（岩波書店、二〇〇三年）、『プーチンの実像　孤高の「皇帝」の知られざる真実』（朝日文庫、二〇一九年）など。

筑摩選書 0194

安倍《あべ》vs.プーチン　日ロ《にちろ》交渉《こうしょう》はなぜ行《い》き詰《づ》まったのか？

二〇二〇年八月一五日　初版第一刷発行

著者　駒木《こまき》明義《あきよし》
発行者　喜入冬子
発行所　株式会社筑摩書房
東京都台東区蔵前二-五-三　郵便番号　一一一-八七五五
電話番号　〇三-五六八七-二六〇一（代表）
装幀者　神田昇和
印刷 製本　中央精版印刷株式会社

ISBN978-4-480-01713-0 C0331

筑摩選書 0135
ドキュメント 北方領土問題の内幕
クレムリン・東京・ワシントン
若宮啓文
外交は武器なき戦いである。米ソの暗闘と国内での権力闘争を背景に、日本の国連加盟と抑留者の帰国を実現した日ソ交渉の全貌を、新資料を駆使して描く。

筑摩選書 0142
徹底検証 日本の右傾化
塚田穂高 編著
日本会議、ヘイトスピーチ、改憲、草の根保守、「慰安婦報道」……。現代日本の「右傾化」を、ジャーナリストから研究者まで第一級の著者が多角的に検証！

筑摩選書 0168
ルポ プーチンの戦争
「皇帝」はなぜウクライナを狙ったのか
真野森作
戦争が続くウクライナの現実。訓練された謎の覆面部隊、撃墜された民間航空機、クリミア半島のロシア編入……。何が起こっているか。ロシアの狙いは何なのか。

筑摩選書 0173
掃除で心は磨けるのか
いま、学校で起きている奇妙なこと
杉原里美
素手トイレ掃除、「道徳」教育など、教育現場では奇妙なことが起きている。朝日新聞記者が政治家から教師、父母まで徹底取材。公教育の今を浮き彫りにする！

筑摩選書 0175
林彪事件と習近平
中国の権力闘争、その深層
古谷浩一
世界を驚かせた林彪事件。毛沢東暗殺計画の発覚後、林彪は亡命を図るが、搭乗機は墜落。その真相に迫る。習近平の強権政治の深層をも浮かび上がらせた渾身作！

筑摩選書 0190
知的創造の条件
AI的思考を超えるヒント
吉見俊哉
個人が知的創造を実現するための方法論はもとより、大学や図書館など知的コモンズの未来像を示し、AI的思考の限界を突破するための条件を論じた、画期的な書！